新しい世代の英語教育

第3世代のCALLと「総合的な学習の時間」

町田隆哉 *Takaya Machida*
山本涼一 *Ryoichi Yamamoto*
渡辺浩行 *Hiroyuki Watanabe*
柳　善和 *Yoshikazu Yanagi*

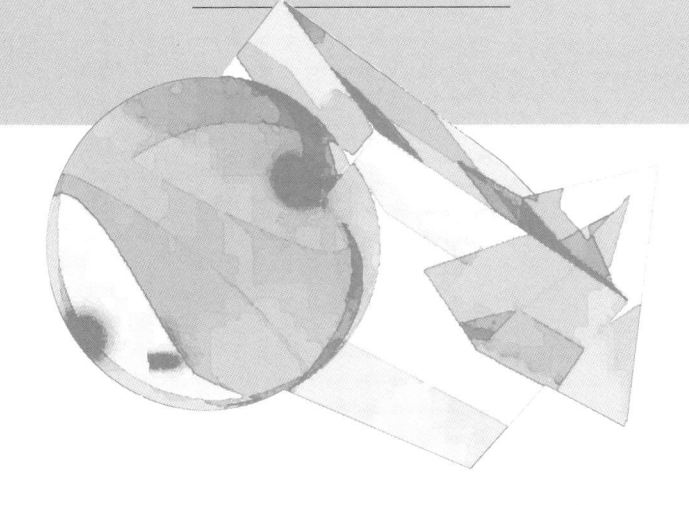

松柏社

はじめに

　著者たちのグループが、『コンピュータ利用の英語教育』を出版して今年で9年目になる。初期の頃から英語教育工学*の視点から語学ラボラトリー（LL）の在り方に関心を持ち、その研究と実践を行ってきた。特に重視してきたテーマは、まず第1にLLの複合メディア化についてであった。1960年代のLLは、中には映画やスライドを補助的に用いたりするケースもあったが、多くは音声メディアによる単一メディアであった。60年代後半になると、小型VTR、レスポンス・アナライザーなどのメディアがLL教室に設置されるようになり、複合メディア化が進んできた。特に映像メディアを取り込んだことは、発話のシチュエーションがわかりやすくなり、異文化コミュニケーションの視点からLLにとって非常に重要な進化であった。それは、R. F. Mortonが1961年の著書、"The Language Laboratory as a Teaching Machine"の中でLLの未来像として取り上げているACCULTURATION MACHINE（視覚・聴覚のみならず、必要な臭覚も触覚も加えて、あたかも本当にその言語が話されている国に居るがごとき状況で学習できるLL）への道を開く一歩であったと考えてよいかもしれない。後で述べるその後のLLへのコンピュータ導入によって、その実現性は更に強まっていったと言えるであろう。

　第2のテーマは、LLを単なる教育機器と見るのではなく、英語学習指導システムとしてそのコースウエア*（LL教材）設計を重視することであった。つまり、LLシステムに相応しい学習目標をどのように設定して、系統的にプログラミングしていくかの課題であった。その中には、どのような教授ストラテジーをとるか、どのような技法を採用するかの問題や評価とフィードバック方法の問題も含まれていた。

　更に、LLへのコンピュータ導入が急速に進んでくるにつれて、それが

i

第3のテーマになってきたのは当然であろう。私たちは、このテーマを前記2つの課題との関連において取り組んだのである。言い換えれば、この2つの課題をよりよい解決の方向へ導いてくれるコンピュータ導入を模索していった。たとえば、名古屋学院大学外国語学部で1989年に構築されたコンピュータ支援LLシステムが、その結果の産物である（その詳細は、このグループによって1991年に出版された、『コンピュータ利用の英語教育——CALLラボの開発とそのアプローチ』に記されている）。しかし、これはまだマルチメディア化されていないシステム（第1世代CALLラボ）で、米国より取り寄せたビデオ・プロセッサーによりレーザーディスク上の映像を収縮して、CAI画面の右上にその映像を重ね合わせて、コンピュータからの文字情報と共に提示し操作する仕組みであった。この方式は、我が国ではこの種のコンピュータ支援LLとしては初めて用いられたシステムであったため、保守管理を含めその運用には大変な難しさと苦労があった。

　名古屋学院大学ではその後1997年に、CD-ROMを用いてマルチメディア化された第2世代のCALLラボ・システムが、第1世代のCALLラボに取って代わっている。このシステムは、マルチメディア*の教育特性もあってかなり高い動機づけを学習者に与えていると考えられる。（町田隆哉「Language Laboratory 再々考—CALLラボ・システム」名古屋学院大学外国語教育紀要 No.22, 1991）

　第2世代のCALLラボの詳細については、第2部第1章「システムとしてのIC-CALL」、第2章「学習者中心のCALL」、第3章「インターネットと英語」に名古屋学院大学、東京国際大学、帝京科学大学の実践例が記されているので、ご参照願いたい。付言すれば、これらの実践例の中に、今後の更に新しいCALLラボの方向性がかなり明確に示唆されてきていることにお気づきになるであろう。それは、教師主導のCALLラボ・システムではなく、インターネットを利用しての学習者中心の構成主義*的なアプローチがCALLラボ・システムの中に組み込まれてきていることである。

ジャン・ピアジェの主張する「人は経験を通して能動的に知識を構成していくもので、外部から受動的に知識が伝達されていくものではない」との構成主義的視点と共に、①考えを形にして人に伝えることによって学び、②「学びの共同体」に積極的に関わることによって学ぶことを取り入れた、第3世代のCALLラボの誕生が近いことを示唆していると考えてよいであろう。

　おわりに、この著書の出版に際して、松柏社社長森信久氏からご理解と共にご支援を戴いた。執筆者を代表し心から感謝の意を表したい。また、編集担当の社本奈美氏にも大変お世話になった。この紙上を借りて感謝の気持ちを表したい。

　2000年8月

町田隆哉

目次

はじめに　i

第1部　理論編

第1章　英語教育工学の立場より（町田）　3
　0. はじめに　3
　1. 教授メディア　4
　2. マルチメディア　5
　3. ＣＡＬＬラボへのアプローチ　6
　　3.1 システム的アプローチと系統的アプローチ　6
　　3.2 学習目標分析　9
　　3.3 教授方法　10
　　3.4 動機づけを高める学習指導設計　12
　　3.5 ２種類のＣＡＬＬラボ概念　14
　4. 第２世代のＣＡＬＬラボ　17
　　4.1 情報教育の視点　19
　　4.2 構成主義の視点　20
　　4.3 総合学習的アプローチ　21
　　4.4 系統的学習指導設計モデルより見た構成主義的学習指導デザイン　22
　　4.5 第３世代のCALLラボ・システム　23

第2章　教育とメディア（山本）　27
　0. はじめに　27
　1. 教育的観点から見たメディア　29
　2. メディアとしてのコンピュータ　30
　　2.1 ＣＡＣ（Computer Amplified Communication）機能　30
　　2.2 ＣＭＣ（Computer Mediated Communication）機能　30
　3. 教育メディアとしてのコンピュータ　32
　4. 教授者の学習指導を視点としたメディア　33
　　4.1 学習目標・学習内容の設計　34
　　4.2 学習内容の系統的・戦術的伝達　36
　　4.3 学習内容の効果的・効率的指導　39

    4.4 クラス運営とコミュニケーション　42
    4.5 学習環境の構築　46
  5. 学習者の自律性*とコラボレーション*を視点としたメディア　50
    5.1 学習者のためのメディア（受信型と発信型）　51
    5.2 分散された学習資源（中央集中型と分散蓄積型）　56
    5.3 コラボレーション*と学習（唯我独尊型と共同作業型）　60
    5.4 多様なコミュニケーション（スタンドアローン型とネットワーク型）　62
  6. 学習の環境形成を視点としたメディア　66
    6.1 電子計算機的機能（思考を拡大するメディア）　67
    6.2 制御機能（リアリティを拡大するメディア）　71
    6.3 通信機能（コミュニティを拡大するメディア）　72
    6.4 ネットワーク機能（知を拡大するメディア）　74

第3章　教育メディアの活用と学習環境の変化（渡辺）　79
  0. はじめに　79
  1. 教授者と教育メディアと学習環境　82
    1.1 マルチメディアとメディアミックスの学習環境　82
    1.2 双方向提示の学習環境　83
    1.3 コミュニカティブな学習環境　84
    1.4 介入・参加・過程重視の collaborative な学習環境　85
    1.5 教授法選択を迫られる学習環境　86
    1.6 学習環境の変化と変わる教師の役割　88
    1.7 学習環境の変化と変わらない教師の役割　90
    1.8 教師教育の変化を求める学習環境の変化　92
  2. 学習者と教育メディアと学習環境　93
    2.1 学習者が発信する学習環境　93
    2.2 求同求異の学習環境　95
    2.3 学習者中心の学習環境　97
    2.4 学習過程のメタ認知を求める学習環境　99
    2.5 学習環境のメタ認知を求める学習環境　100
    2.6 学習者が ownership を持つべき学習環境　102
  3. 教授者・学習者とメディア・コーディネータと学習環境　103
    3.1 メディア・コーディネータとは　103
    3.2 教授者・学習者とメディア・コーディネータ　105
    3.3 メディア・コーディネータの人材　107
    3.4 メディア・コーディネータと学習環境　109

4. 教育資源と共同学習の学習環境　110
   4.1 教育資源の豊富な学習環境　110
   4.2 教育資源の変化　112
   4.3 共同学習のできる学習環境（機能面）　113
   4.4 共同学習のできる学習環境（内容面）　115
5. 学習環境のデザイン　116
   5.1 学習環境のデザインとは　116
   5.2 教授者による学習環境のデザイン　118
   5.3 学習者自身による学習環境のデザイン　120

第4章　CALLと教育方法（柳）　125
0. はじめに　125
1. 外国語教育の歴史と理論　126
   1.1 外国語教育における方法論　126
   1.2 Oral Approach /Oral Approach の概要
       /Oral Approach とコンピュータの利用　127〜129
   1.3 Communicative Approach* /Communicative Approach の概要
       /Communicative Approach とコンピュータの利用　129〜132
2. カリキュラムデザイン　132
   2.1 外国語教育におけるカリキュラムの考え方　132
   2.2 それぞれのカリキュラムにおけるコンピュータの役割　133
3. 新学習指導要領　134
   3.1 新学習指導要領の概要　134
   3.2 新学習指導要領の背景　135
   3.3 社会の国際化と教育　138
   3.4 社会の情報化と教育　139
   3.5 「総合的な学習の時間」[2] とコンピュータの利用　143
4. 教員養成の現状と今後の課題　145
   4.1 新教育職員免許法の概要　145
   4.2 教員養成全般に関わる内容について　147
   4.3 外国語教育に関わる内容について　149
   4.4 現職教員の教育について　150

第2部　実践編

第1章　名古屋学院大学「システムとしてのIC-CAL」(柳・小林)　157

0. はじめに　157
1. 学習環境　158
   - 1.1 教室設計理念　158
   - 1.2 教室環境／配置／ハードウエアとソフトウエア　158〜161
   - 1.3 IC-CAL　161
2. 教室の運営状況　163
   - 2.1 英語演習1d　163
   - 2.2 演習（ゼミ）　166
   - 2.3 英語教育工学特殊研究　167
   - 2.4 個人学習　167
3. アンケート調査結果　167
   - 3.1 調査概要と目的　168
   - 3.2 アンケート結果と分析　168
4. 課題と今後の方向　171
   - 4.1 IC-CALシステムの課題／ハードウエアとネットワーク管理／授業の運営管理とアシスタント　171〜175
   - 4.2 今後の方向／「英語で書こう」プロジェクト　175〜178
5. おわりに　178

第2章　東京国際大学「学習者中心のCALL」(渡辺)　180

0. はじめに　180
1. 学習環境 —— 教育目標とシステム構成　181
   - 1.1 TIU第2キャンパスCALLシステム構成　183
   - 1.2 TIU第2キャンパスCALLシステム概要　183
   - 1.3 ハードウエア・ソフトウエア・コースウエア　185
2. 授業設計とシラバス作成　186
   - 2.1 質より量のシステム活用　187
   - 2.2 量から質へのシステム活用　188
   - 2.3 学習者中心のCALL —— 学習者から見たCALL ——　189
3. CALL検討委員会　192
4. 授業運用と実践　195
   - 4.1 リーディング・ライティングを関連づけた授業実践　196
   - 4.2 英語プレゼンテーションを目指した授業実践　199

5. 評価と今後の方向　205

第3章　帝京科学大学「インターネットと英語」（山本）　208
- 0. はじめに　208
- 1. 学習環境 ── 教育目標とシステムの構築　209
    - 1.1 教育目標 /学習環境の設計 /学習支援システム　210〜212
    - 1.2 システムの構築 /教室レイアウト /ハードウエアの基本構成 /ソフトウエアの基本構成　212〜214
- 2. 授業設計とシラバス　214
    - 2.1 授業設計　214
    - 2.2 授業計画とシラバス　215
- 3. 授業の運用と実践　217
    - 3.1 CALL 学習環境での授業実践（英語B）　217
    - 3.2 ネットワーク学習環境での授業実践（インターネットと英語）　221
- 4. 評価と今後の方向　225

あとがき　231
参考文献　232
用語解説　237
用語索引　247

第1部
理論編

第1章
英語教育工学の立場より

0. はじめに

　「英語教育工学*」という用語が日本で公に使用されたのは、『講座・英語教育工学』シリーズ（小川芳男・波多野完治監修、研究社）が出版された1972年頃であったと思われる。　教育工学*が我が国に本格的に紹介され始めたのはその10年ほど前の1960年頃であった。このような初期の時代に文系分野の英語教育の中に教育工学の考え方や理論を取り入れた「英語教育への教育工学的アプローチ」をテーマとする全6巻に及ぶシリーズがかなりの部数刊行されたのは、まさに画期的なことであった。現在でも教育工学に対する誤解があるのに、当時「教育」と「工学」が結びつくことへの違和感がどれほど大きかったかは想像に難くない。

　監修者のひとりである波多野完治は、「教育工学は、科学の力を借りて、教育を改善していこうとする試みである。……従来の英語教育は、名人芸であった、と言っていいであろう。英語が科学的方法によって教えられる、とか、科学的方法を使わなくてはならぬ、とかいうことは、英語教師には、まったく夢のような話だったのではなかろうか。」とその講座の中で述べている。[1] 波多野は、更に具体的な例を挙げながら英語科における教育工学の性格を論じながら、「教育工学の工学を、機械を扱う応用科学と解釈することは誤りである」と次のように指摘している。

　「英語の教育工学においても、もちろん機械は大きな部分を占める。それはLLを中心として発達してきた新しい科学だ、という性格を持っている、とさえ言えるかもしれない。しかし、LL自体が、そこに、inputされる内容（いわゆるソフトウエア）により多くの注意を払わなければならな

くなった今日、世人の工学について持っているイメージは古くなり、今や『技術と論理』の総合としてのテクノロジーという新しい考え方で、英語教授の科学へ立ち向かうべき時代にきているように思われる。」[2]

更に波多野は、渡辺茂のシステム工学論（柔構造システムと剛構造システム）を引用しながら、次のように、英語教育それ自体は柔構造であるけれども、剛構造としての LL を使いこなしていく英語教育のシステム化が必要であると力説している。

「こういう柔構造と剛構造の組み合わせの妙は、システムとしての教師のいかんにかかる。そうして、こういう生徒システムと教師システムとが、英語システムといかに関わるかを科学的に研究し処理すること、それが、英語の教育工学を形成するわけである。」[3]

波多野完治が目指す英語教育工学は、英語科教育の教育工学であり英語科教育のシステム化である。ここで論じようとしている「英語教育工学の立場」は基本的にこのような視点を有するものである。

1. 教授メディア

R.M. ガニエによると、教授メディアは「学習者に刺激作用を与えるさまざまな種類の学習環境の成分」を意味している。従って、教師の他に本からテレビ（現在ではコンピュータ）に至るまで各種の物や道具が含まれる。また V.S. ガーラック・D.P. イーリィ によれば、「学習者に知識・技能・態度を習得させる際に必要な条件を与えてくれる人や事物」を意味している。これらは、視聴覚教育の時代に用いられた「主として読むことに依存しない教材」とか「事物よりいっそう抽象的であるが、しかも言語ほど感覚的要素が希薄でない資料」よりも広範囲の定義であるが、英語教育工学の視点からはこのような英語教育システムを念頭に置いた捉え方が必要なのである。また、波多野完治が「授業はコミュニケーションである」と述べているように、教授メディア*は「情報の送り手と受け手との間を仲介して、教育メッセージを有効に送受できるようにする媒体」でなければならないであろう。更に、ここで用いられている教授メディアの『教授』は、teaching と理解されそうであるが、原語的には instructional を表し

ている。instruction とは、予め系統的に計画された学習が高い確度で実現できるような教師の活動、つまり学習指導*を意味している。

このような教授メディアには、4つの側面がある。それは、①ハードウエア、②ソフトウエア、③コースウエア、④アンダーウエア、である。メディアがハードウエアとソフトウエアから成り立っていることはよく知られている。しかし、教授メディア、特にコンピュータの教育利用を論じる時には、それだけでは不十分である。提示する学習内容（教材）としてのソフトウエアとコンピュータ・システムを動かすソフトウエアとは区別しておく必要がある。前者をコースウエア*と呼ぶのである。教授メディアがこの3つのウエアから構成されていることは、おおかたの教師の認めるところである。しかし、それだけでは不十分である。教授メディアの適切な選択と利用には、ハードウエアやソフトウエア及びコースウエアの利用技術の基盤となる教育工学理論や調査研究より得られた学習に関する知見や知識がどうしても必要である。これをアンダーウエア*と称している。[4] このアンダーウエアに関係することで、R.C.リッチィは、E. デールの経験の円錐を借用した「有用の円錐」を示しながら、①抽象的な研究から具体的な研究への全範囲をカバーする調査研究を行うこと、②より具体的な調査結果をその理論的根拠に連携づけること、③より抽象的な研究成果を具体的な問題や条件に連携させることを提言しているのに注目したい。[5] 更に付言すれば、以下に論じることは、CALL ラボという教授メディアを英語教育に活用するためのアンダーウエアの一部であると考えてよいであろう。

2. マルチメディア

マルチメディア*という用語は、クロスメディアと共に、少なくとも米国において複数のメディアを利用するという意味で以前（筆者の知る限りでは1960年頃）にも使われていたことがあった。たとえば、スライド・プロジェクターとカセットデッキのように、複数のメディアを組み合わせることによって互いの欠点を相補い、その総和以上の効果を上げる利用方式である。マルチメディアは直列的な組み合わせで、クロスメディアは並

列的、同時的に利用する方式であった。しかし、最近のマルチメディアの概念は、このような複数メディア利用という観点だけでは不十分であろう。

R. シュウィア及びE. ミサンチャックは、その共著書の序文でこの両者の相違をわかりやすく説明している。以下の通り要領よく解説している。[6]「従来のマルチメディアは、多くのメディアが入ったボール箱から、その中のメディアを順序よく取り出して順番に利用する方式であった。新しいマルチメディアは、そのボール箱がコンピュータで、その中の各種メディアを調合・統合し、1つのメディアとして提示する方式のものである。」

従来のマルチメディアと違って、新しいマルチメディアはいくつかのメディアをデジタル化によってコンピュータで調合し、混合物でなく化合物化できる特性があるし、それらメディア間の境界がなくなり（ボーダレス化）、完全に1つのメディアとして統合されることになる。それはまた、通信メディアとの融合により広範囲利用（広域化）が可能になってくる教育特性を有している。ガーラック・イーリィの用語[7]を用いれば、操作性の高度化と拡充性の増大をもたらしてくれる新しい次元の教授メディアであると言えよう。

3. CALLラボへのアプローチ
3.1 システム的アプローチと系統的アプローチ

教育工学の進化の道筋を振り返ってみれば、A. A.ラムズデインの言うように視聴覚教育の流れ（教育工学1）とプログラム学習の流れ（教育工学2）とI. K. デービスの主張するように学習指導設計論の流れ（教育工学3）が見られる。[8] 教育工学1の立場は、ハードウエア的アプローチであり、教育工学2の立場はソフトウエア的アプローチと言ってよいであろう。それに対して、教育工学3はひとことで言えば、システム的*（Systemic）アプローチであると同時に系統的*（Systematic）アプローチであると言ってよいであろう。[9] 教育工学1と教育工学2の流れについては、特にここで言及する必要はないと思われるので、教育工学3についてのみ考えてみたい。[10]

学習指導を行う時には、その中にいろいろと検討しなければならないい

くつかの要素があることに目を向けるべきであろう。学習指導全体を分析してみると、たとえば、誰がどのような人に何についてどのようなメディアや方法を用いて学習指導を行うのか、またその結果どのような効果があるのかなど、その中に学習指導を成り立たせるいくつかの部分あるいは要素が存在する。それらが互いに影響し合って学習指導というシステムを構成しているのである。従って、その中のある部分だけに目を向けるだけでは、学習指導を正確に理解することはできない。たとえば、操作性と拡充性に優れたマルチメディアが教育の現場に導入されても、それだけで有効な学習指導ができるわけではない。たとえどんなに優れたメディアであっても、それは学習指導システムの1構成要素に過ぎないし、他の構成要素との関係で、それが学習指導の効果を損なうケースもあり得るのである。

学習指導を考察する時に、それを1つのシステムとして全体的に捉え、そのシステムを構成する要素が互いに作用し合って、学習指導の方向性や効果が産み出されるというシステム的 (Systemic) 理解に立つことがまず必要である。学習指導システムがどのような要素から構成されているかについては、さまざまな考え方があろう。たとえば、学習指導を教師と学習者とのコミュニケーション活動として捉えることもできるであろう。その場合、たとえばD.K. バーローの SMCR モデルによって、送り手（教師）、メッセージ（コースウエア）、チャンネル（ハードウエア・ソフトウエア）、受け手（学生）をその構成要素として挙げることも可能である。しかし、これまでの中で説得力があり、わかりやすい学習指導システム・モデルは、V.S. ガーラック・D.P. イーリィのモデルであろう。

ガーラック・イーリィによれば、学習指導システムは学習内容、学習目標、初期行動、教授ストラテジー、クラス編成、学習時間、学習空間、教授メディア、パフォーマンス評価、フィードバック分析の 10 の要素から成り立っている。これらの 10 の構成要素が互いに他に影響を及ぼしながら学習指導システムの方向性や効果を産み出していると考えているのである。このモデルもシステム的に学習指導を捉えていることは明確である。しかし、ガーラック・イーリィのモデルの場合は、それに加えてよりよい学習指導システムを産み出していくのには、指導方法からではなく学習目

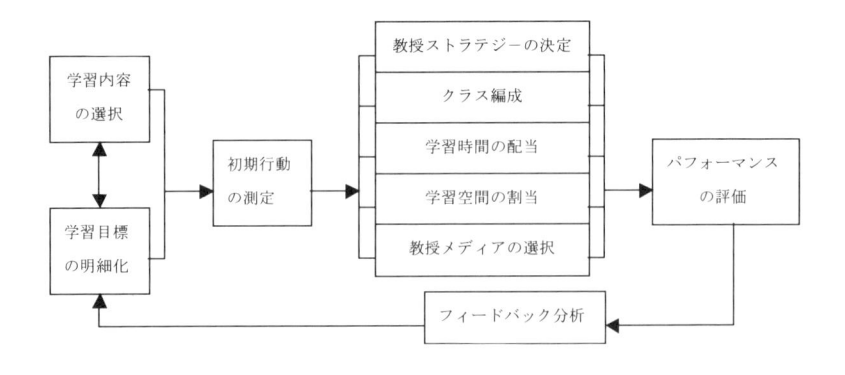

図1

標の設定から計画を始めるべきであるとの前提がある。つまり、最適な学習指導システムを構築していくためには、各要素の分析だけでなく、どの要素を中心にどのような流れとその関連で計画を進めていくかが致命的に重要なのである。その系統的な流れがなければ学習指導設計が根底から成り立たないと考えているからである。図1のように、学習指導目標に関する要素（学習内容、学習目標、初期行動）の検討から学習指導方法に関する要素（教授ストラテジー、クラス編成、学習時間、学習空間、教授メディア）の検討へ、その後に評価とフィードバックへ、といった学習指導目標から学習指導方法への流れが学習指導システム設計における絶対条件になっているのである。これが系統的（Systematic）アプローチと呼ばれるものである。

 I. K. デービスの主張する教育工学3では、システム的アプローチはもとより系統的アプローチが主流になっているのは事実である。しかし、後に論じるように、最近のCMC*（Computer Mediated Communication）をCALLラボ・システムへ導入し、インターネットを活用した問題解決型学習指導を行うシステム設計では、この問題をどのように扱うかが大きな論点の1つとなる。

3.2 学習目標分析

　系統的アプローチをとる場合、何を学習指導するのかをまず明確にしなければ学習指導システムは成り立たない。その場合には、ただ何を学習内容として選ぶのかを決めるだけでは不十分である。その学習内容について、学習者がどのような知識や技能を自分のものにしていくよう指導するのかを前もって明らかにしなければならない。それには学習内容のきめ細かい分析が必要になってくる。どのような要素がその中に含まれていて、それがどのように関係し合っているのか、その学習目標の構造を分析しておく必要がある。それによって、学習者にとって適切な課題が、適切な順序と方法で提示される学習指導環境を整えることが可能になる。

　CALLラボのコースウエアを構築するために学習目標分析を行う場合には、どのようなシラバス・デザインを採用するかが問題になってくる。これは、その学習内容がどのような要素でどのように構成されているかを見るかの問題である。ちょうど、人の性格を判断するのに用いられているロールシャッハ法（インク・ブロット法）のように、インクのしみの部分に注意を向ける場合と地の部分に目を向ける場合とでは、被験者の目に映る像が変わってくる。また、全体に注目してみる場合とある特定の部分のみに目を向ける場合とでもその像が異なってくるのと似ている。つまり、被験者がどういう視点で要素を定め、それらの要素をどうつなぎ合わせるかによってでき上がる絵（構造）も変わってくる。従って、学習内容をどのような視点から、どのような構成要素で構成されていると見るのかによって、学習目標の全体構造が異なってくることになる。たとえば、発話の形態を重視しどのように表現するかに目を向ける場合と、発話の用法を重視しその発話がいつ、どこで用いられるかに注目する場合とでは、更に話し相手の社会的地位、利害関係、親密さの度合いや話者の心的態度を重視する場合とでは、学習目標分析の内容が変わってくる。つまり、英語学習目標を発話の形態を重視して分析するとき（文法的・構造的視点）と、発話の用法を重視して分析するとき（場面的・脈絡的視点）と、発話の意味を重視して分析するとき（概念的・機能的視点）では、学習目標の構造が大きく

異なってくるのである。たとえばW.F. マッケイの引用している例であるが、"Where do you get on the bus every day?" と "Do you live far from school?" の2つの発話を考えてみよう。文法的・構造的視点に立てば、この2つはまったく別のカテゴリーとして見ることになるし、概念的・機能的視点に立てば、同じカテゴリーとして扱うことも可能になってくる。従って、英語学習指導設計においては、このようにシラバス・デザインの観点をどこに置くかが最も重要であると考えるべきであろう。[11]

　ここに、アンダーウエアとしての英語教育に関するシラバス・デザイン理論やその知見が、コースウエアを設計するために必要とされるのである。これは、明らかに英語教育工学が扱うべき重要な課題の1つである。

3.3 教授方法

　「何を学習指導するか」が明らかになれば、次にそれを「いかに学習指導するか」が検討課題になってくる。そこには、ストラテジー（戦略）とタクティックス（戦術）の問題がある。学習指導のストラテジーとは、学習者が学習目標に到達するために最も有効だと思われる総体的で大まかな学習指導計画のことである。それに対して、学習指導のストラテジーが決定された後に、ミクロ的には一見矛盾するように見えても、マクロ的にはその線に沿って選択される最適な学習指導の技法がタクティックスに相当する。

　英語学習指導方法においては、これまで一般にアプローチ、メソッド、テクニックの概念が使われてきているが、必ずしもアプローチ*とメソッド*を明確に区別して使用されているわけではない。しかし、E. M. アンソニーが "techniques carry out a method which is consistent with an approach" と述べているように、この3つの中の最上位次元がアプローチであり、それと矛盾しない方向で展開される次の次元がメソッドである。[12]

　言い換えれば、論争の余地がない公理的・仮説的な次元がアプローチなのである。従って、アプローチは設計者の英語教育観や信条の表われであり、英語学習指導計画の基本的で前提的なものと考えられる。

　それに対して、メソッドは特定のアプローチを基盤にして、言語素材を選

```
                                        ┌─ テクニックa
                                        ├─ テクニックb
                        ┌─ メソッド1 ←──┼─ テクニックc
                       ╱                ├─ テクニックd
                      ╱                 └─ ‥‥‥
        アプローチA ─┤
                      ╲                 ┌─ テクニックb
                       ╲                ├─ テクニックd
                        └─ メソッド2 ←──┼─ テクニックe
                                        ├─ テクニックf
                                        └─ ‥‥‥
```

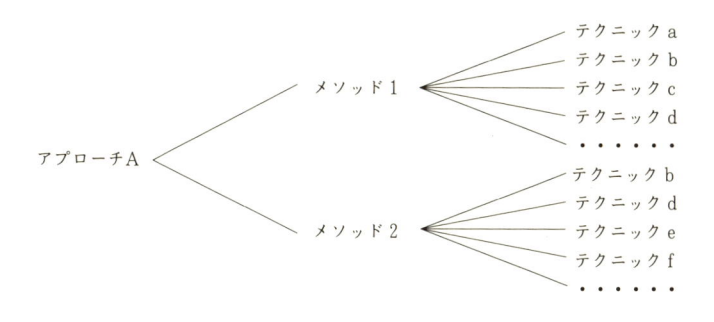

図2

択し配列していく全般的な手順を表わすものである。1つのアプローチに関して、図2のように2つ以上のメソッドが存在しうる。

　英語学習指導方法の検討と選択がなされるのは、アプローチよりもこのメソッドの次元であり、そこから遡及的にアプローチの有効性や欠陥性などが論じられる。　メソッドは、学習指導方法上、先に述べたストラテジーに深く関連するものであると考えてよいであろう。それに対してテクニックは、メソッドの中に含まれている、教えるための「技法」「工夫」「こつ」のことであり、学習指導方法の観点ではタクティックスに相当するものであろう。テクニックは、メソッドと違って一見その基盤となるアプローチと矛盾するように見える場合もある。たとえば、Audio-lingual Method に対する批判として出てきた Cognitive Method にも、いわゆる文型練習テクニックが時には見られる。従って、英語学習指導設計において、分析し明確化した目標を達成するのに最適な方法を検討し選択する場合には、従って、アプローチの認識と共に、メソッド（ストラテジー）とテクニック（タクティックス）の次元分けを明確にしておく必要がある。この次元分けは、CALLラボのコースウエアを作成する上で重要なユースウエアの1つになるであろう。

3.4 動機づけを高める学習指導設計

　CALL ラボの学習指導設計が系統的になされたとしても、学習者の動機づけが不十分な場合、その学習指導システムには欠陥があると言わざるを得ないであろう。学習者の動機づけも、計画された学習指導を実施する上での重要な問題であり、英語教育工学の重要な関心事でなければならない。

　J.M. ケラーは、学習指導の動機づけ設計を提案している。[13] 図3は、彼の動機づけを高める学習指導設計モデルである。

　このモデルの中で特にここで注目したいのは、彼の言う動機づけのための条件である。ケラーは、その後この4つの概念のうち Interest（関心）を Attention（注目）に、Expectancy（期待）を Confidence（確信）に変更している。彼のモデルは、この4つの概念の頭文字を用いて ARCS モデル*と呼ばれている。

　動機づけは、学習活動そのものではなく、それを高めるための教授技法に関するものである。たとえゲーム的技法を用いて動機づけが高まったと

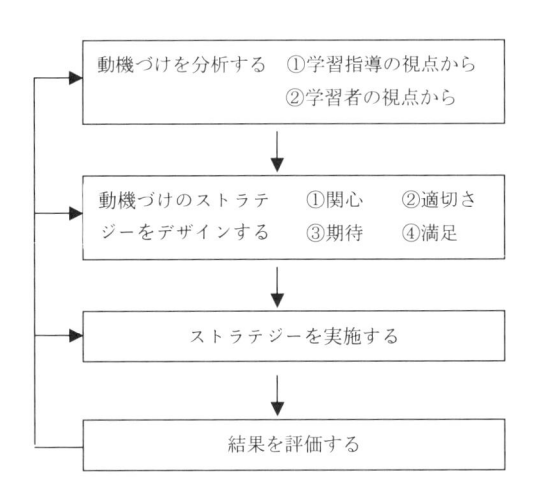

```
┌─────────────────────┐
│ 動機づけを分析する　①学習指導の視点から
│　　　　　　　　　　　②学習者の視点から
└─────────────────────┘
          ↓
┌─────────────────────┐
│ 動機づけのストラテ　①関心　②適切さ
│ ジーをデザインする　③期待　④満足
└─────────────────────┘
          ↓
┌─────────────────────┐
│ ストラテジーを実施する
└─────────────────────┘
          ↓
┌─────────────────────┐
│ 結果を評価する
└─────────────────────┘
```

図3

しても、学習目標達成に有効でなければ意味がない。学習活動は、教師と学習者間、学習者同士、学習者と教授メディア間の交互作用によってなされるので、その交互作用の在り方と動機づけには密接な関連がある。一般的に、交互作用の在り方を考えるのに、次の4つの側面を考察すると良い。

① 学習者によるコントロール
② 刺激特性
③ 学習者の反応
④ 学習者の反応への対応

①の学習者によるコントロールは、学習者による学習スピード、学習のリピート、学習の選択の度合いを意味している。②の刺激特性は、どのような学習内容がどのように提示されていくのかという問題であり、③学習者の反応は、学習者がそれに対してどのように反応していくか、頭の中での表に出ない反応（陰在反応）なのか外から観察可能な反応（顕在反応）なのか、また多肢選択型反応なのか構成型反応なのか、単純な連想型反応なのか複雑な問題解決型反応なのかなどの問題である。その反応に対してどのような対応がなされるかが、④の問題である。その反応が正しかったかどうか、またどこに誤りがあったかを示し、必要ならば同じ内容を再度学習させたり補足したりして次のステップへ進めさせる、などが検討されなければならない。

J. K. ケラー及び B. H. ケラーは、このような視点から動機づけに優れた4種類のインタラクティブ・ビデオディスク教材を詳細に分析しているが、その中には上記の交互作用の4つの要素と呼応しながら、ARCSモデルに沿った教授技法が有効に含まれていることを検証している。[14] 筆者も、毎年のアンケート調査でかなり高い動機づけを示している名古屋学院大学CALLラボ・システムについて同種の検証を行ったが、その中にARCSモデルに適合する教授技法が多く含まれていることがわかった。[15] たとえば、学習者コントロールについて言えば、

① 各学習メニューへ自由にアクセスできる
② 学習者が自由に学習を進めることができる

③ 必要に応じてどの学習メニューにも戻ることができる
④ LD上の各エピソードを必要に応じて視聴し直すことができる
⑤ 学習タスクの途中でも、そこから抜け出すことができる
⑥ 「書き取り理解」では、学習ストラテジーを学習者が選択できる
〔「書き取り理解」メニューでは、提示文節の後の、ポーズの長さを提示文節の何倍（1～4倍）にするかを学習者が自ら選ぶことができ、その選択によって正答の配点ウェイトが変わってくるようになっている〕
などがその例である。

3.5 2種類のCALLラボ概念

1988年に名古屋学院大学に設置したCALLラボは、コンピュータ支援の語学ラボラトリーであった。[16] そのねらいは以下の通りであった。

① 学習指導へのコンピュータ利用は、特に交互作用、動機づけの上で有効である。
② コンピュータは、教師に代わって教えることはできないが、教師の補完的メディアとして学習活動に役立つ。
③ 音声面では弱いところがあるが、英語授業システムの中での位置づけを適切に行えば、コンピュータ支援の語学ラボラトリーの有効性は大きい。殊に、普通授業との連携は重要である。
④ オーサリング・システムの開発普及によって、コンピュータ言語をあまり知らない英語教師でも容易に教材作成ができるようになる。
⑤ 文法中心型のコースウエアだけでなく、Communicative Approachに基づく学習指導の一端を担うことが可能である。

今後人工知能の開発により、この分野でのコンピュータ支援語学ラボラトリーの役割は、飛躍的に増大するであろう。更に、この提案を支えるものとして、『言語学習』を重視する意味で、LLをLLL（Language Learning Laboratory）として捉え、LEARNING、LANGUAGE、LABORATORYの3つの観点から「LLの課題と新しいLL像」を模索したのである。[17] その中で、

① メディアと学習者間のインターフェイスとしての教師の役割

② 動機づけの点からのビデオ・ディスクの有効性
③ LLへの概念的機能的シラバスの導入と非言語的パラメータの重視
④『習得』以上に『達成』に重きを置くタスク（課題）の必要性
などについて特に検討した。

これらの論議をもとに、CALLラボへの提案を具体化したのが、名古屋学院大学の第1世代のCALLラボ・システムであった。それは、従ってコンピュータからの支援を受けるLLシステムの1モデルであり、文字英語を中心に開発されてきている Computer-Assisted Language Learning（CALL）の延長線上に構築された Laboratory ではない。この両者を直接構成要素（IC）分析的に区別するとすれば図4のように表示できる。

この認識は、コンピュータが音声面に弱かった当時には、非常に重要と思われた。なぜならば、音声英語学習を中心とするLLの視点より考えれば、もしコンピュータの支援が文字英語学習面でのみ有効であり、音声英語学習に効果が出てこないシステムであるならば、コンピュータをLLに導入する意味が失われてくるからであった。

名古屋学院大学の第1世代CALLラボ・システム開発にあたっては、話者が聴者に対して伝える意味や意図を重視する Communicative Approach をとり、殊に以下の点に留意することにした。[18]
① 学習者の必要性の重視
② 意味または発話行為を基本としたシラバスの採用
③ 個別学習の重視
④ 自然な学習プロセスとしての誤答の許容

COMPUTER-ASSISTED	LANGUAGE LEARNING LABORATORY

COMPUTER-ASSISTED LANGUAGE LEARNING	LABORATORY

図4

⑤ 心理的抑圧を与えない学習環境設定
⑥ できるだけ自然な環境で学ばせる技法
⑦ よく用いられる脈絡での発話提示
⑧ 人為的ではなく自然のままの提示

　更に、音声英語学習そのものだけではなく、むしろその背景となる異文化理解に重点を置くよう配慮した。これらの条件をCALLラボ・システムの中で実現させるために、レーザーディスクを取り入れたインタラクティブ・ビデオディスク・システムを構築することにしたのである。
　CALLラボ・システムには、CAI、CMI、LANの3つの機能を互いに関連させながら入れ込むことにした。それには、次の点を特に留意することにした。
① CAI機能には、TUTORIAL型ではなくDRILL & PRACTICE型を採用する
② レーザーディスク及びビデオ・プロセッサーを各端末に備えることにより、レーザーディスク上の映像（動画及び静止画）をCAI画面上に縮尺して提示する
③ CMI機能によって得られた学習データをCAI機能のKR情報として、ID確認の際及び各メニューでの学習時に画面表示する
④ 各端末にカセットデッキを備え、それらをLANに組み込むことにより、LAN機能の中にLL機能を付加する

CAI機能としてTUTORIAL型ではなくDRILL & PRACTICE型をとることは、エピソード提示の際の英語教師による直接教授をCALLラボ・システムの中に組み込むことをも意味している。LAN機能を利用した学習メニュー『英作文指導』にも見られるように、CALLラボ・システムでは，完全な個別学習システムではなく、ヒューマン・インターフェイスとしての英語教師の役割を重視したマン・マシン・システムを目指したのである。
　CALLラボ・システムの構築にあたって、コースウエア中心の設計をしたことも重要な点である。コースウエアの専門家である英語教師が、前述

した理論的背景をベースに基本教材を選択し、それをもとに開発したCALL ラボ用教材をどのように効果的に効率的にプログラム化できるかをソフトウエア専門家、ハードウエア専門家と協議していったのである。その結果、コンピュータに不慣れな英語教師にも扱いやすいオーサリング・システムを開発していくことになった。つまり、汎用性よりも操作性を重視したオーサリング開発を行い、予め設定した 6 種類の学習メニューについて、英語教師が学習者用の実行画面とほぼ同じレイアウトのオーサリング画面上に、教材を容易に入力できるよう工夫したのである。これによって、教師側のコースウエア作成の負担を軽くし、教師の CALL ラボ・システム利用の動機づけも高めることができたのである。

4. 第 2 世代の CALL ラボ

　上述した名古屋学院大学最初の CALL ラボは、別の表現を用いれば、十分ではないとしても、英語教育工学的アンダーウエアに基づいて設計されたコンピュータ支援複合メディア語学ラボラトリーであったと言ってもよいかもしれない。少なくとも、そのような意図を持って構築された CALL ラボ・システムであったことは確かである。当時として先端的であったそのシステムの特色は、レーザーディスクを我が国で初めてビデオ・プロセッサーによってその映像を縮尺して、コンピュータによるコースウエアと同時にディスプレイ上に提示したことであった。しかし、それはまだマルチメディアの域には達していないレベルであった。デジタル化されていないレーザーディスクでは、このシステム環境の中で映像をコースウエアとして自由に操作することはできなかった。つまり、この 2 つのメディア間には垣根があって、自由に乗り入れることが不可能であり、そのためにコースウエア作成の大きな障害の 1 つになっていたのである。

　3 年ほど前から名古屋学院大学に導入された新しい CALL ラボ・システムでは、その開発にあたっての留意点として、
① Windows 対応による互換性
② 構成型反応の拡充（同意語辞書の構築とコースウエア上の工夫）
③ CD-ROM による映像

④ CMC (教師を Gatekeeper としてのインターネットへの接続)
⑤ サポート/保守管理のシステム化
を重視したものであった。[19]

　このすべての条件が現在でも満たされているわけではないが、少なくとも最初のシステムとは違い、レーザーディスクの替わりに CD-ROM が採用されているので、前記の問題は、⑤を除いてほとんど実現されてきている。それはまた、複合メディア対応からマルチメディア対応の CALL ラボ・システムに変化してきたとも言える。CALL ラボにおける複合メディアからマルチメディアへの移行は、システム的に非常に重要な意味がある。この変化は、CALL ラボの世代の変容と捉えてもよいのではなかろうか。更に付け加えれば、この名古屋学院大学の第 2 世代 CALL ラボでは、インターネット利用をそのシステムの中に取り入れたこともシステム設計上大きな意味を有している。それは、後に論議する「英語教育と情報教育」と同時に、英語教育での異文化リテラシーの問題、更に「CALL ラボと問題解決型学習」に関連してくる問題でもある。ちなみに、この新しい第 2 世代の CALL ラボを私たちは Intercultural Computer-Assisted Language Learning Laboratory の意味で、IC-CAL ラボと称している。

　名古屋学院大学の第 1 世代 CALL ラボ・システムと第 2 世代 CALL ラボ・システムのイメージを図示すれば、次のようになるであろう。

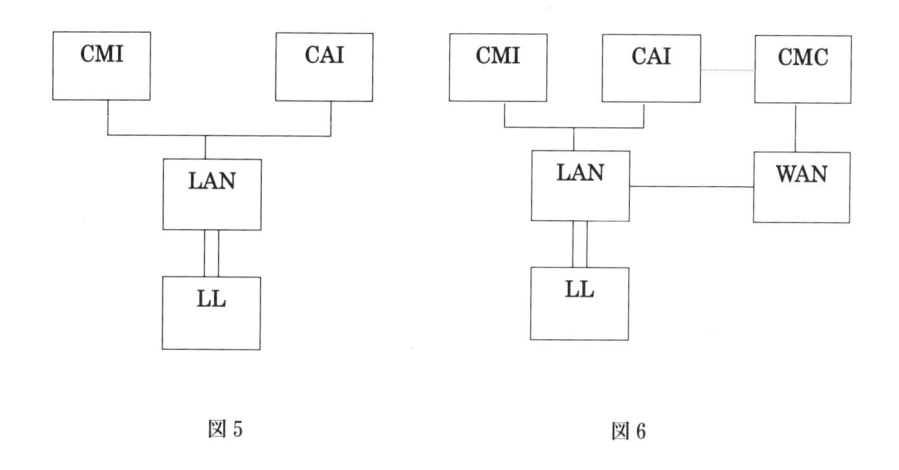

図 5

図 6

4.1 情報教育の視点

「情報教育をどのように捉えるべきか」の問題もこれからの CALL ラボを考える際の重要な視点であろう。情報教育をただ単にコンピュータについての知識を教えることと短絡的に考えるのは、当を得ていないことはもちろんである。それは第1にコンピュータだけが情報教育の担い手ではないからである。この大前提から出発して、この問題を検討してみたい。

これまで一般に、コンピュータを中心とした情報教育には、①Learning about Computer、②Learning through Computer、③Learning with Computer の3つの視点があると言われてきているが、それに「コンピュータ操作能力」を加えれば、次の4つの分野が考えられるであろう。

① Learning about Computer（コンピュータについての知識）
② Learning Computer（コンピュータ操作能力）
③ Learning through Computer（コンピュータを利用した教育）
④ Learning with Computer（コンピュータをツールとする問題解決）

①におけるコンピュータについての知識だけで、②に示されているように、実際にコンピュータが能率的に操作できなければ、コンピュータ・リテラシーが高いとは言えないし、その意味ではコンピュータを中心とした情報教育が成功を収めたとは言えないであろう。また③におけるように、コンピュータに関する情報とその活用能力だけではなく、それ以外の情報の判断・選択・整理・処理能力や新たな情報の創造・伝達能力をコンピュータを利用して教育することも、情報教育の範疇に入ることも忘れてはならない。更に重要なことは、後にも議論することであるが、④におけるように、学習者が自ら課題とした問題解決に必要な情報を、コンピュータを利用して幅広く入手し、情報判断・選択・整理・処理し、新たな情報の創造・伝達を行っていく能力を養成することも情報教育の範疇にあると考えるべきであろう。

このような情報教育は、先に述べたように、コンピュータというメディアに限るわけではない。コンピュータほどの多能性がないとしても、程度

の差こそあれ、他のメディアについてもこのような情報教育が考えられるのではなかろうか。また、視点を少し変えて考えれば、英語教育を情報教育の範疇で論議することも可能ではなかろうか。たとえば、英語教育についても、下記の4つのレベルを想定することが可能である。

① Learning about English（英語に関する知識）
② Learning English（英語運用能力）
③ Learning through English（ESP：ビジネス英語、工業英語など）
④ Learning with English（英語をツールとする問題解決）

　CMC、殊にインターネット上で英語が情報伝達の重要なメディアになっていることは言うまでもない。英語を媒体にした情報を判断・選択・整理し、新たな情報を創造し伝達する能力を育成する英語教育は、まさに情報教育の一環であると言えよう。コンピュータと同様に、英語についての知識習得だけではこのような情報教育は成り立たないことは明らかである。英語運用能力習得が広義の情報教育に重要な要素となってくるのではなかろうか。③のレベルは、従来から言われているビジネス英語などの English for Specific Purposes（ESP）に当てはまるものであろう。

　外交、貿易、学会などの英語をツールとして問題解決を図る④のレベルは、英語教育の範疇を超えたものかもしれない。それは、「外国語としての英語（EFL）」というより「第2言語としての英語（ESL）」のレベルであろう。インターネットの浸透によって、我が国の情報教育もこのレベルにまで進んでいく気配も感じさせられる。

4.2　構成主義の視点

　スイスの心理学者ジャン・ピアジェは、「人は経験を通して能動的に知識を構成していくもので、外部から受動的に知識が伝達されていくものではない」との構成主義*的学習理論の立場をとっている。また、たとえばピアジェの学習理論を背景として開発されたコンピュータ言語、LOGOを用い、「学び手」が自分にとって意味のある何らかの人工物（Personally Meaningful Artifacts）を作成する活動を通して、学習者主体の学習活動

を行っていく構成主義的な立場が、最近教育現場で大きな関心を集めてきている。

　この考え方によれば、人工物を作ることによって知識が構成されると共に、その新しく構成された知識がより洗練されたものづくりを可能にし、更に新しい知識を形成していくことになる。その際には、新しい知識を触発する素材や道具（メディア）を開発する必要があるし、それが効果的に使われる社会的状況や学習環境を、教師をはじめ教育現場の責任を持つ者がデザイン（設計）していかねばならないであろう。このようなデザイン活動と共に、学習者が互いに情報を交換し合えるコミュニティが重要な意味を持ってくる。つまり、学習者が自分の考えを形にし、人に伝えることによって学び、それによって「学びの共同体」が形成されてくることになるのである。[20] つまり、このような構成主義的な学習指導では、新しい知識を触発するメディアの選択とコースウエアの設計、それに、3.4 (p.12-14 参照)で論じたように動機づけを高める「学習者コントロール」をはじめ「学びの共同体」における交互作用の設計が重要な要素になってくるのである。更に、この種の学習指導形態では、教師対学習者の交互作用を主とする教室授業方式ではなく、美術館や水族館などで実施されているような、学習者が何らかの共同作業を通して共に考えていくワークショップ方式の学習活動が採用されていることにも注目すべきであろう。この背景には、「知能は、比較的安定した１つの実体で、努力しても知的有能さは変わらない」とする固定的知能観ではなく、「知能は、無限に伸びる可能性を持ったさまざまな知識と技能から構成されていて、努力することによって伸びる」とする増大的知能観のあることにも注目すべきである。つまり、自分の能力が他者にどう評価されているかに学習者が関心を持つのではなく、自らの能力を伸ばすことによって、自分がより有能になっていくことを目指していくように学習者を指導する教育哲学がその背景に存在すると言ってもよいであろう。[20]

4.3　総合学習的アプローチ

　2002 年度より小・中校において、2003 年度より高校において実施され

ようとしている『総合学習』は、教科の壁を越えて（いくつかの教科に関連する）、これまでに見られない画期的な学習指導の試みである。それは、

① 自ら課題を見つけ、自ら学び、自ら考え、主体的に判断し、よりよく問題を解決する資質や能力を育てる
② 学び方やものの考え方を身につけ、問題の解決や探求活動に主体的、創造的に取り組む態度を育て、自己の生き方を考えることができるようにすることを目標としている。つまり、知識そのものを習得するよりも知識を得る方法やそれを生かす方法を習得することを学習目標としているのである。これは、まさに構成主義的学習指導のねらいに合致すると考えてよい。

総合的な学習は、地域や学校の実体に応じて創意工夫を生かした教育活動を行うことができるし、更に授業時間の長さも各学校の判断で弾力的に組み立ててもよいことになっている。学習者の評価に関しても、指導要録に記載するための評価はしないことになっているし、学習結果の評価ではなく、学習者の意欲、態度、進歩の状況を評価することに重きを置き、学習者の自己評価や相互評価を推奨している。また、担当教師が自らの評価を行うことはもちろんではあるが、専門家や学校外からの評価も示唆している。

総合的な学習を含め、今後このような構成主義的な学習指導の在り方が英語学習指導においても大いに議論されてくることであろう。

4.4 系統的学習指導設計モデルより見た構成主義的学習指導デザイン

先に述べたガーラック・イーリィの系統的学習指導設計モデルより、この構成主義的学習指導デザインを考えてみるとどうなるであろうか。

① 学習内容に関しては、ある教科でのある内容に限定して課題を特定化することは困難になってくるであろう。つまり、教科の垣根を越える内容になってくるのが自然であろう。
② 学習目標を明細化することは、非常に困難になってくる。固定化された学習目標ではなく、むしろ学習のプロセスが学習目標になってく

る可能性が高い。従って、ミクロ的な学習目標ではなく、マクロ的な学習目標を設定することになってくるであろう。このことは、学習目標の達成度をどのようにして測定するかという問題にも絡んできて、学習評価の可能性にも関連してくることになる。
③ 初期行動の測定は、学習目標の明細化ができない限り困難である。
④ 教授ストラテジーに関しては、解説的アプローチではなく探求的アプローチをとることになる。しかし、完全な探求的アプローチ（学習者が構成した結果に関してその是非を示すだけ）ではなく、ある程度教師の助言や指示を与えるアプローチとなるであろう。
⑤ グループ編成、学習時間の配当、学習空間の割り当て、教授メディアの選択に関しては、構成主義的学習指導デザインでも特に大きな問題点はないように思われる。
⑥ 一般的に言って、学習目標が明確でない限り学習者の達成度評価は困難である。しかし、評価そのものが不必要ということではない。学習者への評価ではなく、むしろ教師によってなされた学習環境デザインや学習指導活動への評価を重視すべきであろう。
⑦ フィードバックについては、教師から学習者へ単に正解を与えていく方式よりも、カウンセリング手法による学習者との話し合いに重点を置くべきであろう。構成主義的学習指導では、教師の役割である「インストラクター」、「マネージャー」、「コーディネーター」の中で、特にコーディネーター（学習協力者）としての役割が重要である。

4.5　第3世代のCALLラボ・システム

最近CALLの1つの試みとして、学習者にいくつかの課題を与え、その中から学習者が選択した事柄に関して、インターネット上のホームページや電子メールによるコミュニケーション（CMC）による海外との交流や同じクラス内での電子メール情報交換によって、問題解決を行っていく学習指導システムが構築されつつある。この方式は、これまでの教師主導の学習指導システムとは異なり、前述した構成主義的アプローチの新しいCALLラボ・システムを目指すものである。電子メールや時には自らホー

ムページという、自分にとって意味のある「人工物」を作成することによって、また、クラスや知り合った海外の仲間とのコミュニケーションを通じての「学びのコミュニティ」によって、その学習を成立させていくアプローチであると言えるであろう。この新しいCALLラボ・システムには、そのアンダーウエアにおいて、第1世代及び第2世代のCALLラボ・システムと質的な相違が見られる。先に述べたように、それはプログラム（教師）による学習コントロールではなく、学習者自身が自分の学習をコントロールしていくアプローチであり、その意味では学習目標を明細化することは困難である。それはまた、学習者全員に想定される固定化した学習目標ではなく、むしろ各学習者によって学習方法にもそれに要する時間にも格差があることを前提としていると言えよう。言い換えれば、固定化された学習目標ではなく、それぞれに習得する学習プロセスが学習目標そのものであると言ってよいであろう。従って、系統的学習指導設計のように、学習目標をミクロ的に設定することは甚だ困難なのである。

しかし反面、このような学習環境の中にも、場合によっては第1世代のCALLラボ・システムで用いられたような学習指導プログラムを、自学自習用（メークアップ用）に、取り入れておくことも考えてよいのではなかろうか。問題解決型学習であっても、その学習指導プログラムを必要とする学習者が出てくるかもしれないからである。[21]

更に、最近台頭してきているSALL（Self-Access Language Learning）の考え方にも目を向けておく必要があろう。その中には、これまでの教師の役割の変化が当然含まれてくる。それだけではなく、学習者にとっても、これまでの自習時間でのように学習者が自学自習するという以上に、自分自身を学習指導（Self-Instruction）するという役割が与えられてきていると考えるべきであろう。D. ガードナ・L. ミラーは、学習者の役割として、①自分の学びへの計画、②自分と仲間の学習評価、③その学習システムの評価、④自分の学びへの動機づけ、⑤自分の学びに関する責任、⑥自分の学びのまとめ、⑦仲間へのアドバイス、の7項目を挙げている。

先に述べたように、構成主義的学習指導デザインでは、教師の役割はインストラクター、マネージャーの立場よりもコーディネーターの要素が重

要であると強調してきているが、SALLでは、学習者側は自分自身の学習設計、自分自身の学習評価の役割を担っていくべきであるとの考え方を示している。更に、「4.2構成主義の視点」の項で述べたような仲間の学習評価を行ってアドバイスする「学びの共同体」の役割も学習者に与えている。またSALLでは、教師の役割として①カウンセラー、②学習者評価者、③学習システム評価者、④教材作成者、⑤システム管理者、⑥運営責任者、⑦まとめ役、を明示している。[22]

今後の課題として、SALLも含めてこのような新しい方向性を持つCALLラボ・システムの可能性を考えていきたい。私どもは、このような新しい方向性を持つシステムを第3世代のCALLラボ・システムとして考えている。インターネットの普及により、日本における英語がEFLよりESLへ移行していく傾向と共に、CALLラボ・システムの世代交代が今後更に進んでいくことは確かであろう。第3世代のCALLラボ・システムがどのような英語教育特性を持つようになるか、またどのような短所を持つようになるかを更に分析していくと共に、今後どのようにCALLラボが進化していくのかを注意深く見守っていきたい。

註

(1) 鈴木博編（1972）『講座・英語教育工学1：言語の教授と学習』研究社 pp.11-13.
(2) 上掲書 p.19
(3) 上掲書 p.21
(4) Percival, Fred & Ellington, Henry (1984) *A Handbook of Educational Technology*, Kogan Page, pp.13-19.
(5) Richey, R.C. (1998) 'The Pursuit of Useable Knowledge in Instructional Technology', Educational Technology Research and Development Vol.46, No.4, AECT, pp.7-22.
(6) Schwier, Richard & Misanchuk, Earl (1993) *Interactive Multimedia Instruction*, Educational Technology Publication.
(7) 町田隆哉訳（1975）『授業とメディア』平凡社

(8) 石本菅生訳（1975）『学習指導と意志決定』平凡社
(9) Carr, Alison (1996) 'Distinguishing Systemic from Systematic', TECHTRENDS Vol.41, No.1, AECT.
(10) 平田啓一・町田隆哉編（1997）『新教育の方法と技術』教育出版 pp.2-21.
(11) 町田隆哉（1998）「英語教育工学序説」名古屋学院大学外国語教育紀要 No.28, pp.14-15.
(12) 上掲書 pp. 15-16.
(13) Keller, J.M. (1983), Motivational Design of Instruction. InReigeluth, C.M., ed., Instructional-Design Theories and Models: An Overview of their Current Status.
(14) Keller, B.H. & Keller, J.M. (1991), Motivating Learners with Multimedia Instruction, ICOMMET '91 Proceedings, pp.313-316.
(15) 町田隆哉（1991）「Language Laboratory 再々考──CALL ラボシステム」名古屋学院大学外国語教育紀要 No.22
(16) 町田隆哉（1987）「Computer-Assisted Language Learning Laboratory──新しき LL を目指して」LLA 中部支部紀要 8 号
(17) 町田隆哉（1988）「LL の課題と新しき LL 像」名古屋学院大学外国語教育紀要No.18
(18) 町田隆哉（1989）「CALL 教材の構成と技法」名古屋学院大学外国語教育紀要No.20
(19) 町田隆哉（1995）「LL 観の変遷と新しき LL 像」名古屋学院大学外国語学部論集 7 巻 1 号
(20) 平田啓一・町田隆哉編（1997）上掲書
(21) 私立大学情報教育協会編（1996）『私立大学の授業を変える──マルチメディアを活用した教育の方向性』p.35
(22) Gardner, D. & Miller, L. (1999) Establishing Self-Access──From theory to practice, Cambridge University Press, p.13

第2章
教育とメディア

0. はじめに

　過去の文献、実践報告、そして論文などから、日本での学校教育における実践的なコンピュータ利用の言語教育は、1985年前後から始まったものと考えられる。当時は学校に導入されるコンピュータの数も少なく、実験的・検証的な傾向が強かった。それは「CAIによる言語教育」といった観点から、言語ソフトウエアの開発事例、コンピュータの導入方法や利用技術、コンピュータ・リテラシーなどに主眼を置いた事例が多く見られた。

　1990年前後になるとコンピュータがまとまった単位で語学教室へ導入され始め、CALLやCALLラボといった概念が定着し始めた。いわゆる教室内でのサーバーを介したネットワークシステム、LAN（Local Area Network）である。そして、同時にさまざまな角度から授業実践や研究、CALLの有効性、優位性が論じられるようになった。

　1995年前後からは、教室内でのインターネットや電子メールを活用した授業の実践、ネットワークの有効性、学習者同士の共同作業（collaboration）などを論じる事例が目立つようになってきた。これは、LAN同士や、他のコンピュータが有線や無線で接続されたネットワークシステム、つまりWAN（Wide Area Network）[1]の世界的規模でのネットワーク、インターネットが教育利用されるようになったからである。

　もちろん、それぞれの時代の傾向は、同時並行の継続的な教育利用・実践・研究であり、古い傾向が新しい傾向に取って代わられたということでは決してない。また、インターネットなど、ネットワークの活用が従来のCALL授業より必ずしも効果的であるとは限らない。なぜなら、テクノロ

```
                    エクストラネット
                       WAN

           LAN              LAN
        イントラネット      イントラネット
```

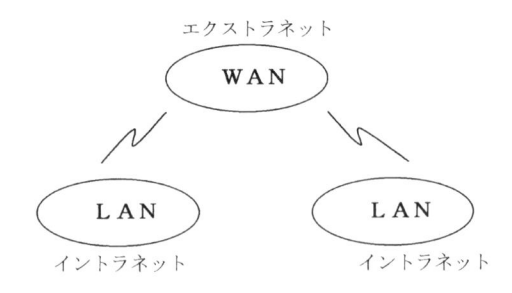

図 2-1　CALLネットワークシステム

ジーの発達は学習環境*に変化をもたらすであろうが、その発達が学習システムや言語の習得を常に進歩させることにはならないからである。従って、我々はCALLシステムを共時的（synchronic）観点からだけではなく、通時的（diachronic）観点で見る必要がある。それは教室内（Local Area Network）でのCALLシステムと、教室外（Wide Area Network）でのCALLシステムを同じ視野に入れて考察することである。

　このことから本章では、CALLを「教育とメディア」という総括的な観点に立脚しつつ、インターネットを基盤（infrastructure）としたイントラネット*（intranet）及びエクストラネット*（extranet）[(2)] の英語教育システムとして考察し、同時にCALLの担い手である「教授者*」「学習者」そして「テクノロジー」を、相互に影響し合う英語教育の要因として捉え

```
                  テクノロジー

         教授者  ←――――→  学習者
```

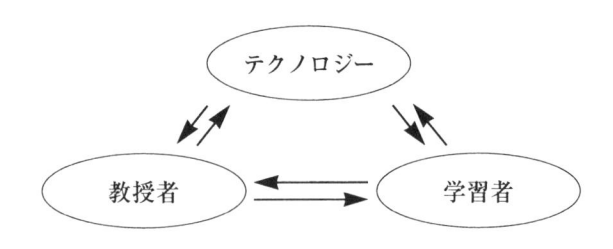

図 2-2　CALLシステムの概念

ることにする。

　一方、言語教育、とりわけ教室という学習環境での言語学習では多様な学習者が混在している。更に言語知識や言語能力、学習の動機や学習意欲、学習速度や学習目的などが異なり、当然学習方法においても違いがある。この場合、教授者の基本的な役割は、学習者に対する学習目標の設定や学習内容の検討など、学習者が学習しやすい学習環境を構成することである。また、多くの言語学者が指摘しているように、言語学習においては、学習環境のさまざまな要因が多大な影響を及ぼしている。では、コンピュータという新しいテクノロジーは、学習環境にどのような変化をもたらしたのか。また、言語学習にどのような影響を及ぼすのであろうか。そこで本章では、「CALL 学習環境論」とも言うべき立場から、CALL システムが言語学習に果たす役割についても論ずることにする。

1. 教育的観点から見たメディア

　メディアにはさまざまな定義や意味づけがなされてきた。一般的には、「送り手から受け手に伝達（communicate）される情報を媒体するもの」と解釈される。これを教育メディアという観点で捉え直すと、教育メディアとは、「教授者と学習者との間で伝達される情報を媒体するもの」ということになる。ところが伝統的には、送り手＝教授者、受け手＝学習者、「情報」は主として「学習内容」と解釈され、教授者と学習者との間は「一方通行のコミュニケーション」ということになっている。ここで1つの疑問が生じてくる。それは、学習者は送り手になれないのか、送り手としてのメディアを持たないのかということである。更に、もうひとつの疑問がある。それは教育を目的とした場合、メディアを使用するということは、単なる情報の伝達だけに留まってはならないのではないかということである。つまり、教育的観点から見たメディアの条件とは、「メディアを利用することによって教育的価値が上がり、またそのような教育的価値を増幅するコミュニケーション媒体」でなければならないだろう。これらを念頭に置き、従来のメディアと比較しながら、近年急速に普及している新しいメディア、「コンピュータ」について考えてみる。

2. メディアとしてのコンピュータ

2.1 CAC（Computer Amplified Communication）機能

　初期のコンピュータは、一部の専門家しか理解し得なかったメインフレームであった。それがやがて、安くて使いやすい一般大衆化したパソコンへと普及していった。この大衆化と普及は、コンピュータを媒体とした高度情報化社会を形成し、コンピュータとヒトとの関係を大幅に変えつつあるようだ。開発当初、ヒトにとってコンピュータはヒトの言葉を理解して自ら思考する人工知能的なもの（Artificial Intelligence）という考え方が支配的であったが、次第にヒトの能力や思考を高めるもの（Intelligence Amplifier）[3] へと変化していった。「ヒトの能力や思考を高める」ということは、言語と同様、ヒトの能力や思考のプロセスを変化・拡大・増幅するということに他ならない。たとえば、文章を作成する過程で、作成した文を瞬時に並べ替えたりカット＆ペーストしたりしながら推敲を深めるワープロ編集機能や、文章を読む過程で、語句に画像・音声情報を組み合わせて理解力を拡大するハイパーテキスト手法などは、後述するように、明らかにヒトの理解と思考能力に変化をもたらしているのである。

　このことから、教育的立場で考えた場合、ヒトとコンピュータとの関わりは「教授者のリプレイスメントとしてコンピュータを利用する」あるいは、「プログラム学習法としてコンピュータを活用する」といったティーチング・マシーン的志向から、「コンピュータの機能を有効利用しながら学習者の思考や能力を増幅する」CAI的志向へ変わりつつあると言える。そこで本章では、「教育的な価値を高め、ヒトの思考や能力などを増幅するコミュニケーション媒体としてのコンピュータ」をCAC（Computer Amplified Communication）と呼ぶことにする。

2.2 CMC*（Computer Mediated Communication）機能

　まず、コンピュータは従来のメディアとさまざまな点において異なっている点を認識しておく必要がある。ヒトとコンピュータとの関係を「マン・マシーン・インターフェース」という。この表現は、機械というモノに対

して初めて特別な意味を持って使われた。それはヒトが操作し、コンピュータがシミュレーションを行うという、従来の機械にはなかった機能をコンピュータが持ったからである。この表現が従来の機械との関係において使用されなかったのは、機械がヒトの道具としての機能しか持っていなかったからである。

たとえば、紙メディアの代表である本について考えてみる。本は書かれた情報を一元的に提示し、書き込みは可能だが双方向性がない。メディアの機能的観点から見ると、本という印刷媒体は、ヒトにとって静的・受動的（static）なメディアである。それに対して、コンピュータはキーボードやマウスによる入力に対して、シミュレーションの世界で応じてくれるという特性があることから、動的・能動的（dynamic）メディアだと言える[4]。このような刺激性・反応性を促す双方向コミュニケーションは学習にとって大変効果的な要素となる可能性があるだろう。

次に、コンピュータを使って検索すると、ネットワーク化された世界中の情報コンテンツ（動画・静止画・音声・文字など）が時間・空間を越えて入手できる。データベース化された膨大な知的資源（intellectual resources）にいつでもアクセスすることができるのである。つまり、コンピュータという教育メディアは、学習情報がいつでもどこでも入手できる、優れた学習環境を構築していると言える。更に、インターネットに代表されるコンピュータ・ネットワークは、時間・空間を超えてヒトとヒトとのコミュニケーションを支援・拡大する。「時差コミュニケーション・ツール*」とも言うべき電子メールや電子掲示板（BBS）、「リアルタイム・コミュニケーション・ツール*」としてのチャットやテレビ会議、「ヴァーチャル・コミュニケーション・ツール*」としての学習空間（サイバースペース：cyberspace）などは、学習者のコミュニケーション形態を大幅に変化・拡大させる。このようなメディアとしての諸機能を教育的観点から捉えると、「コンピュータはそれ自身が学習環境の一部を構成し、同時にさまざまなコミュニケーションを支援し媒体する」と言える。このような機能はCMC*（Computer Mediated Communication）と呼ばれている。

3. 教育メディアとしてのコンピュータ

　先に述べた CAC、CMC* という機能を踏まえて、「教育メディア」(Educational Media) としてのコンピュータを定義してみると、「コンピュータは積極的な学習環境を形成し、教授者−学習者間のコミュニケーションを実現する。そして、学習者の自律性と発見、そして学習者同士の共同作業を促進・増幅する媒体である」と言うことができる。この定義から次の3つの側面が浮かび上がってくる。

　第1に、「教授者が学習指導*を設計し、指導を実践する時に利用するメディア」という側面である。従って、ここでは教授者の機能的役割を踏まえながら、教授者の立場から見たメディアの特性を検討してみることにする。

　第2は、「学習者が初めて手にした、自由に操作できるメディア」という側面である。従来、学習のためのメディアは、ほとんどが教授者側のメディアであった。しかし、テクノロジーは学習者に自ら参加できるデバイスとしてのコンピュータを与えたのである。

　第3は、「学習環境のインフラストラクチャとしてのコンピュータ・システム、及びネットワーク・コミュニケーション」としての側面である。これはコンピュータ・システムが単なる教具ではなく、学習の環境を形成するという視点に立っている。

　これらの機能的側面は、相互に関連しながら影響し合う関係にあるが、

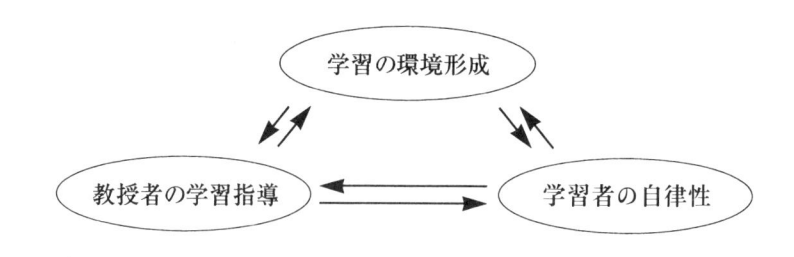

図2-3　教育メディアの概念

ここではコンピュータを中心とする「教育メディア」を以下の3つのメディア統合システムとして捉え、その機能と役割について述べる。
1) 教授者の学習指導を視点としたメディア
2) 学習者の自律性*とコラボレーション*を視点としたメディア
3) 学習の環境形成を視点としたメディア

4. 教授者の学習指導を視点としたメディア

　教授者が学習者を指導する場合の役割を考えてみよう。捉え方によってさまざまな分類方法があるであろうし[5]、各機能はそれぞれ重複する要素もあるであろうが、ここでは以下の5つの機能について考察してみよう（本章では、多くの機能を有するteaching staff的な概念を、「学習者」に対して「教授者」と表現することにする）。
1) 学習目標や学習内容などを設計するデザイナー（designer）機能
2) 学習内容を系統的・戦術的に伝達するプレゼンター（presenter）機能
3) 学習内容を効果的・効率的に指導するインストラクター（instructor）機能
4) 学習者を統括しコミュニケーションをはかるマネージャー（manager）機能
5) 快適かつ積極的に学習できる環境を創るアーキテクト（architect）機能

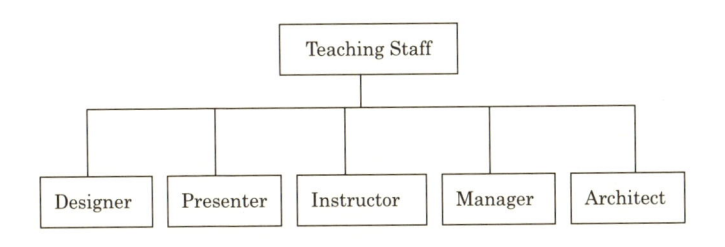

図2-4　教授者の役割

4.1 学習目標・学習内容の設計

デザイナーとしての役割（経験重視型とデータベース型）
① 教育工学的視点*に立った学習指導
② 教授内容のデータベース化と共有
③ 情報リテラシー*の向上

　中学校と高等学校の新学習指導要領によれば、中学校第3学年から高等学校の教育課程では、各学校の自由裁量で「教科・科目」や「時間」を授業総数の1/4まで設定できるようになる。新教育課程での「総合的な学習の時間」では、特色ある教育活動を各学校の判断に任せることを基本方針としており、学習内容や学習目標は教授者の判断と創意工夫に委ねる方向にある。言うなれば、従来の指導要領のガイドラインと教科書指導案に基づく経験則的な手法に頼らず、教授者自ら学習目標を設定し、学習内容を設計しなければならなくなるということである。[6]
　一方、学校にはコンピュータが大量に導入されつつあり、近年情報教育の充実ばかりではなく、その他の教科・科目においてもコンピュータを利用した授業が取り入れられるようになってきた。同時に、学校間のネットワーク化が進み、高度情報化社会のインフラストラクチャが教育現場にも整備されつつある。学習者は自宅で自由にコンピュータを操作し、小学校の時から情報教育の授業を受けられる環境が整いつつある。つまり、コンピュータ・リテラシーを持った学習者が年々増加し、彼らは教授者に対してコンピュータを活用した授業実践を待ち望んでいるのである。過去においても、新しい教育メディアの導入は学習環境に何らかの変化をもたらした。そして多くの研究者は、従来のメディアと比べて、コンピュータの導入が学習環境を今まで以上に大幅に変革することを確信している。ところが、残念なことに教授者側のコンピュータ・リテラシーがその需要に追いついていないというのが現状である。教授者は可能性を秘めた有効な教育メディアとしてのコンピュータ利用を見過すべきではないし、また見過すことのできる状況ではなくなってきている。このような傾向を考えると、

デザイナーとしての教授者は次のような点を考慮しなければならない。

① 教育工学的視点*に立った学習指導

　まず、教授者は学習目標の設計や学習内容の選択に際して新しい技術や手法を取り入れる必要がある。教授者の役割は、豊富な知見と教授方法、そしてさまざまな教授経験をもとに、適切な学習目標を設計し、学習内容を選択することにある。そのために教授者は「教育工学的視点*に立って学習指導システムを見直す」ことを常に念頭に置くことが大切である。従来の授業では、通常学習指導後に教授者がそれぞれの学習結果を評価して指導内容を見直す作業を行ってきた。一方、CALL 授業では学習者の学習記録がその都度履歴やログとして保存されるので、よりきめ細かいフィードバックが期待できる。また、後で述べるように、とりわけ CALL 学習環境において、教授者は学習者の学習を促進する者（facilitator）としての役割も果たしており、随時学習指導を設計・修正し、学習者とのフィードバックを繰り返しながら授業改善を推進することも可能となるのである。

② 教授内容のデータベース化と共有

　次に、熟練した教授者のシラバス、指導技法、学習評価、授業観察の実践記録やコースウエア*をデータベース化することは、次世代教授者への大いなる知的財産となると同時に、自らの教授内容を外化することは自己評価と改善にもつながるのである。従って教授者は、その知見や経験を個人で一元的に管理し所有する「経験重視」とその「経験則的教育方法」を再検討し、それらをデータベース化することによって他の教授者と共有する「データベース型メディア」を構築することが必要である。そして、それを活用することによって、教育資源としての「知見の共有」への移行をはかる必要がある。このことによって、教授者は常に学習者を念頭に置きながら、新たな学習内容を常時検索・蓄積・分類し、適切に活用することが可能となり、同時に他の教授者とのさまざまな連携を行うことができるようになる。

③ 情報リテラシー*の向上

更に、教授者は、常に意識しながら日々更新されるテクノロジーに対するリテラシーを向上させ、教材開発（コースウエア*の開発）に取り組む必要がある。これは、教授者がコンピュータの知識や操作技術の専門家になるということではない。学習指導に必要なコンピュータの利用技術、言語教育で言えば「CALL リテラシー」とも言うべきユースウエア[7] を持ちながら、常に情報リテラシー*を向上させることにある。これは、教材開発やCALL システムの設計、CALL 環境でのさまざまな授業運営、教育方法の改善などに役立つと共に、コンピュータ技術者・教材作成者などを組織化したコースチーム*の運営に寄与することを可能にする。英語教育に情報教育は決して無縁ではない。むしろ、教科に必要かつ十分な情報教育を取り込むことによって、より積極的な英語教育が実現できると考えるべきであろう。

4.2 学習内容の系統的・戦術的伝達

プレゼンターとしての役割（アナログ型とデジタル型）
　① 学習内容の効果的な提示
　② 学習内容の配列と系統的な提示
　③ 学習内容の臨機応変な変更

プレゼンターとしての教授者の役割は、学習内容を効果的に演出しながら学習者に伝達することにある。その手法には、①学習内容を最も効果的な形で提示する、②学習者が理解し易い順序に学習内容を配列し、系統化して提示する、③学習者の反応を観察しながら、学習内容を臨機応変に変更する、といったプロセスが含まれる。そこで、アナログ系メディアとデジタル系メディアの例を挙げて対比させながら、それぞれの効果と特性を考察する。

① 学習内容の効果的な提示
　学習内容を最も効果的な形で提示するということは、それぞれのメディ

アの特性を最大限利用するということである。たとえば、伝統的なアナログ系メディアである「黒板とチョーク」を中心に検討してみよう。その機能には2つある。1つは、その原型である「紙と鉛筆」メディアと同様、チョークで文字や図形をその場で作成して表示・追加・修正し、不要な情報は黒板消しでいつでも削除できるという「情報操作」の機能がある。もうひとつの機能は、学習者に同時かつ一斉に提示できるという「情報提示」にある。「情報提示」の機能に関しては、OHC（教材提示装置）を使用すれば、学習内容を黒板とは違った提示装置（ビデオプロジェクターや個別モニター）で同時かつ一斉提示することができる。

次にこれと対峙するデジタル系メディアであるワープロの場合と比較してみよう。「情報操作」という点でワープロを考えると、上記の機能に付け加えて、表示機能（清書・フォントや文字サイズや色の変更など）、編集機能（カット＆ペースト・静止画の貼り付けなど）、保存機能（ファイルの保存・呼び出し）などが可能となる。一方「情報提示」では、上記と同様の提示装置（ビデオプロジェクターや個別モニター）に加えて、コンピュータ特有の機能であるファイル転送やサーバー上での開示、ネットワーク上での提示機能（電子掲示板やホームページなど）が可能となる。また、アナログ系のOHPなど、予め加工した教材内容を提示する場合も、デジタル系では、ワープロの発展系提示ツール（Power Pointなど）を使えば、アニメーション効果や数字の図表化、音声同期・動画表示などが可能となり、学習内容をより効果的に提示することができる。

② 学習内容の配列と系統的な提示

学習内容を配列し系統化して提示するということは、教材提示の操作性に大いに関係する。一般的に、提示する情報内容（学習内容）には、動画・静止画・音声・文字及びそれらの組み合わせの形態がある。これらの情報内容は、それぞれ「器や道具」（教材・教具）によって提示される。動画の場合はビデオテープとビデオ再生装置、LDはレーザーディスクとレーザーディスク再生装置、音声の場合はカセットテープやCDとカセットデッキやCDプレーヤー、文字の場合は印刷物と提示装置、黒板とチョークといっ

た具合である。学習内容は、コースウエア*として事前に十分吟味・配列され、教授者の指導方略に基づいて、系統的に学習者に提示される。しかし、アナログ・メディアは、「情報内容」（学習内容）と「器や道具」（教材・教具）を分離することができないため、教授者はそれぞれのメディアをすべて準備し、その場で1つひとつ置き換えて使用しなければならない。

　たとえば、発音指導の場合、(1)口蓋図の絵を OHC で見せ、(2)黒板で理論を説明し、(3)ビデオテープなどの動画で実演を示し、(4)音声テープで事後演習をするといった作業を行うとしよう。(1)では教材提示装置（教具）に静止画（教材）をセットし、口蓋図（学習内容）を提示する。(2)では、黒板（教具）のあるところに移動して理論（学習内容）を板書して説明する。(3)では動画（教材内容）が記録されているビデオテープ（教材）を準備し、ビデオ再生装置（教具）にかけて再生する。そして、(4)ではビデオを停止した後、音声（教材内容）が記録されている音声テープ（教材）を準備し、カセットデッキ（教具）にかけて再生する。

　一方、デジタル・メディアは、デジタル化された動画・静止画・音声・文字の情報内容を予め提示順に組み込んで、コンピュータという単一メディアに統合して効果的に伝達することができる。たとえば、提示用ツールの Power Point を例にとってみると、静止画の口蓋図は予めスキャナーやデジタルカメラでデジタル化し、静止画ファイルとして加工しておく。動画はエンコーダで MPEG や AVI ファイルに変換、音声はサウンドレコーダなどで WAV 形式などのファイルに変換しておく。提示手順と解説をワープロで入力しながら、上記のファイルを提示順にカット＆ペーストし、アニメーション効果を一部工夫する。このような作業で作成した Power Point のデータをコンピュータで操作することによって、すべての情報内容がいっそう効果的に提示されることになる。更にデジタル・メディアの優れた点は、作成したコースウエア*を簡単に再編集できること、保存できること、そしてサーバーやネットワーク上に提示して、いつ／どこからでも学習者が必要とした時にアクセスできるという点にある。

③　学習内容の臨機応変な変更

学習内容を臨機応変に変更するということは、十分な学習指導設計を作成していても、更に変更が起こりうることを考慮するということである。つまり、教授者には、学習者の反応や評価を常に観察しながら、学習指導システムの構成要素を切り替えるシステマティックな思考が必要である。「学習内容の変更」には、(1)提示の順番を簡単に変更できる、(2)変更のための学習内容をいつでも取り出せる、という要素が必要である。アナログ・メディアの場合、提示の順序を変更するということは、印刷物ならページをめくってレッスンや演習問題の変更、静止画ならば差し替え、音声・動画ならば頭出しの変更かカセットの取り替えという「物理的な」変更を試みることになる。また、学習内容をいつでも取り出すために、変更内容や変更のための教材・コースウエア*をいつも手元に準備しておかなければならない。

　これに対し、デジタル・メディアの場合、提示の順序変更はコンピュータ上でのファイルの変更や画面の変更という操作になる。また、学習内容をいつでも必要な時に取り出すためには、コンピュータの特性であるデータベースの構築と検索機能を利用すればよい。デジタル化された音声や動画ファイルはフレーム単位でのアクセスが可能なので、必要な個所を瞬時に呼び出す検索機能が利用できる。

　このように、「学習内容を臨機応変に変更する」プロセスでは、アナログ・デジタルいずれのメディアに関わらず、教授者の入念な準備とシステム的・系統的アプローチ、そしてフィードバック分析がまず要求されるが、デジタル・メディアの優れた特性は、このようなプロセスに対して、はるかに有効に働くと言えるであろう。

4.3 学習内容の効果的・効率的指導

　インストラクターとしての役割（提示型と双方向型）
　　① 学習者がコントロールする学習ツール
　　② コンピュータの中の学習資源
　　③ 学習者の自律した学習・コミュニケーション

おそらく多くの教授者の学習指導形態は、教授者が教壇に立って多数の学習者を指導したり、ゼミなど少人数の学習者がラウンド・テーブルを囲む形で教授したりするのが通常で、学習者の目線はいつも教授者の方に向けられている。しかし、学習者がコンピュータを利用する教室では、学習者の目線は教授者と同時にコンピュータ画面にも向けられる。コンピュータ画面を見るということは、学習者が、教授者から一方的に送られてくる学習内容を見るだけの単なるモニター機能だけではなく、コンピュータの電子計算機的機能・制御機能・通信機能などにも目を向けるということである。[8] つまり、①学習者が自分自身で自由に制御できる学習ツール（learning tools）を持ったということ、②学習者がコンピュータの中に学習資源（learning resources）を見出したということ、そして③学習者が操作を繰り返しながら、自律的・積極的に探索・発見・学習し、コミュニケーションをはかることができるようになった（learning tactics）ということである。このような学習者の変容は、当然のことながら学習指導の在り方や方略に変化をもたらすだろう。このことをもう少し詳しく検証してみる。

① 学習者がコントロールする学習ツール
　学習者が自分自身で自由に制御できる学習ツールを持ったということは、従来の教授者主導の学習指導に大きな変化をもたらす可能性がある。先に述べたように、従来のメディアは教授者が学習内容を提示・伝達するためのツールであった。その場で文字や図形情報を提示・伝達する黒板・チョークやOHP・OHC、音声・動画情報を提示するTR・VTR・LD、予め加工された情報としての教科書やプリント教材などが教授メディア*の一部と言われる所以である。一方学習者は、情報の受信と、情報蓄積・再生のためのノートと鉛筆、教科書やプリント、音声カセット程度のメディアしか持たなかった。しかし、ネットワーク化されたコンピュータ・システム、たとえば教材を共有するサーバー、ネットワーク上の電子掲示板（Bulletin Board System）やWWW（World Wide Web）サイト上でのホームページなどの教育利用は、教授者と学習者が教育メディアを共有するとい

うことに他ならない。このことは、学習者が自ら学習内容を引き出すことができること、個々のペースにあった学習形態が確保されること、学習者から発信できること、などの学習行動が期待できるということである。つまり、教授者による学習内容の一元的管理と、授業実践の一方的コントロールから、学習者を中心とした学習指導へと変化するということに他ならない。

② コンピュータの中の学習資源

　学習者が、コンピュータの中に学習できる資源を見出したということは、今まで教授者が蓄積してきた知見や知識の提示・伝達方法を再検討しなければならないということである。コンピュータに蓄積されたあらゆるデータは、文字・図形・音声・静止画・動画などのコンテンツとして系統的にリンクされ、データベース化されてネットワーク上に張り巡らされている。それらハイパーリンク化された情報コンテンツは、キーワード検索によって、いつでも、どこからでも瞬時に検索でき、その結果膨大な学習情報を容易く入手することができる。このことは、学習者の探索・発見などの活動を可能にする「わかちもたれた知能*」（distributed intelligence）[9] が、目前にいる教授者の知見や知識と共に、ネットワーク上に共存しながら存在するということである。このような知能は、「自ら調べる学習」や「グループによるプロジェクト学習」「ワークショップ」など、学習者の探索・発見学習の教育方法の可能性を大幅に増大した。このことは、学習内容を更に豊富なものにするが、一方で、分散された膨大な情報に戸惑う学習者に対して、効果的な検索方法や学習方法の指導といった、学習指導の新たなアプローチを開発していく必要が出てきた。

③ 学習者の自律した学習・コミュニケーション

　学習者が自律的・積極的に探索・発見・学習し、コミュニケーションをはかることができるようになったということは、逆に言えば教授者がfacilitatorとしての役割を担うことを意味する。辞書ではfacilitateは、〈物が〉…を容易［楽］にする；〈行動・処置などを〉促進［助成］する；〈人

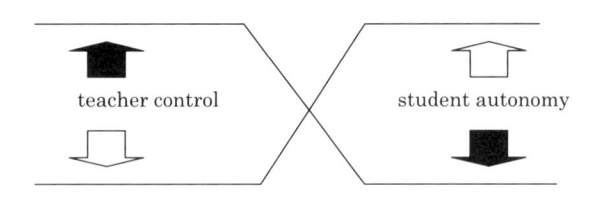

図 2-5　教授者の control と学習者の autonomy

を〉手助けする；（小学館英和辞典）となっている。この解釈に従うと、教授者に新たに求められるのは、学習者が容易［楽］に学習できる学習環境を作るということ、学習者が学習するための動機づけや学習の継続性などを促進［助成］するということ、学習者が学習方法や学習内容の理解に困ったときに手助けすること、となる。つまり、学習者が自ら積極的に学習行動を実践する学習環境がなくてはならない。そのために教授者は、コントロールをできるだけ排除すること、与えるタスクではなく、探索し、発見するタスクを提供することで積極的な関わりを持つこと、結果評価ではなく過程評価を重視することなどの新たな学習指導方法を設計しなければならない。[10] 同時に学習者には自律性*（autonomy）や、更に学習者の主体性が強調される自立・独自性*（ownership）が要求される。これら教授者のコントロールと学習者の自律性*や自立・独自性*との関係はちょうどシーソーのような相関関係にあると言えるだろう。

4.4　クラス運営とコミュニケーション

マネージャーとしての役割（TCI 型と LCI 型）
　① 学習時間の効果的・効率的な配分
　② クラス・グループ・個人の融合と統合
　③ 学習者とのインタラクション

　教授者には、学習目標の設定や、学習内容の設計・伝達以外に、クラスを効果的・効率的に運営していくマネージャーとしての重要な役割がある。

management には、「計画を効率的に達成するためヒトを管理・監督する」という意味合いが強く、教育現場でも同じ脈絡で「教授計画を効率的に達成するため学習者を管理・監督する」場合が多々あるのではないだろうか。教室での相互作用（classroom interaction）や教室での管理・運営（classroom control）が、教授者側からの一方的な授業管理・運営として議論されることが多いのも事実である。しかし、ここでは、「多様な学習要因を持つ個々の学習者と学習者全体の学習目標を達成する方略を運用すること、それらをうまく融合し調和すること、そのためのコミュニケーションをはかること」をクラス運営における教授者の役割とする。このプロセスには、①学習時間を効果的・効率的に配分する、②クラス・グループ・個人をうまく融合し、統合する、③学習者からのフィードバックを考慮しながらインタラクションをはかるといった点がある。ここでは、それぞれのプロセスをメディアとの関連で検討してみる。

① 学習時間の効果的・効率的な配分

　学習時間を効果的・効率的に配分するには、学習者からのフィードバックが欠かせないのは言うまでもない。学習者個人がそれぞれのタスクを達成するための学習時間を「絶対時間配分」と呼ぶことにしよう。教授者が、学習者個人の学習時間を効果的・効率的に配分するためには、「学習の累積結果としての学習者の個人プロファイル」の把握と、「学習者個人の進捗状況を示す学習履歴」及び「学習全般に関する個人カウンセリング」が重要である。

　「学習者の個人プロファイル」の構築方法としては学習者個人のフォルダに個人学習情報を随時蓄積することによって可能である。筆者はMDを記録媒体とした卓上型のオフライン小型イメージスキャナ装置を活用している。140MBのMDに予め学習者の個人フォルダを作成しておき、入手したプロファイルとなるA4サイズ以下のハードコピーの個人学習情報をその場で取り込んでおくとコンピュータ上で個人プロファイルのデータベースが構築されている。

　「学習履歴（history）」は、学習者が語学演習プログラムなどでアクセ

スした時のログ・学習結果の即時履歴データや、課題に対して作成した文書ファイルなどは、学習の進捗状況を動的に把握する上で欠かすことのできないデータである。ログや履歴データは、教授者専用のCMIで簡単に閲覧することができる。また文書ファイルなどを、ネットワーク上やサーバー内の学習者個人フォルダにその都度格納できるようにしておけば、教授者はいつでもそのファイルをチェックすることができる。

　「個人カウンセリング」は、通常教授者と学習者の対面方式で行われるが、ネットワーク上では電子メールやメーリングリストなどを使って、時間・空間に左右されず、いつでも学習の達成度や学習方法などを伝え、学習上の相談を行うことができる。

　学習時間の効果的・効率的な配分には、クラス全体の長期的・継続的な授業運営と学習者それぞれのタスクを達成するための学習時間との配分も考慮する必要がある。これを仮に「相対時間配分」と呼ぶことにしよう。相対時間配分は、授業期間・授業時間といった時間的制約を考慮しつつも、個人とグループ、全体を常に配慮した学習時間の配分を考えなければならない。従来の教授活動に多く見られたクラスルーム・インタラクションでは、一斉学習・個別学習といった二元論的な分類と教授方法が見られたが、教授者は、クラス全体の教授者でもなく、学習者個人の教授者というわけでもない。学習時間を効果的・効率的に配分するならば、教授者は学習者同士のインタラクション、たとえばペア・ワークやグループ・ワーク、共同作業のためのタスクやそのためのコースウエア*の設計、学習者・ペア・グループそれぞれの自律性*に重点を置きながらの学習支援、といった相対的な時間の配分を念頭に置く必要がある。

② クラス・グループ・個人の融合と統合

　クラス、グループ、個人をうまく融合し、統合するということは、まさにこの相対時間配分の方法とグループ化による共同作業と関係する。授業は通常1人の教授者と多数の学習者が対面する形で行われる場合が多い。教授者と学習者が1対多数で対面し、教授者が主導するインタラクションの形態をここではTCI型（Teacher Centered Interaction）と呼ぶことに

する。それは、オーケストラを指揮する指揮者のように教授者が全体を把握し、調和を保ちながら巧みに進行を担う形態である。しかし先に述べたように、クラスを構成する学習者は、それぞれ異なった学力・目標・動機・到達度などを持つ。従って、学習者にとっては1人の教授者からの学習指導と共に、異なった視点から学習を支援・指導する人々（mentors）や、共同作業を行う学習者（collaborators）の存在が学習の機会を増すことになる。更に、CALL学習環境では、コンピュータのネットワークを介して行う多数の相手（audiences）との交信や支援・共同作業によって学習の機会を更に拡大することとなる。このように、学習者が他の学習者と共同でコンピュータを媒体としながら学習する（computer mediated learning）環境下では、教授者はfacilitatorとして学習者のさまざまなパフォーマンスをうまく融合しながらクラス運営するインタラクションの形態となる。ここではそれをLCI型（Learner Centered Interaction）と呼ぶことにする。

③ 学習者とのインタラクション

学習者とのインタラクションは、教授者が提示した学習内容やタスクに対する学習者の反応を分析・評価し、必要であれば部分的・全体的に再構築（restructure）してクラス運営を行うことである。学習者からのフィードバックには、①タスクを開始する段階（preliminary level）でのフィードバック、②タスクを達成する過程（process level）でのフィードバック、③タスクを達成した段階（production level）でのフィードバック、という3段階のレベルがあると考えられる。preliminary levelでは、与えられたタスクを達成する上で必要な学習方略（learning strategies）やタスクを達成するための学習環境（learning environments）に関する内容などが中心となる。process levelでは、学習者がタスクを達成する過程でのさまざまなパフォーマンス（performance）やKR情報（knowledge of results）などに関する内容が中心となる。そしてproduction levelでは、タスクの達成に対するアセスメント*（assessment）などに関する内容となる。従って、教授者はそれぞれの段階に応じたインタラクションを考慮

しなければならない。

タスクのレベル	フィードバックの内容
Preliminary Level	Learning strategies Learning environments
Process Level	Performance Knowledge of results
Production Level	Assessment

図2-6 タスクとフィードバックの関係

4.5 学習環境の構築

アーキテクトとしての役割（教室型とワークショップ型）
① 学習環境の設計
② 利便的・機能的な学習ツールの提供と活用方法の提案
③ 快適な学習環境の維持

　教授者は、学習者が快適に学習しやすい学習環境を創るという意味で建築家（architect）に似ている。建築家を「ある目的に沿って建築物を設計・施工し工事の維持・監督する人」と定義すると、教育的立場では、教授者を「ある教育目的・目標に沿って学習者が学習し易い環境を設計・構築し、その学習環境での運営を維持・監督する人」ということになる。このように考えると、教授者は、①学習環境の設計、②利便的・機能的な学習ツールの提供と活用方法の提案、③快適な学習環境の維持、といった学習環境に関する建築家としての役割を検討する必要がある。

① 学習環境の設計
　学習環境の設計とは、学習者が学習し易い環境を創出するということに他ならない。通常学校の教室で見られる伝統的な学習環境は、多くは以下

のように設計されている。
* 「教壇とフロア：教卓と机が対面式」の教室設備
* 「授業ごとに固定された」時間割
* 「座席の指定と移動禁止」の教室配置
* 「学年別、履修別に登録されたクラス」の固定など

そこで、既に確定され、固定されたこのような学習環境が、教授者の学習指導方針に見合っているか、また学習者が学習し易い環境であるのかを再検討する必要がある。実は、現在の学習空間・時間のレイアウトの多くは、学習環境を教育メディアとして捉える視点、教授者の教育工学的視点*、そして学習者を中心とした授業設計の視点が欠落したものだと言っても言い過ぎではない。教授者が facilitator としての役割を担うとき、教室は学習目標や学習内容の設計・学習内容の伝達や指導・クラス運営という観点から設備されなければならない。先に述べた CMC*（Computer Mediated Communication）という学習環境においては、時間の配分や、時間・空間に制約されない学習が可能となる。また、膨大な学習資源にアクセスでき、知識の増幅が可能な CAC（Computer Amplified Communication）という学習環境においては、教授者の適切な指導によって学習者は自ら探索し発見していく。学校当局の経済的・組織的意向や、ハードウェア機器メーカーの独断が先行しがちな CALL システムの導入においては、特にこのような視点と考察が大変重要になるのである。

② 利便的・機能的な学習ツールの提供と活用方法の提案
このことは、学習者が自由に制御できる学習ツールを持ったということと関係する。教授者から発信された情報の受信・記録・蓄積・再生のためでしかなかったノート・鉛筆・教科書・プリントなどの伝統的な学習ツールに加えて、学習者は自分で自由に操作できる学習ツールとしてのコンピュータを持ったのである。その利便性と機能性ははかり知れないものがある。
たとえば、英文を作成する過程を考えてみよう。従来は、ノートと鉛筆、消しゴム、それに辞書や参考書類を準備し、一定のワークスペースを確保

して作業に取りかかる。英文は文頭から順にシークエンシャルに書かなければならない。修正は消しゴムで削除し、再度書き加える。挿入は見にくいが記号などを使用する。わからない表現に出会うと辞書をめくる等々。しかし、ワープロでは構想に従ったランダムな英文入力が可能である。修正・挿入をはじめカット＆ペーストなどで自由に加筆・推敲ができる。スペルミスはスペルチェッカーを使って訂正、意味用法が不確かな単語はドラッグしてマウスの右をクリックすれば辞書検索機能で確認ができる。用例文や参考文献はブラウザでネット検索する等々。そして作成した英文のファイルは後日さまざまな形に加工することもできる。[11]

ところが、学習者がこのような利便性と機能性を最大限活用するためには、教授者はさまざまなリテラシーを彼らに指導する必要がある。従って、まず、教授者が、下記のような3つのリテラシーを取得しなければならない。3つのリテラシーとは、「利用技術」（what literacy）、「利用方法」（how literacy）、「利用目的」（why literacy）に関するリテラシーである。「利用技術」であるが、これはハードウエアの基本操作、キーボード操作とタイピング、アプリケーション操作などに関する「コンピュータ・リテラシー」、「メディア・リテラシー」のことである。「利用方法」とは、ファイルの保存・加工・管理、学習資源の検索、情報を操作・処理する技能などに関する「情報リテラシー*」である。そして「利用目的」は、異文化

図 2-7 CALL学習環境におけるリテラシーの視点

交流のための電子メール、WEBサイトの情報を即理解するための速読、プロジェクト推進のための共同作業やプレゼンテーションなど、言語学習や学習方法に関する「学習リテラシー」というものである。

③ 快適な学習環境の維持

　これを決定づけるものに教授者コントロールがある。まず、クラス全体という観点から一斉に学習指導をする場合を考えてみよう。教授者が設計する学習目標や学習内容は、学習者に相応に到達可能なものでなければならない。教授者の期待が大きすぎて、学習者の能力・技能以上の目標と学習内容が設定された場合、学習者は戸惑い不安となる。しかし、たとえば語学用のアプリケーションの場合、教授者がコースウエア*を選択・決定し、作成や修正が可能なオーサリング機能があれば、上記のようなギャップは避けることができる。また、学習者が学習内容や方略を選択でき、自分のペースで学習可能な学習者コントロールがあればより望ましい学習環境になる。

　次に個々の学習者について検討してみよう。教授者コントロールの問題は「学習者中心の学習環境」との関連で議論される場合が多い。学習者中心ということは、すべてを学習者のコントロールに委ねるということではなく、学習者の自律性*を促す環境を創出するということである。従って、教授者や他の学習者からのアドバイスやフィードバックが、学習者にとって学習目標を達成する上で欠かせないという観点が必要となる。たとえば、ワープロで英文を書く場合のプロセス・ライティングのような学習の過程では、教授者や他の学習者が手本や用例を示したり、同意・忠告したり、目標のステップを構築・解体したりしながらタスク達成を援助する。これは認知心理学でいう認知過程の外化が、行き詰まった学習プロセスを促進するということに他ならない。[12] このようにして適切なコミュニケーションがはかられる学習環境が産まれていくのである。

　最後に、グループ学習について考察する。グループ学習では、学習者同士の組織運営ということで、同僚（peers）との関係が重要な役割を果たす。グループ・ワークを行っているとき、グループ・ダイナミックスが機能し

ない場合が多々あるが、教授者とクラスとのインタラクション・ギャップ（interaction gap）のような様相が学習者同士でも起こり得るということになる。これには「グループとしての学習目標・内容が定まらない」「構成メンバーの能力や動機・意欲がまとまらない」「脱落者が発生する」などのさまざまな要因がある。そしてグループ運営には、教授者的資質を持つリーダーの役割が重要であることと、多くのグループ内やグループ間のコミュニケーションが不可欠であるという観察結果が報告されている。[13] 従って、教授者はグループによる学習がうまくいっているかどうかを常に観察している必要がある。後述するが、CALL学習環境では、グループウエア*というさまざまなコミュニケーション・ツールが大いに役立つことが実証されている。

5. 学習者の自律性*とコラボレーション*を視点としたメディア

前節「教授者の学習指導を視点としたメディア」では、教授者の視点から教育メディアに関するさまざまな機能的側面を考察してきた。同時にそれは、学習指導という立場の、学習指導のためのメディアである「教授メディア*」に関する内容を中心とする展開でもあった。事実、過去において「学習者のためのメディア」は「教授メディア*」に包括されて議論されてきたと言える。そこで本節では、学習者中心・学習方法・学習過程といった概念の再構築を、「学習者の自律性*とコラボレーション*を視点としたメディア」というパラダイムで考えてみる。

第1に、「学習者のためのメディア」という枠組みで、学習者のためのメディアとその役割について考察する。テクノロジーがコンピュータという、学習者が自ら参画できるデバイスを与えた革命的な事実は学習者に何をもたらしたのであろうか。

第2に、「分散された学習資源」というテーマで、学習者のための学習環境について述べる。これまで学習を支援するという観点からは、行動主義的・システム工学的なアプローチによる学習モデルが提案されてきた。一方、ピアジェらの認知発達という観点からは、学習者主体によって能動的に構成される構成主義*や認知心理学的アプローチによる学習理論が提

案されている。ここでは、それぞれのアプローチを念頭に置きながら、特に学習者の学習心理と社会的側面、能動的な学習への移行や学習の維持・継続の要因を中心に、学習メディアと学習環境との関係を考察することにする。学習者が置かれる社会的側面としての学習環境は、「同じクラスで学習者の学習目的・学習方法・学習速度がそれぞれ異なっている」という事実がある。これに関しては、最適な学習環境を考慮した上で、設計する教授者が関与すべき課題として前節で検討した。次に「学習を進めていく上での個人的・社会的学習環境」という問題に関しては、次節の「学習の環境形成を視点としたメディア」で詳しく論じることにする。

第3に、「コラボレーション*と学習」というテーマで、学習者の自律性*や知識の能動的な構成、共同作業と協力について考える。特に本節では、学習者の視点から学習者の思考やコミュニケーションの方法、「動機（motivation）」「行動（behavior）」「交互作用（interaction）」「自律性*（autonomy）」など学習の社会的・心理的側面について考察してみることにする。前節において「教育メディア」を定義した時、コンピュータを「学習者の自律性*と発見、そして学習者同士の共同作業を促進・増幅する媒体」として位置づけた。ではコンピュータは、上記のクリティカルなメカニズムに対してどのような役割を果たすのであろうか。

第4に、「多様なコミュニケーション」としてのmediate communicationに関する可能性、とりわけコンピュータに媒体されたコミュニケーションの拡大に関する検討を試みる。コンピュータは学習者にどのような学習の機会をもたらしたのであろうか。

5.1 学習者のためのメディア（受信型と発信型）

① 自由に操作できるコンピュータ
② コンピュータを媒体とした学習者のインタラクション
③ コンピュータが学習者の動機づけを高める
④ コンピュータの履歴保存機能

学習者が自由に操作できるメディアを持ったということは、実は画期的

なことなのである。我々が教育メディアを論じるとき、その多くは教授メディア*の歴史的変遷を追いながら、それぞれの教育的機能や特性を説明してきた。そして、学習者が使用していた学習メディアの機能や特性については、あまり深く議論されてこなかった。また、言及するにしても「学習のための道具」という観点で捉えている場合が多い。なぜなら、それらのメディアは、学習指導の補完的存在でしかなかったからである。

　そこで、①「学習者が自由に操作できるコンピュータ」とは何かを検討してみる。コンピュータが他の学習メディアと質的に異なることが明らかになれば、学習者にとって多大な影響と変化をもたらす可能性があることになる。次に、教育メディアとしてのコンピュータは、その特異性・優位性において多くの教育的考察がなされつつあるが、②「コンピュータを媒体とした学習者のインタラクション」という観点ではあまり議論されてこなかった。それはおそらく、インタラクションの定義に「マン・マシーン・インターフェース」という概念がなかったからかもしれない。しかし、学習者がコンピュータと向き合ってある学習行動を行い（man-machine interface）、そこに教授者と学習者、または学習者同士の双方向のパフォーマンス（performance）が発生するとするならば、学習のインタラクションが成立するということになるだろう。また、学習者が好んでコンピュータを操作しようとする行為や、継続的・積極的に参画しているということは、③「コンピュータが学習者の動機づけを高める」と考えるべきであろう。動機づけが学習向上の大きな要因であるとするならば、コンピュータは大いなる刺激特性を持つと考えてもよい。最後に、④「コンピュータの履歴保存機能」を考えてみる。メモやノート記帳などの記録（record）機能や、コンピュータの記憶（memory）機能が、それぞれ学習の継続・発展に重要な役割を果たしていると考えられるからである。

① 自由に操作できるコンピュータ

　コンピュータは、他のメディアとどこが異なるのであろうか。それは電子的に計算をする機械である限りにおいて電子計算機であり、入力装置と出力装置を備えたマイクロプロセッサである。従ってコンピュータはそれ

自身目的を持たない。ところが同じマイクロプロセッサを内蔵しているものの、家電製品や情報機器などはコンピュータとは呼ばない。なぜならマイクロプロセッサ自身は、「内部に秘められた」「目的を持たない」集積回路であるが、家電製品や情報機器は、ヒトの道具としての目的を持つからである。また、通常の機械は、特定の機能を提供してヒトの役に立つ道具であり、その道具が「変化する」あるいは「進化する」ことはないし、ヒトに「反応する」ということもないという点でコンピュータとは異なっている。

　以上の点をもう少し具体的に、学習メディアとしての紙や鉛筆とコンピュータとで比較してみる。そもそも道具としての紙と鉛筆には、書くという機能と目的が与えられた。従って、それらは紙・鉛筆という形状を持ち、書くための機能と目的を持った。しかし紙は紙、鉛筆は鉛筆としてそれ以上変化や進化はしない。また、ヒトに反応することは考えられないし、期待もされていない。これが道具の一般的特性である。一方コンピュータは、プログラムによって電子計算機的処理を行うが、機能と目的を特定されていない。文章を作成したければワードプロセッサーというプログラムを使用すればよい。メールの交換をしたければ、メーラーというプログラムと通信の設定をすればよい。このように、コンピュータはヒトが望む機能をヒトの目的に応じて実現する役割を演じる。また、オブジェクト指向というヒトの思考概念に近い処理と、ヒトの理解し易いシンボルを組み合わせることによって、道具とは異なる機能を持つことが可能になる。オブジェクト指向のプログラミングは、たとえばアイコンをマウスでクリックするとアニメーションが動くといった機能を具現化する。つまり、コンピュータのシミュレーションは、ヒトの働きかけに対して動的なメッセージを送り返す対話体であると言ってもよい。このような機能を教育目的に利用すると、他の学習メディアとは異なった、学習者が自由に操作可能なツールとして利用できるのである。

② コンピュータを媒体とした学習者のインタラクション
　まずインタラクションの本来の意味を検討してみる。インタラクション

は、通常「交互作用・相互作用」という用語があてられ、それは input や output といった刺激のパラレルな交換という意味で使用される場合が多い。しかし、本来のインタラクションは、相互に理解を深めるスパイラルな関係と解釈する必要があるだろう。教授者と学習者の関係で言えば、教授者からの学習内容伝達と、学習者からの反応といった単なる情報のパラレルな交換ではなく、教授者と学習者が双方向で、学習の達成度を逐次確かめ、深め合うスパイラルな継続的関係なのである。通常、学習者と教授者あるいは他の学習者らとの直接対面（face-to-face）で行われるインタラクションはこのような関係と言える。

一方、コンピュータが学習者のインタラクションを媒体し、増幅するということは、コンピュータがそのシミュレーション機能によって触媒となり、教授者や学習者同士との双方向コミュニケーションを擬似的に担うということである。これは、学習者が教授者や他の学習者に対して積極的なインタラクションを行って初めて成り立つ。言い換えれば、学習者が自由に操作可能なメディアであるコンピュータを介して、学習内容やタスクの過程をフィードバックしたり、課題への疑問を呈したり、行き詰まった時の解決方法を相談したりするといった、積極的・自律的な発信を行って初めてインタラクションが成立するということになる。

電子メールは、空間的・時間的（教室・授業時間）制約を飛び越えて、教授者へのパーソナルな質問や相談を可能にする。これは private tutor の手段であり、学習者は「時差コミュニケーション・ツール*」を手にしたことになる。また、WEB サイトやサーバー上の学習資源を、学習者が必要な時にいつでもどこからでもダウンロードできるということは、時間・空間を越えた電子図書館（electronic library）を確保したことであり、学習者の積極的な問題解決手段となる。更に、CALL 学習環境において、双方向通信が可能なネットワーク・システムが構築されている場合、学習者と教授者との個別対話や添削指導など積極的なインタラクションを可能にする。

コンピュータの機能によって、このような学習者の探究・発見・模索が拡大し、インタラクションが活性化されることから、筆者はこれをインタ

ラクションを可能にするコンピュータ機能（computer mediated interaction）と呼んでいる。

③ コンピュータが学習者の動機づけを高める

　コンピュータが学習者の動機づけを高めるということに関しては、まず動機づけの定義から検討してみたい。動機づけを高めることが言語学習に有効であることは多くの研究者が指摘している。しかし一般理論として学習指導設計上での議論や動機づけと学習との関連に終始している場合が多く、実践的授業観察からの考察が少ないというのが現状である。そこで実践的なコンピュータ利用の授業観察から、学習者の心理的状態に関する概念を中心に検討する。

　その概念とは、教授者の学習指導方法に関らず、学習者が対峙する心理状態を「不安」（Anxious）・「受諾」（Acceptable）・「開始」（Active）・「参加」（Aggressive）という4つの刺激特性のプロセスとして考え、そこで観察される指数と授業観察の結果から、動機づけの質・量を測定するという考えである。

　最初に、学習者は目前に置かれたコンピュータを学習目標達成のためのツールとして考える。たとえばインターネットや電子メールで何ができるのか、という期待や不安と同時に、利用するかどうかの積極的二者選択を迫られる。多くの学習者はこの時点で意を決して電源を入れ、アプリケーションの世界での操作・実行を体験し、コンピュータのシミュレーションによる学習目標達成の可能性を確信する。この時学習者は、学習メディアとしてのコンピュータを受け入れるのである。次に、操作方法を習得した学習者は更に高度な操作を試み、試行錯誤を繰り返しながら学習目標に向かって突き進むプロセスに入る。学習者にとって、試行錯誤は目的達成のためのKR情報であり、没頭は学習者自身が選択した積極的な学習活動である。以上のようなプロセスを経た学習活動は、さまざまな疑問や不明な事柄を産み出し、その問題解決のために、教授者や他の学習者からの援助を積極的に求めるようになる。このように、コンピュータの利用が刺激特性となり、学習者の動機づけを高めていくプロセスが観察できる。[14]

Anxious → Acceptable → Active → Aggressive

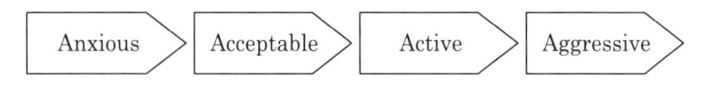

図 2-8　動機づけのプロセス（4 Aモデル）

④　コンピュータの履歴保存機能

　履歴保存機能は、情報を電子的に処理するコンピュータの特性であると言える。それは、脳の内部に情報を記録し、それを使って思考するヒトのメカニズムと同一であるとは言えないが、少なくともヒトの「知」の働きを知る上でのアナロジーを与えてくれる。

　学習者は、学習という知的作業を行うプロセスで、獲得した情報を自分なりに蓄積・加工し、学習の発展に役立てようとする。たとえば、読書を行うとき、関心のある箇所をメモしたり、下線を引いたりすることによって思考をまとめようとする。また、学習のプロセスを経て達成した結果を知ることによって学習の方向づけをする場合もある。このようなプロセスの記録をコンピュータではヒストリまたはジャーナルと言う。だが、コンピュータには、メモやノートのような記録以上の情報処理が可能である。たとえば、WEBページでの情報検索は、必要な箇所をドラッグして部分保存したり、ハイパーリンクすることが可能で、後日いつでもその作業が再開できる。また、ワープロで文章を作成する過程においても、思いついた項目を箇条書きにしながら、辞書の参照、関連ファイルからのコピー、変更履歴の作成などが可能である。このようにコンピュータによる学習プロセス上での記憶・バックアップ・データベース化、関連づけなどの作業は、学習者が学習プロセスを継続し、発展させていく上で大いに役立つのである。

5.2　分散された学習資源（中央集中型と分散蓄積型）

　①　豊富な学習資源
　②　学習の蓄積と処理能力
　③　学習の活用と社会性

教授者が学習目標を設定し学習内容を提示する学習指導は、情報という川の流れでたとえると、上流から流れてくる水（情報内容）のようなものである。学習者は流れてくる水をダムに堰き止めるため、適切に処理（pro-cess）・蓄積（store）・活用（apply）すると言える。優れたダムは、自らの貯水能力（knowledge）に従って、上流ばかりではなく多方面から積極的に水を取り込む。なぜなら受け入れる能力の限界と処理の方法（abilities）を知っているからである。そして、蓄えた水は適切かつ有効に活用しなければならない。そのためには蓄えた水の管理と活用方法（skills）を知る必要がある。このように見てくると、積極的な学習者は、①「豊富な学習資源から学習内容を取り込み」、②「学習内容をうまく整理、蓄積し」、③「学習内容を必要に応じて活用」していると言える。それをあえて式で表すと次のようになるのかもしれない。

$$knowledge \times abilities\ (\ process + store + apply\ ) = skills$$

そこで、以下では学習者の視点から学習資源の獲得、蓄積、活用について考察することにする。

① 豊富な学習資源

豊富な学習資源は、学習者が自由に操作できるメディアによって拡大したと言ってよいだろう。だが、本章前節の「4. 教授者の学習指導を視点としたメディア」で明らかになったように、教室という環境での学習の成立とクラス運営は、ほとんどが教授者による学習指導設計に依存してきた。それは、一定の速度と分量で上流から流れてくる情報という川の水にたとえると、学習目的・学習方法・学習速度の異なる学習者にとっては、受け止める水圧と水量にいかに適合するのかというのが学習の達成であったとも言える。しかし、ある一定の知識や知的能力に達した学習者は、教授者コントロールという水圧・水量が減少したとき、他の学習資源を求め、学習資源が教授者以外にも存在するということを知るのである。また、自由に操作できるメディアを獲得した瞬間、学習者の探求心と知的好奇心は、

更に多くの学習資源を求めるようになる。

　本来なら、学習者はこの時点で豊富な学習資源を積極的に獲得しようとするに違いない。ところが、学習者の多くに観察される現象は「探索の方法がわからない」「問題解決の糸口が見つからない」「途中でわからなくなった」などの戸惑いと中断である。このことは、学習者にとっての「豊富な学習資源」が、目的に応じて情報処理される以前の単なるデータの山でしかないことを意味する。コンピュータは、アナログ情報をデジタル化し、情報のデータベースとハイパーリンクによるネットワークを実現したが、それらは単に集積された情報コンテンツにしかすぎない。上記の例で言えば、可能性としての豊富な水路は、学習者にとってはinvisibleな水路であり、学習者が水路の発見の仕方や水の取り込み方を学習しなければ、いつまでたっても「豊富な学習資源」とはならないのである。

② 学習の蓄積と処理能力

　学習の蓄積と処理能力を、ダムの貯水能力（knowledge）と処理能力（abilities）と対比しながら考えてみる。学習者というダムは、それぞれ貯水能力が異なり、水量が多ければ水没し、水量が少なければダムとしての機能を果たさない。しかし、ダムに流れ込む水量が常に適切で一定とは限らないわけで、その場合水量が多ければ放流し、少なければ貯水口を広げて水量を増やす処理をしなければならない。これは学習者のknowledgeと学習するabilitiesの関係に似ていると言える。この限りにおいては適切な水量と調整が必要である。しかし、学習者というダムは、貯水能力と処理能力を常に増やしていかなくてはならない。適切な水量に満足し、その調整だけの繰り返しでは、将来の能力の拡大に結びつかないだろう。一方、個々のダムは他の優れたダムを参考にすることによって改善をはかることができる。また、他のダムとの連携を深めると、更に大きなスケールで貯水の処理能力を高めることができるかもしれない。

　このことから「知」の増幅は、第1に学習者にとって自律学習（autonomous learning）が可能な学習環境の下で、学習者の知識と能力及び学習努力による拡大、第2に、学習者と他者（authentic audiences）との交流・

「知」の共有・共同作業などの実現による拡大、と言うことができる。(15)

③ 学習の活用と社会性

　学習の活用と社会性は、学習内容を利用する学習者のコミュニケーション・ストラテジーに関する問題でもある。さて、貯水したダムの水を有効に活用することはダムの社会性を意味する。本来、降雨による急激な水や土砂の流出を防ぐことを目的とするダムの、貯えた水を農地の灌漑、発電、都市の上水道などに有効利用するという発想は、社会的要請と利用技術に基づくものである。

　同じように、学習の活用と社会性は、学習内容を社会で使用して初めて判断できるものである。そのことによって、学習者は学習した内容や学習方法を、社会的に通用するものとして修正・変更することができる。ところが、学習者が自由に発信するメディアを持たない場合、学習内容は一部の閉鎖的な社会でのみしか通用しないおそれが出てくる。

　たとえば、当然のことながら、言語学習は言語記号の獲得が目的ではなく、コミュニケーションを目指した実践的で社会的な活動であるが、学校教育でよく見られるように、学習者が獲得した言語能力が1度も社会的に運用されない場合がある。現実の世界で使用したことのない言語に、果たして学習者は関心を持つだろうか。また、基礎的な言語能力が身についていないことを理由にその運用を見合わせようとする場合も多々ある。しかし、運用しなければ学習のプロセスがビジュアルにならないのではないだろうか。更に、外国語が「できる」＝「知識がある」と「わかる」＝「理解し合える」が混同されている場合がある。外国語の知識があっても、それによって相手とコミュニケーションができなければ意味がないと言えよう。CMC'は、学習者のコミュニケーション・ストラテジーを大きく変革する。それは「無限に広がる学習資源の検索と学習内容の検証」「時間・空間を越えたauthentic audiencesとの交信」、「異文化交流」といった方向性を示していると言える。

5.3 コラボレーション*と学習（唯我独尊型と共同作業型）

① 帰納的思考
② グループウエア思考*
③ 離散と集合のコラボレーション*

　学習の達成は教授者の学習指導によってすべてが可能である、という命題はあまりにも非現実的である。なぜなら、学習目的・学習方法・学習速度がそれぞれ異なる学習者、1対多数というクラス構成から考えてもそれは不可能に近いからだ。そこで、ここでは学習者特有の学習思考と行動様式について考えてみる。

① 帰納的思考
　帰納的思考は、学習者特有の学習行動に見られる思考方法であろう。そしてこの思考様式は教授者のそれとは違う。一般に、教授者が学習指導を行う場合、「推論の正しい方法があり、その方法に従えば必ず正しい答えに達する」[16] というアプローチをとる場合が多い。これは演繹的（reductive）思考と言える。たとえば、"この会話文は電話の場面である。電話では相手の顔が見えない。従って電話での会話には this や that の表現を使う"、という具合である。また、この演繹的思考は、教科書を指導しながら、1対多数の教授者－学習者環境において教授者コントロールの強い学習指導システムに多く見られるパターンである。

　一方、学習者は、「限られた個々の事例や経験に基づいて、一般化を行い、説明や予測をする」[17] という帰納的思考（inductive）をとる場合が多い。たとえば、"この会話文ではIやyouの代わりに this や that の表現を使っている。なるほど、直接対面ではない電話の場面ではこのように表現するのか。" という具合だ。このような思考は、教科書がなく学習者同士がグループ活動をしている環境などで、学習者間のコミュニケーションを教授者が支援している学習指導システムに多く見られる。前述したように、CALL学習環境において学習者は自らの学習メディアを駆使しながら学習

資源を検索し、同時に他者との交流や共同作業などを模索しようとする。このようなアプローチには、学習者の自律性*と批判的思考が要求されるが、その中心的役割を果たすのが帰納的な推論であることは明らかである。

② グループウエア思考*

　グループウエア思考*は、学習者が自らの学習プロセスを再検討する上で必要なコミュニケーション思考である。学習者の多くは、タスクの達成過程が他の学習者と同じであると思っている。いや、正確には、他の学習者と同じであると信じたいのである。従って到達度の差は、個人の能力と努力の差であると信じている。他方、教授者の多くは、学習者からのフィードバックが十人十色であることを知っており、そのためにさまざまな方略を再検討してきた経験を持っている。しかし、学習者は、学習者同士の違いを確かめ合う術を持たなかった。つまり、学習者間や学習者グループ間の協調的活動を支援するシステムがなかったのである。

　さて、グループウエア*というのは、「ある共通の仕事や目的を持っている人間のグループを支援し、彼らが共同作業をするためのインターフェースを提供するシステム」（集英社『imidas'99』より）であり、基本的には対話型システムであるが、資源の共有や作業の効率化にも応用されている。電子掲示板、電子メール、電子会議機能、チャットなどがそうである。このようなグループウエア・システム*を学習者同士の対話に応用したり、支援したりすることは、学習プロセスの確認と促進に大いに役立つと考えられる。なぜなら、学習のプロセスが異なっているということの事実とその認識が学習者の新しい発見につながり、学習者自身の学習プロセス修正や変更に大いに寄与するからである。同時に協調システムの発展にも寄与すると言える。

③ 離散と集合のコラボレーション*

　離散と集合は、学習目的・学習方法・学習速度が異なる学習者には特有の行動様式と言える。学習者中心のコミュニカティブな教授法に関して、教授者中心の授業とグループ活動との比較研究、ペア活動やグループ活動

の言語学習に及ぼす影響、インタラクションなどの諸問題が先行研究としてある。しかし、ここでは筆者が実践したコンピュータを使った共同作業における観察を分析しながら「離散と集合のコラボレーション*」を検討する。これは、ほぼ同質の学力と動機を持った学年混合の理工学系大学生を対象に、5名を1チームとしてプロジェクトを設定し、海外WEBサイトを検索してその成果を全員の前でプレゼンテーションする「インターネットと英語」という講座での観察である（詳細は第2部第3章を参照）。結論として、プロジェクトを十分達成できなかったチーム及び離散・解体したチームは、学習者同士の「知・学の共同体」が形成できなかったと言える。筆者は、学習者が「知・学の共同体」を形成するための3つの機能として、「意思形成機能（参画意欲・他者受容・組織認知）」「意思疎通機能（共通認識・協調運営・問題提議）」「意思決定機能（役割分担・合意形成・組織管理）」を想定しており、この3つの機能が十分に働かないとコラボレーション*はうまくいかないと考えている。コンピュータ・ネットワーク上でのコラボレーション*は、このような「知・学の共同体」のフィールドに立脚した作業であり、学習環境においてこの機能を有効に作用させるのは教授者である。

5.4 多様なコミュニケーション（スタンドアローン型とネットワーク型）

① 教授者と学習者間のコミュニケーション
② 学習者と学習者間のコミュニケーション
③ 学習者と他者とのコミュニケーション

意思形成機能		意思疎通機能		意思決定機能
＊参画意欲 ＊他者受容 ＊組織認知	⇨	＊共通認識 ＊協調運営 ＊問題提議	⇨	＊役割分担 ＊合意形成 ＊組織管理

図2-9　「知・学の共同体」の形成

「さまざまなコミュニケーションを支援し、媒体するコンピュータ」機能をCMC*と言った。多くの研究者が認めるように、質的・量的なコミュニケーションの拡大は、学習の機会を広げ、深める可能性を秘めている。つまり、コンピュータによってmediateされたコミュニケーションは、コンピュータによってmediateされた学習の機会拡大という可能性を示唆していると言える。自由に操作でき、豊富な学習資源を探究できるメディアを操作し、学習者同士の共同作業を可能にしたメディア環境において、学習者はコミュニケーションの量的拡大と共に、質的な変換も志向する。それは「発信」という言葉に象徴される。

そこで本項では、学習者の側から、学習の可能性を拡大するコミュニケーションの形態をメディアとの関連で考察してみる。具体的には「学習者と教授者のコミュニケーション」、「学習者と学習者間のコミュニケーション」、そして「学習者と他者とのコミュニケーション」に分類し考察する。

① 教授者と学習者間のコミュニケーション

これに関しては、前節4.3の後半で学習者の自律性*及び教授者のfacilitatorとしての役割について言及した。従って、ここではコミュニケーターとしての学習者の心理的側面をもう少し掘り下げて考えてみる。

そもそも、コミュニケーションの一般的、辞書的意味は、「特定の刺激によって互いにある意味内容を交換すること」（小学館英和辞典）ということである。しかし、機械や動物とは異なるヒトの間でのコミュニケーションを考えてみると、「言語、文字、身振りなどによって互いに、心情を確認しながら、ある考え方を伝達する」[18]ということになる。

では、教授者の伝統的な学習観はどうであろう。それはおそらく「学習は、教授者が学習者に知識や知見を伝達し、学習者の間違いや失敗を正していく」ということになる。これは裏を返せば「学習者は、基本的に間違いや失敗をする存在、そして常に正していかなければならない受動的な存在」という意味になる。このような学習観における学習環境下では、学習者にとってのコミュニケーションは「間違いや失敗をしない」方向に向かわざるを得ない。積極的な学習者の「理解・解決・進歩・向上」といった

心情は、「新しい未知なる発見をする」という前向きの方向ではなく、「間違いや失敗をしない」という後向きの方向となる。

　一方、本来の学習とは、学習者が自ら学習しよう（autonomous*）という主体的な働きかけをするものである。そして、その延長上にはメタ認知*的な活動がある。学習者はその目的を知って知識を構成し、方略を探索しながら学習を完成させるサイクルを獲得する（ownership*）。本来の教授者の役割は、そのことを多方面から支援することにあると言える。しかしながら、学習者の ownership* は、与えられた学習環境があれば自然と獲得できるというものではない。従来から存在した、教授者たちの指導、学習仲間との交流、そして、社会とのさまざまな関り合いによる享受といった相互関係は、学習者の ownership* 形成になくてはならないものである。

　この伝統的な相互関係は、CMC* というコミュニケーション機能によって一般の学習者がいつでも享受できるようになった。つまり、教授者との関係においては、ネットワーク上でのチャットやカンファランスなどの real-time（同期型）コミュニケーション、電子メールやメーリングリストなどの delayed（非同期型）コミュニケーションが可能になった。学習仲間との交流においては、ネットワーク上での共有空間などの virtual reality（仮想現実）コミュニケーションである。また、社会との関係においては、WWW という膨大な資源のリンクを実現したインターネットが、時間・空間を乗り越えた検索・通信コミュニケーションを可能にしたのである。

② 学習者と学習者間のコミュニケーション

　学習者間のコミュニケーションは、学習目的・学習方法・学習速度の異なる仲間同士のコミュニケーションということになり、クラスという学習環境では競合と協調の関係にある。にも関わらず学習者は、教授者による学習結果や評価の公表によって、クラス全体での自分の位置を確認することはできるが、学習プロセスでの理解度・達成度などの違いを確認する術を持たなかったと言える。

　学習者は教材としての教科書やプリント、個人用のノートを所有し、そ

の学習のプロセスを個人ノートに記帳することなどによって理解や調整を行っている。ノートは個人のメモであり、個人の思考と学習の産物でもある。従って、学習者は個人のノートを他の学習者から見られたり、評価されたりすることをあまり好まない。

　しかし、多くの研究者が指摘するように、ペア・ワークやグループ・ワークなどの活動は、学習プロセスを共有して仲間との相互作用を押し進め、モニタリングを行い、質問や批判を通じて互いに刺激を与え、理解を促進する。この発展的形態は「プロセスへの介入と共有のコミュニケーション」が可能な学習環境の形成である。このコミュニケーションには、特定された学習者同士のコミュニケーション形態と、不特定の学習者同士によるコミュニケーション形態がある。それらは学習仲間同士のネットワーク上でのファイルの共有や介入であったり、互いに面識のない学習者同士が学習プロセスに介入してそれを共有し、公開するといった自由参加型の学習者間コミュニケーションに発展していくと考えられる。いずれにせよ、それらは学習者個人のノートを積極的に公開して他の学習者と交流したり、作成した英文を公開し、さまざまな学習者からのコメントを踏まえて完成に近づけたりする「学びの共同体」[19]といった形で実践されるであろう。

③　学習者と他者とのコミュニケーション

　知識の獲得や理解といった学習に影響を及ぼす中心的な命題の１つに、対人的な相互作用が挙げられる。そして、対人的な相互作用の質・量の拡大が学習の発達に大きな影響を与えることは間違いない。物理的・地理的な制約のために、遠隔地に存在する対人的な相互作用は困難であったが、コンピュータ・ネットワークはそれを可能にした。時間と空間を越えたコミュニケーションを支援・媒体する機能が、新しい対人的相互作用の獲得と学習の拡大を実現させたのである。

　電子メールは、手紙やファックスといったメディアと同様の、時差コミュニケーション・ツール*であるが、情報量・即時性・加工性・保存性・経済性など多くの点でその利便性が拡大した。特に、外国語教育による「読む」「書く」のスキルに関しては、遠隔地にいる現実のネイティブ・スピー

カー相手と交信ができ、その言語習得に大いに貢献することになる。また、掲示板・伝言板などの延長線上にあるサイバースペースを利用したヴァーチャル・コミュニケーション・ツール*では、学習者は自己のテーマや関心事についての知識の共有や議論を通じて、「知の共同体」を実現する。言語教育においては、ディベートやディスカッション、プレゼンテーションといった発信型の技能習得や異文化理解に役立つことになろう。また、動画や静止画・音声情報による電子会議は、リアルタイム・コミュニケーション・ツール*として、即時的なヴァーチャル・リアリティを体験できる。外国語教育においては、「聞く」「話す」スキルを使っての物理的・地理的なハンディキャップを乗り越えた直接体験が可能となる。ヴァーチャル・リアリティの実現は決して「仮想の現実」ではなく、真実の実質的相手（authentic audiences）[20]とのコミュニケーションに限りなく近い世界なのである。

6. 学習の環境形成を視点としたメディア

　学習の環境形成を視点としたメディアとは、教授者や学習者を支援するメディア環境ということである。「4. 教授者の学習指導を視点としたメディア」、「5. 学習者の自律性*とコラボレーション*を視点としたメディア」で明らかになったことは、コンピュータを媒体としたデジタル・メディアの機能が従来の教育メディアとは質的に異なるということであった。それは知識や思考を増幅するコミュニケーション媒体としてのコンピュータ（Computer Amplified Communication）であり、コミュニケーションを媒体する（Computer Mediated Communication）ということであった。そこで、Computer Assisted Language Learning（CALL）の assisted という意味について考えてみる。たとえば学習道具として使用される鉛筆を Pencil Assisted Language Learning といった表現に置き換えた場合、それらが同義であるのかどうかという問題である。これは、教育メディアとしてのコンピュータが学習のための単なるツールなのか、あるいは学習の環境を形成するメディアなのかという命題を我々に提議する。

　そもそもコンピュータは、記憶・計算・制御それぞれの装置から成り立っ

た機械にしかすぎない。しかし、それがデジタル革命による高度情報化社会を形成し、強いては世界のグローバル化と経済・社会の基盤になりつつある。そしてその功罪は別にして、今や教育界に津波のごとく普及しつつある。教育を目的としたコンピュータは、当初、従来の教育メディアと同じく教育に役立つ道具として捉えられていた。今日でも通常の授業形態と教授方法のもとで「コンピュータを教育の道具として…」「コンピュータはただの道具にしかすぎないから…」などの台詞がよく聞かれる。しかし、シーモア・パパート（Mindstorms, 1980）らのように、コンピュータを活用して学習者自身が「構成」する学習者中心の考え方や、アラン・ケイ（Personal Dynamic Media, 1977）らのように、マン・マシーン・インターフェースとして動的なコンピュータというメディアが新たな想像力・芸術表現を創るといったアプローチは、従来の教育方法と真っ向から対立している。そこで、本節ではヒューマン・インターフェースとしてのコンピュータの(1)電子計算機的機能、(2)制御機能、(3)通信機能、(4)ネットワーク機能[21]について、それらの諸機能を教育的観点から捉え、コンピュータ・システムが学習環境の形成をもたらすプロセスを考察してみる。

6.1 電子計算機的機能（思考を拡大するメディア）

① 情報処理のアナロジー
② 思考の拡大
③ 概念の増幅
④ ダイナミックな教育メディア

① 情報処理のアナロジー

　コンピュータは、アナログの世界をデジタル（数値）化する機器であると言える。アナログの世界は直感的な判断であり、連続する量の表現である。たとえば、かごの中に白と黒のボールがあるとする。白黒いずれのボールが多いかを比べる場合、我々は直感的に、白黒の量の差で判断する。それに対して、デジタルの世界は論理的であり、数字列（2進法など）の表

現である。この例の場合、白と黒をそれぞれ1つずつ識別しながら数えるのがデジタルの世界である。白か黒かといった属性の情報判断を継続的に行う手順をアルゴリズムと言い、コンピュータは、アナログ情報をある目的をもって数値化して処理するのである。また、and/or/notなどの論理回路を使って、ある情報を引き出したり、ある情報の固まりを1つの情報として捉えたりする。このようなアルゴリズムは、点と点の位置を指定して、点の連続による線の描写や、四角の枠内に色を付けるといった下位の処理から、文字変換や文字処理、静止画の作成、静止画情報の連続処理としての動画などの上位処理へと移行し、最終的には、たとえば、アイコンをクリックすると動画が動き出すといった処理が可能となる。これがコンピュータの電子計算機的機能であり、情報処理のメカニズムである。このような情報処理のアナロジー（類推）は、自然及び自然現象の規則性や原理を解明する物理学など、サイエンスの分野では不可欠となっている。加えて、近年脳における情報処理的アルゴリズムから「知」のメカニズムを解明しようとする認知心理学的分析や、情報論的視点に立って「言語現象」を科学的に解明しようとする方法論、教育課程をシステムとして捉える教育工学的アプローチ*などは、コンピュータの情報処理によるアナロジーの所産と言ってもよいのではないだろうか。[22]

② 思考の拡大

一方、ヒトの思考プロセスを考えてみる。たとえば、一般的に文章を書く行為は、「計画」「情報取材（検索）」「構想（連想）」「叙述（言語表現）」「推敲（読み返し）」というプロセスをとると考えられるが、これらを仮に上位のプロセスだとすると、紙上での行為は、筆の動作、文章の削除や挿入・追加、段落の変更、辞書による用語の正誤確認や用語修正など下位のプロセスの繰り返しと言える。伝統的でシークエンシャルな紙と鉛筆の世界においても、この上位プロセスと下位プロセスは、それぞれに影響を与え、プロセス全体が変更されたり、構想が変更されたりすることは我々の経験するところである。

この下位プロセスを、ワープロという電子計算機的機能で処理する場合

で考えてみよう。入力した文字はフォントや仮名漢字に瞬時に変換され、入力ミスはスペルチェッカーが働いて修正され、推敲しやすい文章に清書される。単語・語句・文の移動や削除・挿入・追加は、カット＆ペーストやショートカット・キーで手書きの工程を大幅に縮小し、構想から叙述へのスムーズな橋渡しを行ってくれる。オンラインによる用語の定義や辞書検索は叙述が中断することを防ぐ。作業の記録保持、新しいアイデアのメモ、作成済みの文章と新しい構想の下での文章とのカット＆ペーストなど、さまざまな編集機能は、継続的な思考を促進する。このような下位プロセスの変化は、入力した文章の推敲を充実させ、構想した内容の修正や拡充に大いに貢献するという点において、上位のプロセス、つまり思考プロセス全体に影響を与えていると言える。つまり、電子計算機的機能という情報処理のメカニズムが、文章を書くというヒトの思考プロセスに影響を与えているのである。[23]

　文章を読むという行為においても同じことが言える。読むという行為が、単に文字をシークエンシャルに追うだけでなく、読み手のリーディング・ストラテジーと相互作用による意味のデコーディング・プロセスだとすると、文字を追う下位プロセスと読み手のリーディング・ストラテジーである上位プロセスのやり取りが重要であることになる。たとえば、HTMLで書かれた文章を読んでいるとき、調べたい語彙や表現の意味がオンラインでリンクされている辞書や百科事典で簡単に検索できたり、クロスリファレンスなど関連する語句・文・解説などが、ハイパーリンク先に瞬時に移動できるということは、文字を追うという情報処理のアナロジーが、読み手の戦略的リーディング・ストラテジーに影響を与えているということになる。

③ 概念の増幅
　科学や技術、建築などの分野では、さまざまな実験によって仮説を検証したり、作品を作成したりする。その場合、構想した内容を現実のものとするためには多くの試行錯誤が必要となる。電子計算機のシミュレーション機能は、無駄な試行錯誤から人間を解放したと言える。たとえば、宇宙

船や惑星の探索などは、科学的知識と実験とシミュレーションによって初めて可能になった。ヒトは、まだ実現されていない想像上の抽象的概念を、電子計算機による演算やシミュレーションを用いた試行錯誤によって、正確で具体的な構想（設計図）に作り替えるということができるようになった。このような手法でヒトが脳裏で空想する世界を外化することは、新しい世界を創作することになる。電子計算機のシミュレーション機能は、数値を入力すると、想像していたイメージに近い立体図を作成し、しかも数値の修正による変化や、動画の描写も可能である。これは3次元の世界に、想定していなかった世界を創り出すことにもなる。言語教育においても、音声認識による入出力のインタラクションや、動画による会話場面のシミュレーションなど、概念的・機能的シラバスに基づく学習が可能である。このように、道具はヒトの身体的延長として大きな役割を果たしたが、コンピュータはヒトの概念を具体化し、増幅する amplifier としての機能を持つのである。

④ ダイナミックな教育メディア

コンピュータの技術進歩は、「軽薄短小」（ダウンサイジング）と「単純明快」（マン・マシーン・インターフェース）による大衆化を基本路線としている。そして情報処理のアナロジーは演算という機能から思考の拡大・概念の増幅への変遷と言える。このことは教育メディアとして2つの可能性を示唆している。1つは、かつて芸術家や科学者、技術者など、特殊な技能と環境を有する人たちのものであったコンピュータが一般に開放されたという点、つまり、ヒューマン・インターフェースの問題があるにせよ、教授者や学習者が簡単に扱え、自ら操作可能なメディアになったということである。もうひとつは、今までの静的教育メディアとは異なる、初めての動的メディアが教室などに設置されたということで、すべての学習者が自分の個性と想像力を発揮できる可能性を開いたという点である。つまり、教授者は、学習指導という視点から電子計算機的機能を利用し、ダイナミックな教育メディアを活用することによって、学習者が自らの思考の拡大と概念の増幅にその機能を活用するという学習環境を支える基盤を提供でき

るようになった。

6.2 制御機能（リアリティを拡大するメディア）
　① 情報とメディア
　② ヴァーチャル・リアリティ（virtual reality）の世界

① 情報とメディア
　コンピュータは、アナログの世界をデジタル（数値）化する機器であり、アナログは連続する量の表現、デジタルは数字列（2進法など）の表現であるということは既に述べた。そこで、今度は、情報とメディアの関係について考えてみる。白いボールが5個と黒いボールが10個あったとする。アナログの世界では、白いボールが5個と黒いボールが10個積み重なっている状態を表現し、デジタルの世界では白・ボールという属性が5個という情報、黒・ボールという属性が10個という情報で表現する。そして、この方法を使うと、アナログでは白と黒の組み合わせを32億通りも表示しなければならないのに、デジタルでは32ビットの数字列の表示で済むことになる。つまり、デジタルは、量を情報にすることで量そのものを少なくするのである。このようにアナログを数値化すれば、文字や記号・図形や静止画・音声や動画は、少ない量の情報として処理ができる。逆に言えば、数字列とデータ処理で、文字や記号・図形や静止画・音声や動画といった多様なメディア（マルチメディア*）を同じ情報として統合的（メディアミックス）に制御し、取り扱うことができるということである。つまり、文字と本・音声とカセット・動画とビデオといった従来の伝統的な「情報」と「器」の関係に囚われずに済むことになる。このように、デジタル情報は、操作の異なる複数の「器」の統一、情報の劣化防止、動画などの膨大な情報量圧縮、編集・加工、通信による配信など、情報とメディアを制御する機能によって学習環境の基盤を形成するのである。

② ヴァーチャル・リアリティ（virtual reality）の世界
　「ヴァーチャル」には、本来「実質上の、事実上の、実際（上）の」と

いう意味があり、情報を制御するコンピュータの機能は、現実の世界をコンパクトに記録、保存し、時間・空間を越えて提示することができるのである。この教育的価値は大きい。たとえば、母国語を話す現実の世界が目の前で展開され、しかも停止や繰り返しがいつ・どこからでも制御可能である環境は、言語学習に大いなる効果をもたらすに違いない。

　一方、ヴァーチャルには、仮想という意味もある。通常、ヴァーチャル・リアリティは、仮想現実という意味に置き換えられるが、これは、複合メディアによって創造・創作されて実現したデジタル情報空間のことを指す。ヴァーチャル・リアリティが、現実に体験できない空間であっても、それが現実の環境を再現し、あるいは現実感のある空間をエミュレートするならば、コミュニケーションは成立する。ヴァーチャル・リアリティは、学習者の疑似体験の機会を与え、リアリティの世界でのインタラクションの可能性を拡大する。学習の環境形成にはこのようなリアリティを創出するコンピュータの制御機能が欠かせないのである。

6.3　通信機能（コミュニティを拡大するメディア）

　①　グローバルなコミュニティ
　②　ボーダレスなコミュニティ

①　グローバルなコミュニティ
　ここではコンピュータの通信機能を、「コミュニケーション」「デジタル」「インターネット」という3つの概念から検討する。
　コミュニケーションとしての通信は、「郵便・電信・電話などによって意志や情報を通ずること」（広辞苑）と定義されるが、通常、その利用形態から、郵便（文字符号）・電信（電気符号）・電話（音声符号）などによって遠隔地の相手と双方向に意志や情報を通ずることと解釈することができる。つまり、郵便や電信などが、遠隔地での時差コミュニケーション・ツール*であるのに対して、電話などは、1対1のリアルタイム・コミュニケーション・ツール*であると言える。これらの機能は、時差コミュニケーション・ツール*としての電子メールやメーリングリスト、リアルタイム・

コミュニケーション・ツール*としてのカンファレンスやチャットなど、デジタル・コミュニケーションの世界にも引き継がれている。このことは、地理的・物理的な制約、情報の量とコスト、手間や簡便さなどの課題が解決されれば、グローバルなコミュニケーションが可能になることを示唆している。

　一方、情報内容をデジタル信号化したデジタル通信では、パケットという圧縮された情報のかたまりとして伝達されるようになった。デジタル通信の瞬時の伝送性・正確な伝達性・加工性・保存性・検索性といった特性によって、膨大な情報量を短時間に伝送できるようになったのである。このことによって従来の郵便という物理的な量と運送システム、電信量とコスト、電話回線の確保と効率など、アナログ通信の諸問題は一挙に解決されつつある。更に特筆すべきは、低コストと大衆化という点であり、コミュニケーション拡大の基盤を築いたことである。

　いまひとつは、情報の流通システムの変革である。情報のつながりを管理・運営する場合のもっとも効率的な方法は、情報を一元的に管理することであり、コンピュータ・ネットワークも、大型コンピュータを中枢とする中央集中管理から始まった。しかし、この管理方法の問題点は、大型コンピュータが故障するとすべてが機能麻痺することにある。そこで分散型のネットワークシステムが設計された。個々のコンピュータがネットワーク上のノード（端末装置の接続点）となり、それぞれが情報を発信して他のコンピュータに伝えるというシステムである。情報を受信した各コンピュータは、宛先にもっとも近いコンピュータに転送を繰り返すのである。このことによって、ネットワークのある部分が壊れていても、別ルートへの転送が可能となる。

　コンピュータのダウンサイジングと低価格化による大衆化とTCP／IPというパブリック・ドメインのプロトコルにより、コンピュータ同士が最適な接続方法を把握しながら無限に拡大する可能性を秘めたネットワークのネットワーク、つまりインターネットが誕生した。この分散型ネットワークの革命的な点は、インターネットへのアクセス料金を払うだけで、ネットワーク上の全データが無償公開されるという原則であり、すべての人々

に解放されたオープン・アーキテクチャであることにある。

② ボーダレスなコミュニティ

デジタル通信によるインターネットの拡大は、インターネットにアクセスできる環境さえ整えば、老若男女や国籍を問わず、無限のコミュニケーション拡大につながる。同時に、このようなコミュニケーションの形態は、量的拡大と質的進化の可能性を秘めている。たとえば、電子メールは、ネットワーク上での交信の機会を大幅に拡大した。ネットワーク上で、ホームページや電子掲示板など関心のあるサイトにアクセスすると、共通の問題意識を持つ相手がそこに存在する。mail account@domain という国境のない簡易アドレスへのアクセスだけで交信が開始できるのである。また、コミュニケーションの形態は、質的な変化をもたらしつつある。ネチケットを意識しながらも、形式的な文体よりも、交信内容を重視する簡易文体への移行、郵送までの手順や手間の簡略化による書簡の頻度、相手の文を引用する形式で応答する対話調の返信、そして保存や加工性など、従来の手紙とは異なった質的変革をもたらしつつある。学習者にとって、特定の地域にのみ限定されていた学習環境とコミュニティは、コンピュータ通信によって地域に限定されない学習環境とコミュニティへと発展・拡大されるのである。このことは、コンピュータの通信機能がボーダレスなコミュニティ形成のための基盤となっていることを意味する。

6.4 ネットワーク機能（知を拡大するメディア）

① ハイパーメディアの世界
② ハイパーテキストと「知」の拡大

① ハイパーメディアの世界

ハイパーテキストの基本コンセプトは、V. ブッシュ（As We May Think, 1945）の思考を支援する道具に関する論文の中で述べられている。「人間の脳の中は連想で組み立てられており、関係づけである。ある事を理解すると、そのことにより想起される新たなことが直ちに考え出される。

あたかも脳細胞がいろいろな細胞と結び合わされているように…。」
　こうした概念に基づいて提唱されたのがハイパーテキストである。当時分岐型のCAI勃興期で、その名称からもCAIの分岐システムに影響を受けているのであろう。しかし、ハイパーテキストの概念は、コンピュータに人間の思考に似た手順を持たせようとする試みであった。

　情報が周りに大量に存在する場合、情報の処理とは、自分に必要な情報を選択・分類・識別し、自分の考えを付け加え、上位概念・下位概念のように階層化することである。ハイパーテキストは、ノードと呼ばれる情報のひとかたまりを多元的なネットワークのように自由にリンクし合い、関連づける。その情報のかたまりはデータベースのように予め情報を分類しておく必要がなく、その場でインタラクティブにリンクができる。情報を関連させる柔軟度が極めて高いのである。一方、ハイパーテキストは、多次元的に情報をブラウズ（探索）でき、関連情報を随時引き出すことができるという機能もある。

　ハイパーテキストには情報を検索するツールが備わっている。情報の検索手段として絵文字をシンボル化したアイコンはGUI（グラフィカル・ユーザ・インターフェース）の1つの形式である。また、情報のリンクはコマンドボタンで行うが、その際、情報の形式を問わない。情報が文字・図形・静止画・動画に関わらず、コマンドボタンを設定し、マウスの移動でコマンドボタンを探索できる。ハイパーテキストでのボタンの重要な点は、ボタンを画面の固定位置に設定するのではなく、文字・図形・静止画の任意の部分に設定できることにある。情報のリンクとは、たとえば、ある文章中の語句をビジュアルに解説したい場合などに発生する。そこで必要なことは、語句と絵をどのようにリンクするかである。リンケージの基本的概念は、絵をコピーして箱の中（クリップボード）に入れておき、その箱を探して表示するボタンを予め語句に付けておくということである。逆に絵に解説を付けたければ、同様な手法で絵にボタンを付けて解説文を呼び出せばよい。しかもリンケージは多層に作成できるのである。[24]

② ハイパーテキストと「知」の拡大

　WWWは、その名の通り、世界中蜘蛛の巣のように張り巡らされたネットワーク・システムであり、情報発信者と情報検索者のネットワークと言える。情報提供者は、自らの「知」の財産をできるだけ多くの人に提供する目的で、多様なメディアを組み合わせてわかりやすく、また、詳しく表現しようとする。そのプロセスは、身近なWEBサーバー上に情報内容を格納し、提供する情報を関連づける。そして、関連する想起可能な情報は、URL（Uniform Resource Locator）を組み込むことによって他のWEBサイトにリンクを張るのである。提供した情報は、情報検索者のアクセス頻度やレスポンスなどで、その必要性が判断される。

　情報検索者は、膨大な情報の中から必要な情報を想起するキーワードで検索し、関連づけをたどりながら時間・空間を越えて入手しようとする。そして、情報検索の過程で情報の不備に気づいたとき、逆に「知」の提供を行う情報提供者に立場を変える。このような関係は、自然で日常的な社会活動であり、放送局や新聞といったマスメディアの情報提供が、多数の人々を対象にして一斉に行われるのとはアプローチが異なる。

　また、WWWは、メーリング・リストや電子掲示板、ハイパースペースを構築する。これは、共通の関心事を持った人たちが「知」を共有し、高め合う場であると同時に、そこには社会的ルールが存在し、一定の規律をお互いに守りながら共同運営する場でもある。それは、自分の考えを述べ、他の参加者と意見交換し、批評や賛意を繰り返す「知」の交流の場でもある。教育という観点から以上のようなネットワークを見ると、「知」の提供や共有を繰り返しながら「知」を高める環境形成の基盤を構築していると言えるだろう。

註

(1) Warschauer, M.（1995）*E-Mail for English Teaching,* Teachers of English to Speakers of Other Languages, Inc. p.9
(2)『imidas '99』（1999）集英社　p.207
(3) 西垣通（1997）『思想としてのパソコン』NTT出版　pp.10-11

(4) 上掲書 pp.34-35
(5) Gardner, D. & Miller, L. (1999) *Establishing Self-Access,* Cambridge University Press, pp.13-14
(6) 『英語教育:新学習指導要領』(1999) 大修館書店, vol.48 no.4;『総合的な学習と情報教育:シンポジウム』日本教育工学会論文集 1999, pp.1-10
(7) 町田 (1991) "教育メディアの基本的考え方; p.25" 町田隆哉・柳善和・山本涼一・M. T. スタインバーグ『コンピュータ利用の英語教育――CALLラボの開発とそのアプローチ』メディアミックス
(8) 山本 (1991) "教育メディアとしてのコンピュータ; pp.14-23" 上掲書
(9) Pea, R. (1998) "Distributed Intelligence and the Growth of Learning Communities on the Global Internet; pp.79-82" 佐伯胖・湯浅良雄編『教育におけるコンピュータ利用の新しい方向』CIEC
(10) Egbert, J. & Handson-Smith, E. (1999) *CALL Environments,* TESOL Inc. pp.244-247
(11) 山本 (1998) "CALLとライティング活動; pp.101-102" 山本・堀口・渡辺・五十嵐『CALLとライティング活動』大学英語教育学会(JACET) 全国大会要綱
(12) 波多野誼余夫・三宅なほみ (1996) "社会的認知; p.231" 市川伸一編『認知心理学:思考』東京大学出版会
(13) 佐藤公治 (1996) "学習の動機づけ・社会的文脈; pp.229-238" 波多野誼余夫編『認知心理学:学習と発達』東京大学出版会
(14) 山本 (1998) "学習環境のデザインとアセスメント; pp.67-68" 堀口・渡辺・五十嵐・山本『CALLと学習環境』東京国際大学論叢
(15) Egbert, J. & Handson-Smith, E. (1999)、前掲書 pp.61-63
(16) 高橋和弘・服部雅史 (1996) "演繹的推論; p.15" 市川伸一編『認知心理学:思考』東京大学出版会
(17) 楠見考 (1996) "機能的推論と批判的思考; p.15" 上掲書
(18) 波多野誼余夫 (2000)『言語:乾敏郎 vs.波多野誼余夫 往復討論』大修館書店 vol.29 no.2, pp.93-94

(19) 佐伯胖著（1997）『新・コンピュータと教育』大修館書店 pp.179-183
(20) Egbert, J. & Handson-Smith, E. (1999)、前掲書 pp.55-64
(21) 山本（1991）"教育メディアとしてのコンピュータ；pp.14-23"前掲書

(22) 市川伸一（1996）"「知」を知る時代"市川伸一編『認知心理学：思考』東京大学出版会
(23) 山本涼一（1999）『CALL環境での効果的なライティング活動』語学ラボラトリー学会（LLA）全国研究大会要項 pp.28-29
(24) 山本（1991）"メディアの統合というハイパーテキスト；pp.136-140"前掲書

第3章
教育メディアの活用と学習環境の変化

0. はじめに

　本章では「メディアの有効活用によってさまざまに変化する学習環境」について論ずることにする。

　最初に、教授者が教育メディアを使うことによって変化する学習環境について、次に、学習者が教育メディアを使うことによって変化する学習環境について述べる。更に、両者のサポート役であるメディア・コーディネータが学習環境にどのような影響を及ぼすかについて、また、教育メディアが教育資源として、あるいは共同学習の媒体としてどのように学習環境を変えていくかについても考察する。最後に、学習環境の変化を積極的に活用するために、学習環境をどのようにデザインすべきかを論ずる。

　本論に入る前に、教育メディアの概念について簡単に整理してみたい。第2章「教育とメディア」では、コンピュータを中心とした新しい教育メディアの特徴を示し、その可能性を検討した。ここでもう一度、教育メディアを教授者と学習者の観点から捉え直してみる。当然のことながら、教授者にとっては教授メディアの性質が、学習者にとっては学習メディアの性質が色濃くなる。図1はその関係を大まかに示したものである。

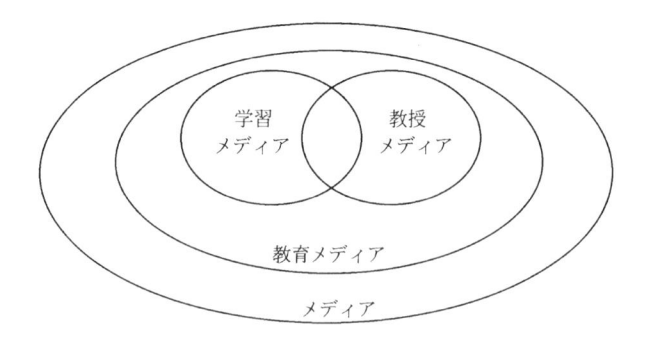

図1 教授メディアと学習メディア

　実は、図1は教授、学習、学習指導の関係を示す図2（町田、1975）[1]を参考にしたものである。図2が示すように、教授活動と学習活動は必ずしも表裏一体の関係ではない。すなわち、教授活動がなくても学習は成立するのであり、学習を意図しなかったり、学習を成立させ得ない教授活動があるということも言える。このことは、そのまま教授メディアと学習メディアの関係にも当てはまる。つまり、図1が示すように、教授メディアと学習メディアも表裏一体ではなく、重なる部分もあればそうでない部分もあり、そして、それぞれが学習環境にさまざまな影響を与え変化をもたらしているのである。

　当然、メディア・コーディネータは以上のような教授と学習の関係、及

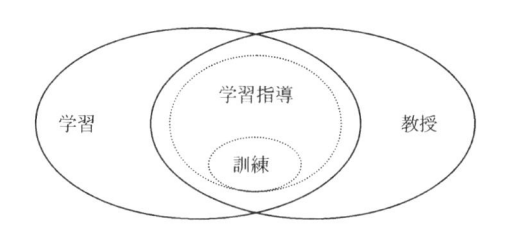

図2

び教授メディアと学習メディアの関係をよく理解していなければならない。その理解に基づいて、教授者にはよりよい教授メディアを、学習者にはよりよい学習メディアを、文字通りコーディネートするのがメディア・コーディネータの役割である。従って、メディア・コーディネータも学習環境にさまざまな変化をもたらすことになる。

また、第1部第2章「5.2 分散された学習資源」でも触れているように、新しい教育メディアは多種多様の学習材料（情報）を提供する教育資源そのものでもある。インターネットなどがそのよい例で、学習者は時間と空間の制約を超え、豊富な教育資源を利用することができる。加えて、ネットワークを張り通信機能を用いれば、これもまた時間と空間の制約を超え、従来以上に様々な形で、より緊密に教室内外の他の学習者と共同学習ができるようになっている。このような「教育資源」と「共同学習」という教育メディアの側面も、学習環境に大きな変化をもたらしていると言えよう。

では実際に、学習環境のどの部分に変化が起きているのであろうか。その答えを得るために、ここで学習環境の構成要素について少し考えてみたい。すると、少なくとも学習空間、学習時間、学習集団、学習メディア（新美秀雄、1997：42-46）[2] の4つの要素に分けることができるであろう。言うまでもなく、この4要素のうち、近年最も著しい変化を遂げたのが学習メディアである。コンピュータをはじめとする新しいメディアが急速に発達し普及したからである。しかし、学習メディアだけが顕著な変化を遂げたわけではない。その影響を受け、学習空間、学習時間、学習集団という他の要素も大きく変化しようとしている。

1例として、インターネットによる課題提示・提出及び評価を挙げることができよう。この方法をとれば、教授者と学習者は直接学習時間と学習空間を共有する必要がなく、敢えて学習集団を形成しなくてもよい。

また、従来は学習環境としてあまり考慮されていなかった教育資源も、学習環境の重要な1構成要素として捉えるべき時代になってきた。学習メディアであるコンピュータの検索により、学習空間・時間・集団を共有しなくても、その場にいながら、変化に富んだ多量の教育資源が個人レベルで入手できるのである。

豊富で手軽な教育資源から、何を選び、保存し、どのように加工するかによって学習過程と学習結果に違いが出てくるのは当然であろう。そのような学習環境にあって、もはや学習空間、学習時間、学習集団、更には教育資源（学習資源）は固定的に捉えられないのである。
　以上のように、学習メディアの発達は学習環境の根底を覆す大きな変化を引き起こしている。本章では、更に具体的に、メディアの有効活用によって学習環境がどのように変化しているか、将来どのように変化していくかを見てみることにする。

1. 教授者と教育メディアと学習環境
1.1 マルチメディアとメディアミックスの学習環境

　確かに、これまでにも複数のメディアを用いて教授活動は行われてきた。たとえば、標準的な学習環境である普通教室でも、本、黒板、チョークの他に、TVやVTR、カセットデッキなどが使われている。また、教科の特性に合わせて、理科（実験）教室、社会科教室、視聴覚教室、LL教室などが設置され、その他のメディアも利用されてきた。しかし、そこには多種多様の情報をデジタル化して提供し、それを収集・保存・編集できるコンピュータは存在していなかったのである。
　ところが、コンピュータを中心とした新しい教育メディアの場合、これまで以上にいろいろな種類のメディアを統合した「マルチメディア」を用いて教えることになる。そこでは、複数のメディアの中からどのメディアを用いるかというだけではなく、どのような順序で用い、どのように組み合わせるかというメディアミックスの方法にも取り組まなければならない。
　マルチメディアとメディアミックスは、コンピュータの機械装置であるハードウエアに限ったことではない。それを動かすプログラム、つまりソフトウエアの問題でもあり、また、実際に使用する教材、すなわちコースウエアの問題でもある。そして、教師には、第1部第1章「2.マルチメディア」で述べているように、「新しいマルチメディアはいくつかのメディアをデジタル化によってコンピュータで調合し、混合物でなく化合物化できる特性がある」という認識が必要となる。その認識のもとで、教育メディ

アの何をどのように使うか。教師は、教授内容と教授方法及びその組み合わせの選択を、これまで以上に考慮していかなければならないであろう。

更に、新しい教育メディアは、教師から学習者への一方的な働きかけに供するだけの単なる提示メディアではない。学習者が自ら考え、表現し、伝え合うための道具メディア、通信メディアとしての機能を有している。従って、これからの教師は、教育メディアを用いる時、次に示す「双方向提示の学習環境」「コミュニカティブな学習環境」「介入・参加・過程重視の collaborative な学習環境」「教授法選択を迫られる学習環境」という学習環境の変化も受け入れ、活用していかなければならないであろう。

1.2 双方向提示の学習環境

従来の学習環境では、教授目標や教授内容が、教師から学習者への一方的な提示に終始していたきらいがある。その大きな原因として、「教え込む」教育観に囚われていたから、という指摘ができるであろう。しかし、少なくとも、もうひとつの大きな原因が考えられる。それは、個々の学習者が何らかの反応を示そうとしても、学習集団が大きすぎ、学習空間と学習時間が制約されていて、それに見合う有効なメディアが欠如していた、という点である。他にも教師の指導力や教室のレイアウトなど、さまざまな要因が考えられるが、いずれにしても、従来の学習環境において双方向提示は現実のものにはなり得ていなかった。ところが、コンピュータが持つ通信機能や LAN や WAN などのネットワーク機能が双方向提示を可能にしたのである。それは、一方で社会の国際化と情報化に拍車をかけ、他方で「教え込む」教育の陳腐化を露呈することになった。示されるだけではなく、自らも示していく双方向提示の学習環境の必要性が唱えられるようになったわけである。

双方向提示の学習環境になれば、どういう目的のために、誰が何を、そして誰にどのように提示するか、という点に大きな関心が向かう。つまり双方向提示の目的、内容、方法、相手が具体的に関わってくる。しかし、教室という従来の学習環境では、双方向提示があったとしても、それが共通の目的、内容、方法、相手という形になることがあまりにも多かった。

「違い」が排除されていたわけである。

　確かに、目的が同じで、同様なものや均一なものが提示されれば安心感はある。方法や相手が同じ場合もしかり。だが、いついかなる時も「同じ」であれば関心は薄れ、コミュニケーションの必要性はなくなってしまう。つまり、ただ単に双方向提示でインタラクティブ（interactive）であれば良いというものではない。同じものだけではなく異なるものも求める「求同求異」の要素が欠かせないのである。双方向提示の目的、内容、方法、相手に「求同」だけでなく「求異」の要素があってこそ、学習環境が「さまざまなコミュニケーションの場」になると言えよう。幸い、コンピュータが持つ通信機能やLANやWANなどのネットワーク機能は、そのようなコミュニケーション環境をも提供しようとしている。教師としては、「求同」にのみ奔り、その環境破壊をしてしまわないよう肝に銘じなければならない。

1.3　コミュニカティブな学習環境

　コンピュータの通信機能、ネットワーク機能で、学習環境がインタラクティブでコミュニカティブになれば、学習者は受信者であると同時に発信者になることが求められる。コミュニケーションの定義"to share information, opinions, ideas and feelings"（『Longman Dictionary of Contemporary English, New Edition』のcommunicateの項参照）[3]に従えば、学習者は情報だけではなく、自分自身の意見、考え、感情を持たなければならない。そして、それを相手に伝える意欲と態度を持ち、的確に示す表現力が必要となる。

　ところが、これまでの、特に日本における学習環境において、教師は学習者を受信者にのみ留めてきたのではないだろうか。自分たちが提示したものをしっかりと受信する学習者だけを優秀と見なしてきたのである。だが、コミュニカティブな学習環境においては、もはやそれだけでは済まされない。教師は発信のできる学習者を育てなければならない。まして、発信しようとする学習者の邪魔をしたり、コミュニカティブな学習環境を破壊してはならないのである。しかしながら、教師はそういう立場をとって

しまいがちであった。

　ところが、第1部第2章「5.4多様なコミュニケーション」で示しているように、コンピュータのCMC（Computer Mediated Communication）機能は、多様なコミュニケーションを可能にした。「教授者と学習者間」「学習者と学習者間」「学習者と他者」におけるさまざまな受信・発信ができるコミュニカティブな学習環境をもたらしたわけである。このような学習環境の変化を教師は真摯に受け止めるだけでなく、「教授者と学習者間」のコミュニケーションに拘泥しないよう自己を諌めなければならない。さもなければ、「学習者と学習者間」「学習者と他者」のコミュニケーションを排除する結果となる。つまり、コミュニカティブな学習環境になるかどうかの鍵は、それを可能にする教育メディア自体にではなく、それを使う教師が握っているのである。

1.4 介入・参加・過程重視のcollaborativeな学習環境

　コミュニカティブな学習環境では、教師が積極的に学習者の学習活動の中に介入し参加していくことになる。また、学習者も必要を感じたときには、教師の教授活動に自ら介入し参加していくことになるだろう。そして、教師・学習者間だけでなく、学習者同士が相互にその学習活動に介入し参加していくことにもなる。このように、学習環境全体が共同学習的（collaborative）なものに変化していくのである。

　学習環境が介入・参加型になれば、結果よりもそれに至る過程重視の教授・学習がより多く展開される。そして、これまで主流であった同じ結果に至る同じ過程ではなく、同じ結果に至る異なる過程や異なる結果に至る異なる過程なども重視され、そこにどのような見方や考え方があるかを問うていくことになるだろう。

　過程重視では異同の異の部分にも注意を払う必要が出てくる。異なる場合はどこが異なるかを明確にしなければならない。学習者は他人任せ、または他人と同じように考えるだけでなく、自分自身で考え、相手がわかるよう的確に表現し、伝えられなければならない。従って、そのような思考力、表現力、伝達能力を教師はどのように培うべきか、どのような教授法

を用いて学習者を指導したらよいのか、という点が問題となる。

　また、学習環境が介入・参加型になり共同学習的なものになれば、学習者同士の協力体制、役割分担を考えた上での学習集団作りが必要となる。言い換えれば、第1部第2章の「5.3 コラボレーションと学習」でも述べているように、教授活動がレクチャー型からワークショップ型に変化していくということである。これは個人による学習活動の限界に対する大きな警鐘ともなっている。相手によって、また学習集団のメンバーによって、学習過程や学習結果にも変化が生じてくるのであり、学習者がそのようなダイナミズムを学ぶことに意義がある、という教育哲学である。

　以上のように、介入・参加・共同学習の学習環境は、結果に至る過程そのものも学習の対象にしようとしている。これは第1部第1章「4.2 構成主義の視点」「4.3 総合的学習アプローチ」でも既に触れていることであり、これからの教授活動は、このような視点を抜きにしては考えられない。また、本章「5. 学習環境のデザイン」で詳しく述べることになるが、この視点は学習環境デザインの中核をなすものである。

1.5 教授法選択を迫られる学習環境

　教育メディアと学習環境に変化が生じているのであれば、教授法に変化が生じても何ら不思議なことではない。さまざまな変化が生じ、いろいろな教え方が可能になった以上、教師は指導法を更に吟味していくことになる。もちろん、熟考した上でこれまでの方法が最善であると判断したならば、それを継続していくことに問題はない。だが、そのような判断がないまま、惰性で旧態依然の方法を踏襲するのであれば、学習者の学習を支援するどころか、教師自身が障害となり問題を引き起こすことになる。そうならないために、教師は、新しい教育メディアと学習環境の中で、教授法のどれが効果的なのかを判断していかなければならないだろう。

　そこで、教え方を大きく2つのタイプに分けて考えてみる。解説的アプローチと探求的アプローチである（町田、1997:170）[4]：

　　学習指導設計を行うときに教授ストラテジーが問題になる。それを学習のコントロールを誰が行うのかの視点から捉えると、解説的（expository）アプロー

チか探求的（inquiry）アプローチかの論議になる。前者は、教師の方から一方的に情報を与えていくが、後者の方は、学習者主体で、教師は学習の促進者としての役割を果たすだけである。この両者は二極分離して存在するわけではなく、探求的な方向性を持つ学習指導であっても、厳密にはその折衷的な誘導的アプローチが一般的であろう。

「教師の方から一方的に情報を与えていく」教育メディアしか活用できない学習環境であれば、解説的アプローチだけを考えていけばよいのかもしれない。しかし、学習環境の中に、教師以外の人や物から容易に情報が手に入り、学習者自身も積極的に発信できる、あるいはしていかなければならない教育メディアが存在したらどうであろう。間違いなく、解説的アプローチだけでは不十分になる。やはり、探求的アプローチや、その要素が大きい誘導的アプローチにも取り組む必要が出てくる。

もう少し具体的な学習形態を挙げて考えてみよう。渡辺（1998:76-78）[5]はCALLシステムの機能を活かして、次のような学習指導が有効であることを指摘している。

　A. 基礎をかためる学習
　B. 共通化・個別化を目指した学習
　C. プロセス重視の学習
　D. 問題解決学習
　E. コミュニケーション学習
　F. 課題選択学習

「基礎をかためる学習」とは、誰しも身につけねばならない基礎的知識・技能・態度の学習である。次の諸段階の学習の基礎となる重要な部分で、もしこの学習で個人差が生じても、個別学習が可能なシステムがあれば、その差をカバーすることができる。「共通化・個別化を目指した学習」では、学習の目標・内容・方法・評価などを共通化すると同時に、個別化することを意図している。個別化によって個人差の解消、個人差への対応、個性の伸長が可能になるからである。「プロセス重視の学習」とは、学習過程から多くを学ぶ学習であり、学習過程が保存できるシステムを用いれば、自己の学習過程だけでなく他者の学習過程からも相互に学ぶことができる。

「問題解決学習」の意図するところは、問題の解決に向け、学んで得た知識・技能・態度を主体的・創造的に活用し、それを表現する学習である。この学習では、基礎的能力、理解力、思考力に加え、判力と適切な表現力を養うことになる。そのためには、学習内容を保存し、再生し、加工し、それを発表する道具（ツール）システムが必要となる。「コミュニケーション学習」においては、情報・意見・感情の的確なやり取りを学習するわけだが、そこには言葉以外のコミュニケーション手段の利用も関わってくる。つまり、言語だけでなく、絵、図表、写真、ビデオ映像などを提示するシステムが求められるのである。

　そして、学習者が自ら課題を選択して取り組む学習が「課題選択学習」となる。この場合、課題のみならず、選択した課題の学習方法にも選択肢があることが望まれる。つまり、異なる課題内容を同一の方法で学習する段階から、異なる課題を異なる方法で学習する段階にレベルアップするということである。それを可能にするシステムがあった時、学習者はより主体的に自らの学習に取り組むことは言うまでもない。

　CALLシステムという新しい教育メディアによって、A～Fのようなさまざまな学習指導が可能となっているのは事実である。それを組み合わせれば、更に変化のある学習指導ができることになる。これはCALLのみならず、CAL（Computer Assisted Learning）全般に当てはまることでもある。

　以上のように、教授法の選択肢が増えた学習環境にあって、従来のやり方だけに身を委ねていることはできない。これからの教師は、これまで以上に教え方を選んで指導することが求められているのである。

1.6　学習環境の変化と変わる教師の役割

　「双方向提示の学習環境」「コミュニカティブな学習環境」「介入・参加・過程重視のcollaborativeな学習環境」「教授法選択を迫られる学習環境」という具合に学習環境が変化している。このような変化は、当然教師の役割変化も求めている。では、どのような役割変化が進み、また必要なのであろうか。

　既に、第1部第2章「1.4 教授者の学習指導を視点としたメディア」で

は、教授者に次の5つの役割があることを指摘した。
　　① Designer　　学習目標・学習内容の設計
　　② Presenter　　学習内容の系統的・戦術的伝達
　　③ Instructor　　学習内容の効果的・効率的指導
　　④ Manager　　クラス運営とコミュニケーション
　　⑤ Architect　　学習環境の構築
これは、教授者に求められるまったく新しい役割というわけではなく、従来の教授活動にも認められ、必要とされていた役割である。だが、教育メディア（＝教授メディア、学習メディア）の変化、学習環境の変化に伴い、各役割の具体的内容や比重に大きな違いが生じてきたのである。とりわけ、図3, 図4が示すように、その比重の変化には目を見張るものがある。

Instructor　学習内容の効果的・効率的指導
↓
Presenter　学習内容の系統的・戦術的伝達
Designer　学習目標・学習内容の設計
Manager　クラス運営とコミュニケーション
Architect　学習環境の構築

図3　これまでの教師の役割

　図3は、教授者のinstructor（学習内容の効果的・効率的指導）としての役割が圧倒的に大きく、他の役割はこれに従属する形で小さいことを示している。従って、instructorとしての役割は強く認識されるが、presenter（学習内容の系統的・戦術的伝達）、designer（学習目標・学習内容の設計）、manager（クラス運営とコミュニケーション）としての役割がしかるべく演じられていたかどうかは疑問である。まして、architect（学習環境の構築）としての役割はほとんどなかったと言ってよいであろう。

これは、従来の教育メディアの在り方、使われ方、そしてそれが使われる学習環境をよく観察してみればわかる。かつては instructor としての意識が強い、あるいは instructor の役割だけを担わされた教師中心（teacher-centered）の授業が多く展開されていたのであり、決して学習者中心（student-centered）と言えるものではなかった。

これに比べ、新しい教育メディアは図4のような役割関係の変化をもたらしたのである。この関係においては、ある役割が他の役割を従えるという軽重はなく、どの役割も相互に深く関連していることがわかる。教師個々人による得手不得手は別としても、それぞれの役割を適宜担ってこそバランスの取れた教授ができる、ということを示している。

後者は学習者中心であり、本来の教授活動の姿である。そういう認識が我々には希薄であった。その認識を深めてくれたのが新しい教育メディアであり、それがもたらした新しい学習環境である。とりわけ、学習環境をデザインする architect としての役割は今後の最重要課題となるであろう。

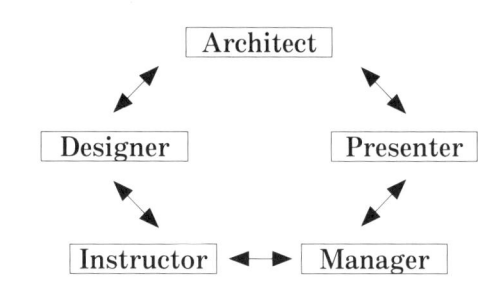

図4 これからの教師の役割

1.7 学習環境の変化と変わらない教師の役割

教育メディアにおける変化が学習環境の変化を生み、教師の役割変化をもたらしていることに間違いはないであろう。しかし、よくよく考えてみると、教師の役割は本質的に何ら変わりがないのである。図5は、この

「変わらない教師の役割」を前記の「変わる教師の役割」との関係で捉えたものである。Designer、Presenter、Instructor、Manager、Architectのどの役割を果たすにも、その核となるのは「学習の動機づけ」である。第1部第1章「3.4 動機づけを高める設計」でも述べているように、教師はさまざまな教授活動を展開しながら、学習の動機づけを常に考え、授業設計をしていかなければならないのである。

```
              Architect
                 ↕
Designer → Motivation ← Presenter
           ↙       ↘
      Instructor ↔ Manager
```

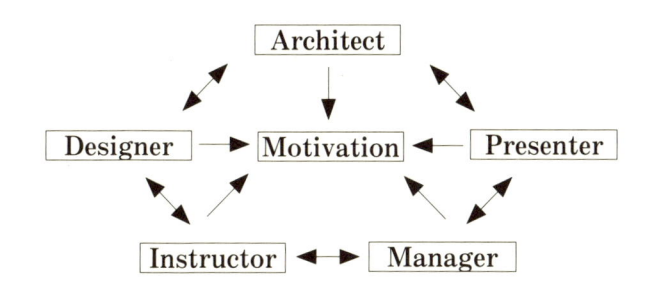

図5 変わらない教師の役割

　学習の動機づけを別の観点から考察してみる。表1（渡辺、1996:74）[6]は、授業（学習指導）と学習と学力の関係を単純化して捉えたものである。言うまでもなく、教師は④を前提として学習指導を行っている。しかし、現実には③の状態が起こっているのであり、教師が直接学習指導をしなくても、②が成り立っているのである。従って、教師の役割とは、いかに③を回避し、④の指導をするかである。更に、直接指導にあたっていなくても、④の関係を通して②の状況を学習者に鼓舞していけるかどうかも大切な役割となる。

　つまり、いろいろな学習指導をしてもしなくても、教え方に変化を持たせてもまた持たせなくても、教師が学習者に対して「学習の動機づけ」ができるかどうか、実際にしているかどうかが問題なのである。「学習の動機づけ」は学習者の学習成立と学習継続の核である。この視点が教師にな

	授 業	学 習	学 力
①	×	×	×
②	×	○	○
③	○	×	×
④	○	○	○

表1　授業・学習・学力の関係
＊表では、学習がなされることにより何らかの学力が身につくことを前提としている。

ければ、教育メディアと学習環境の表層的変化にのみ目を奪われ、「変わる教師の役割」の根本にある「変わらない教師の役割」を見過してしまうことになる。そういう教師が学習環境のデザインを試みたとしても、「学習の動機づけ」の要素が欠如した、あるいはそれが希薄な学習環境しか産まれてこないであろう。第1部第1章「3.4 動機づけを高める設計」でも指摘しているように、「学習者の動機づけが不十分な場合、その学習システムには欠陥があると言わざるを得ない」のである。

1.8 教師教育の変化を求める学習環境の変化

　日本では19世紀末から、学校というところに学習者を集め、学習指導の効果と効率を高めようとして「学ぶ」ことを細分化し、教科・科目を設け、それを固定化してきた。確かに、それは一定の成果を上げた。

　学校・教室という学習空間、登下校の間の学習時間、学年、学級という学習集団、教科書・黒板・チョークなどの教育メディアが「学び」を支えている間はそれで良かった。ところが、そういう学習環境が次第に「学び」を支えきれなくなってきた。学習空間、学習時間、学習集団、そして学習メディアが学外の現実や学外における学習環境と矛盾を起こすようになり、学習者の知的、精神的ニーズを満たせなくなってしまったのである。それが学級崩壊、学校崩壊の大きな原因にもなっている。

　他方、これを立て直そうとした一連の動きが近年見られる。新学習指導要領のもとで、小・中学校においては2002年から、高等学校においては

2003年から「総合的な学習の時間」を実施しようとしている。教科の壁を越えての学習指導の試みである。各地域や学校の実体に応じた教育活動を進め、授業時間の長さも各学校の判断で弾力的に決めることになっている。また、知識の習得よりも知識を得る方法やそれを生かす方法の習得を学習目標とし、学習者による評価や相互評価など、従来の学習指導の在り方を反省した内容となっている。

以上の点については、第1部第4章「3. 新学習指導要領」「4. 教員養成の現状と今後の課題」で更に詳しく述べられているので、そちらを参照してもらいたい。また1998年7月に出された「教育課程審議会答申」には、学外における社会変化と学内における学習環境の溝を埋めるための基本理念が述べられているので、これも大いに参考になる。しかし、未来に向けたこのような教育理念、教育施策以上に、1人ひとりの教師と教師の卵が社会の変化、学習環境の変化を真摯に受け止め、自身の意識と行動を変えていかなければならないであろう。

2. 学習者と教育メディアと学習環境

2.1 学習者が発信する学習環境

日本の従来の学習環境において、学習者は受け身であることを強いられてきた。より多くの者が一定レベルの同一の学習環境を共有していくためには、それは避けられないことであった。1人の教師が多くの学習者に「教え込む」というシステムである。また教育メディアにしても、最初に発達したものには学習者を受け身に留まらせるものが多かった。本、ラジオ、テレビなどのいわゆるマスメディアにそれが象徴されるであろう。受信の学習環境に学習者はどっぷりと浸されてきたのである。

しかし、次第に学習環境が整備され、学習者中心の教育が唱えられ、「積極的に発信する学習」への理解が高まってきた。そして現在、学習環境の整備、教育観の変化に拍車をかけるように、コンピュータをはじめとする新たな教育メディアが台頭し、受信型の学習から発信型の学習が注目されるようになったと言える。

第1部第2章「2. メディアとしてのコンピュータ」で論じているように、

教育メディアとしてのコンピュータには、CAC（Computer Amplified Communication）機能やCMC（Computer Mediated Communication）機能がある。これらの機能を駆使することにより、我々は受信能力を高めながら、発信能力を高めていくことになるのだが、この場合の受信能力とは、もはや「与えられたものを正確に受け止める」というレベルのものではない。それは、「自ら探し出して選ぶ」というより積極的な受信能力なのである。「自ら探し出して選ぶ受信行動」は、我々の持つ何らかの「意図や目的」が行動の動機となっている。つまり、目に見える「自ら探し出して選ぶ受信行動」は、実は、目には見えない「意図や目的を達成しようとする発信行動」の裏返しなのである。

　「自ら探し出して選ぶ受信行動」の力を高めるということは、取りも直さず情報収集能力を持つということである。「学習者が発信する学習環境」においては、更に、情報活用能力、情報作成能力、そして情報発信能力が問われることになる。つまり、与えられる学習から選ぶ学習、選ぶ学習から作る学習、そして発表する学習を積み重ね、理解するだけでなく、考え、表現し、伝える能力を伸ばしていくということになる。

　ここで、「発信する学習環境」は受信相手が存在してこそ成り立つということを再確認しなければならない。これまでその主な受信相手は、教師という名の、正解を持ったあるいは権威を持った受信相手であることが多かった。従って、学習者は自分の発信に対して、正しいか間違っているか、好ましいか好ましくないかという結果的な反応しか得られなかった。しかし、コンピュータのCAC機能やCMC機能により、受信相手は教師だけでなく、また教室内の学習集団だけでなく、教室外の学習集団にまで広がったのである。そして、この多くの受信者から得られる反応は、もはや二者択一的な、あるいはいわゆる教科書的なものではなく、受信者の知識、体験、興味、関心に基づいた多種多様な反応となっている。それは多くの場合、更なる発信を求める反応であり、折り返しの発信を求める反応である。つまり、「発信する学習環境」とは、受信者側からの反応があり、その反応を受けて、発信者が更に、そして継続的に「発信する学習環境」と考えてよいであろう。

では、何を発信するのであろう。それを考える時に必要になってくるのが次に述べる「求同求異」の視点である。

2.2 求同求異の学習環境

同じものを求めるだけではなく異なるものも求める、それが求同求異である。北尾（1993:66）[7]はこれを目的と手段の2次元で提唱している。図6が示すように、A型は学習の目的も方法も同一である場合、B型は目的は異なるが、方法が同じ場合、C型は目的は同じだが方法が異なる場合、D型は目的も方法も異なる場合、という分類になる。これまでの学習環境ではA型が趨勢を占めていたと言えよう。

求同求異の2次元モデルは、「目的と方法」だけでなく、「内容と方法」に置き換えて考えても良い。つまり、同じ内容を同じ方法で、異なる内容を同じ方法で、同じ内容を異なる方法で、そして、異なる内容を異なる方法で求めて良いわけである。同様なことは、「目的と内容」の関係、更には「目的と内容と方法」の3次元の関係にも当てはめて考えるべきであろう。

確かに、求同は共通化をはかり社会化を促進するために必要である。し

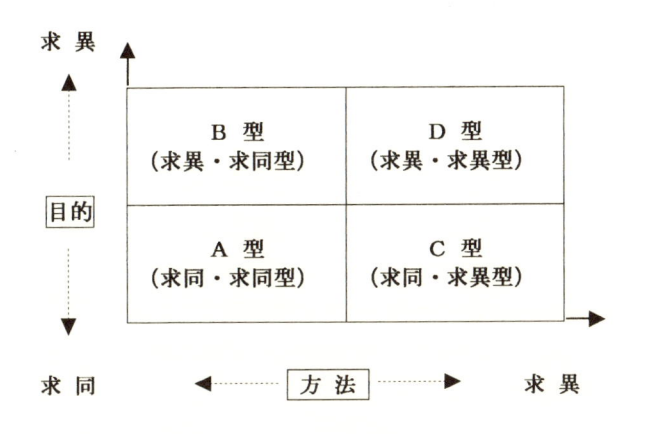

図6 「求同・求異」の2次元モデル

かし、同一の目的、内容、方法だけであれば、学習の個人差に対応し、個性の伸長を期待することは困難となる。個人差に応じ、個別化・個性化を目指すのであれば求異も欠かせない。つまり、求同と求異は排他的な関係ではなく相互補完の関係にあると言える。

　少し具体的な例で見てみよう。ある相手とコミュニケーションをはかろうとする時、言葉を用いることもあれば写真や音楽を用いることもある。これは目的が同じでも方法が異なる例になる。別の例として、手紙を書く場合を想定してもらいたい。手紙を書こうとしている者が2人いて、1人は断りの手紙を、もうひとりは受諾の手紙を出そうとしている状況である。この場合、方法は同じだが目的あるいは内容が違うことになる。このようにさまざまな異同があるのが現実であり、それを反映して、学習活動にもさまざまな異同があってしかるべきなのである。

　画一的な目的のための画一化した内容を画一化した方法で理解させるだけでは、個々の学習者の異なる目的、それゆえの異なる内容、異なる方法への要求に対応はできない。しかし、過去の教育では、そのような「求同」に偏した学習指導が現実であり、それが教師の限界でもあった。ところが、コンピュータなどの教育メディアが急速に発達し、学習者の「求異」に応えられるようになったのである。コンピュータのCAC機能、CMC機能は多様な発信型コミュニケーションの世界を学習環境にもたらしたのである（第1部第2章「5.4 多様なコミュニケーション」参照）。

　今、学習者はそのような学習環境の中に入りつつある。目的と内容と方法においてすべてが同じである必要はない、ということを実感する学習環境である。同じ目的、同じ内容、同じ方法だけを外から一方的に与えられてきた旧来の学習環境とは決別し、求同求異の学習環境で求同求異の教育メディアを使って学習していくのである。そのためには、学習者自身にもその自覚と責任が求められる。自分自身が学習の中心になるという意識が希薄であれば、求同求異の学習環境で求同求異の教育メディアがあったとしても、それを積極的に生かすことはできないからである。

2.3 学習者中心の学習環境

学習者中心の学習環境を考察するにあたって、次に示すように、学習には2種類あることを思い出してもらいたい（p.80 図2）。図の中で、「学習指導」とは教授という直接的な働きかけのもとで行われる「学習」であり、学習者自身による「学習」とは一線を画していた。

ところが、「学習者中心の学習環境」を突き詰めていくと、その境界線が薄くなっていく（図7）。新しい教育メディアが学習環境に普及していけばいくほど、その傾向が強まる。なぜかと言えば、そのような学習環境では、教授者がいなくても学習者はかなりの学習を自分自身でできるからである。また、もし教授者が従来のような教師主導型の学習指導しかできないならば、むしろ学習者だけによる学習の方が効率が良く、変化に富み、成果が上がるからである。つまり、新しい教育メディアは、それをうまく使いこなす学習者にとっては、優れた教授者に匹敵するほどの機能を有しているということになる。

従って、これからの教師はますます「学習者自身による学習」に供する指導をしていかなければならなくなるだろう。一言で言えば、「学習者支援型の学習指導」ということになる。その実現に向け、教師は学習者の学習についてより一層の知見を有し、学習者そのものから学ぶ必要も出てくるであろう。このように、「学習者中心の学習環境」とは、学習者やその

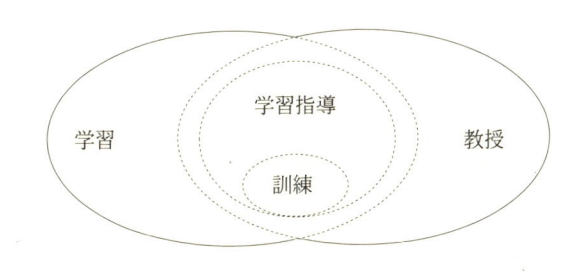

図7

学習過程・結果から教授者が学ぶ学習環境なのである。これを図示したのが下図である。

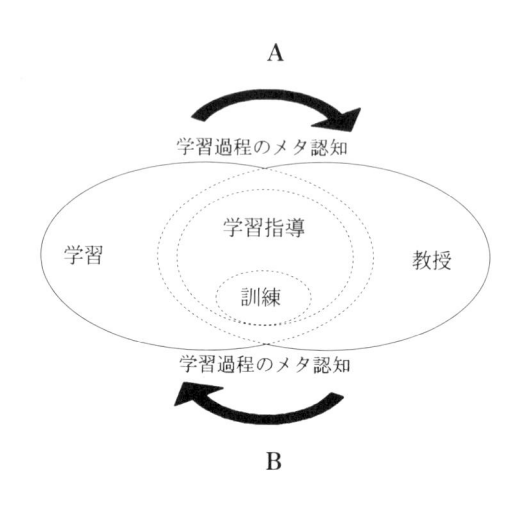

A

学習過程のメタ認知

学習　学習指導　教授
　　　　訓練

学習過程のメタ認知

B

図8

　教師が教授過程を知る、つまり教授過程のメタ認知を持つ。それだけで学習者や学習過程・結果に対する深い認識や洞察が保証されるわけではない。学習者の学習過程をよく知り、そのメタ認知を持ってこそ学習者への学習支援と「学習者中心の学習環境」に貢献できるのである。（図8のAの流れ）。しかし、そこに留まるのであれば、教師主導型の学習指導の域を超えることはできない。学習指導が学習者の真の学習支援となり、「学習者中心の学習環境」を推し進めていくには、図8のBの流れが必要となる。それは学習者に対して「学習過程のメタ認知」を与え、認識・確認させ、how to learn を徹底させるということである。

　それを受けて、学習者は「学習者中心の学習」を自覚していかなければならない。学習者自身が学習の目的、内容、方法を選び、学習環境を整えていくのである。教授者と協力し、学習者同士が共同して、学習過程と学

習環境についての理解を深め、それを自己の学習に役立てるわけである。となれば、学習過程のメタ認知、学習環境のメタ認知が必要となる。

2.4 学習過程のメタ認知を求める学習環境

「学習過程のメタ認知」を具体的に示すために、教授過程と学習過程を比較してみる。図9、10を見て明らかなように、両過程の違いは、「教授ストラテジー」が「学習ストラテジー」に、「教授メディア」が「学習メディア」に、そして「クラス編成」が「共同学習者の編成」に取って代わられている点である。これは、学習の主体が学習者である以上、当然なことである。

新しい教育メディアの学習環境において、学習者にはこのような学習過程のメタ認知が必要なのである。そうしなければ、本章1.5で述べた学習者主体の探求的アプローチである「プロセス重視の学習」「問題解決学習」「コミュニケーション学習」「課題選択学習」を、自らの学習の中に取り入れることはできないであろう。従来のように、教授者だけが学習過程のメタ知識を持つ、あるいは権威主義的に独占しているというのでは、探求的アプローチの学習は決して成立し得ない。「学習者中心の学習」は学習者による学習過程のメタ認知があって初めて可能となるのである。

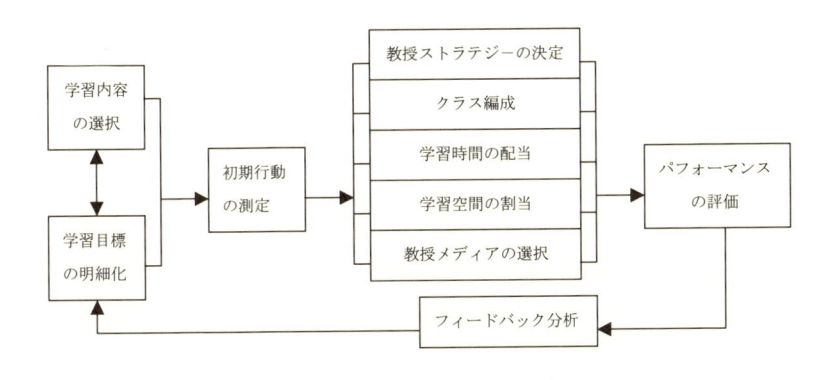

図9 学習指導システム

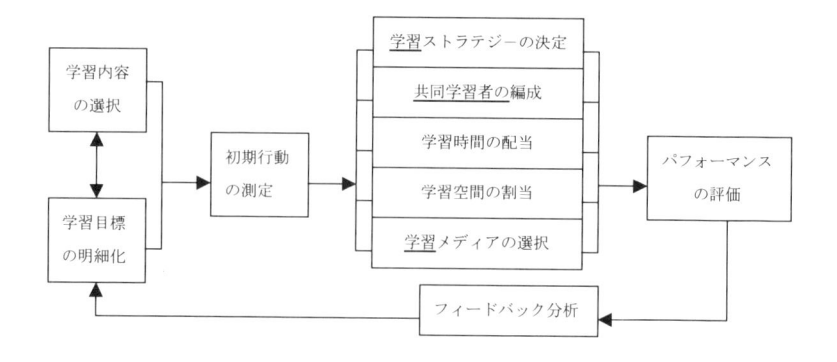

図 10　学習システム

　学習者にとって、学習過程について知ること、すなわち「学習過程のメタ認知」を有することは、self-directed learner（自律した学習者）となる第一歩と言える。更に、さまざまな学習形態のもとで豊富な autonomous learning（自律した学習）を経験していけば、学習者は自己教育力を高め、「学習者中心の学習環境」をますます自分のものにしていくことになる。そして、「学習者中心の学習環境」の最終目標とは、学習者自身がその学習環境の所有者となり、その ownership を持つことである。そのために、学習者は学習環境そのものについても知る必要があり、従って、学習者には学習環境のメタ認知も求められるのである。

2.5　学習環境のメタ認知を求める学習環境

　本章の序説において、学習環境には学習空間、学習時間、学習集団、学習メディアの4要素があると述べた。平たく言えば、「いつ、どこで、だれとどのように学習するか」ということである。これは、当然のことながら、学習システムと対応している。

学習環境	学習システム
学習空間	学習空間の割り当て
学習時間	学習時間の配当
学習集団	共同学習者の編成
学習メディア	学習メディアの選択

図11 学習環境と学習システム

　つまり、学習環境のメタ認知は学習過程のメタ認知と合通ずるものがあり、学習過程の具体的なメタ認知があってこそ、学習環境のメタ認知が可能になると考えて良い。これを図示してもう少し詳しく解説してみる。

　図12は、具体的な「学習Aの学習過程のメタ認知」に端を発して、学習者は「学習Aの学習環境のメタ認知」に至り、そこから、より抽象的で一般的な「学習過程のメタ認知」と「学習環境のメタ認知」に至ることを示している。また、学習過程のメタ認知と学習環境のメタ認知は、多くの場合、学習過程が学習環境によって規定されたり制約を受けるという認識と共になされる。そういう流れの中で、学習者は学習空間、学習時間、学習集団、学習メディアの4要素を意識していくのである。

　具体的な学習Aから、他の具体的な学習B、学習Cを次々に経験して、学習者は抽象的な「学習過程のメタ認知」「学習環境のメタ認知」を定着させていくと考えて良いであろう。つまり、帰納的に「学習過程のメタ認知」

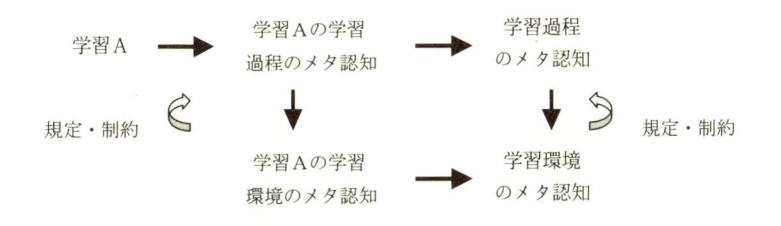

学習A → 学習Aの学習過程のメタ認知 → 学習過程のメタ認知

規定・制約　　　　↓　　　　　　　　　　　↓　　　　規定・制約

　　　　　　学習Aの学習環境のメタ認知 → 学習環境のメタ認知

図12 学習過程のメタ認知と学習環境のメタ認知

「学習環境のメタ認知」をしていくわけである。やがて、そして今度は演繹的に、学習者は、一般的な「学習過程のメタ認知」「学習環境のメタ認知」を具体的な学習の取り組みに生かそうとする。それを示したのが図13である。もちろん、「帰納的な認知」から「演繹的な認知」に突然切り替わるのではなく、帰納的な要素が徐々に演繹的な要素に変わっていくと捉えるべきであろう。

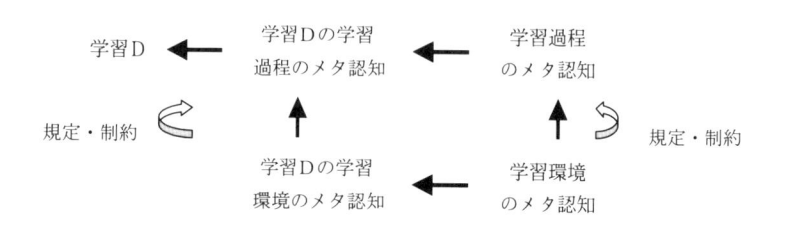

図13　学習過程・学習環境のメタ認知から実際の学習へ

2.6 学習者がownershipを持つべき学習環境

　誰が「学習環境の所有権（ownership）」を握っているのであろう。学習環境の性質や見方によって異なるが、学校経営者・管理者、学校法人、地方自治体、国、地域住民、国民などが該当すると考えるのが普通であろう。また、家庭を1つの学習環境と捉えれば、その所有権は親にあると見なしてよいかもしれない。あるいは、組織にしろ人間にしろ、ここに挙げた例を含め、さまざまなものが同時に、そして複合的に「学習環境の所有権（ownership）」を持っていると考えるのが妥当なのかもしれない。だが、いずれにしても、この場合の所有権とは「学習者に学習環境を提供する、学習者のために学習環境を整備する」という意味合いのものでしかない。

　真の所有者は誰か。それは学習者自身である。これは教育哲学的な本質論以上に、これまで述べてきたさまざまな学習環境の変化から現実味を持

たせて言えることである。学習環境が「双方向提示の学習環境」「コミュニカティブな学習環境」「介入・参加・過程重視のcollaborativeな学習環境」となり、「学習者が発信する学習環境」「学習者中心の学習環境」に変化している。このような環境にあって、学習者は自分自身が学習の中心にあるということをますます意識することになる。「学習過程のメタ認知」「学習環境のメタ認知」を学習者が持った時、従来ありがちであった「学習者不在の学習指導・教授活動」は拒否されることになるだろう。

　生涯教育の視点、つまり、「自己発見→自己形成→自己変革」の視点からしても、誰が学習環境の所有権を有すべきかは明らかである。生涯教育の始まりは、学習者自身が「学習環境の所有権」を意識し、それを自覚し、自らそれを持つことである。「自律した学習」「自律した学習者」を唱えても、学習者自身が「学習環境の所有権」を持たなければ、お仕着せの「自律」に終ってしまうであろう。

3. 教授者・学習者とメディア・コーディネータと学習環境
3.1 メディア・コーディネータとは

　　メディア・コーディネータ（MC: Media Coordinator）について、五十嵐（1998:84）[8]は次のように述べている。

　　メディア・コーディネータ（MC）というのは耳慣れない言葉かもしれない。しかし、米国ではCALLシステムの運用においてある程度確立した地位が与えられた専門職である。教師としての資質と能力を備え、実際に教職にありながら、システムの運営コーディネートの業務を行う。独立した地位が与えられ、ハードウエア・ソフトウエアのみならず、人的側面まで含めて、システム運営の全体的調整を行うのが中心的役割になる。もちろん、そこには教育的配慮が常に伴っている。

　　また、五十嵐は「システムの運営コーディネートの業務を行う」MCを、CALL学習環境の構成要素の1つとして図14のようにも捉えている。CALL学習環境の物的支援システム（ハードウエアシステム、ソフトウエアシステムに限った狭義のCALLシステム）を取り巻く人的支援システムの4要素の1つとしてMCを位置づけているのである。

メディア・コーディネータ　　　　　　　　　学生アシスタント

```
             学習者
              ↑↓
       (狭義の) CALLシステム
              ↑↓
              教師
```

メーカー　　　　　　　　　　　　　　　　　　　学校

図14 CALL 学習環境の人的構成要素

　そこで、五十嵐の MC の捉え方を、CALL（Computer Assisted Language Learning）から更に拡大して、コンピュータを活用した学習全般、すなわち CAL（Computer Assisted Learning）に当てはめて考えてみよう。すると、CALL システムでの MC の役割と業務がそのまま CAL システムにおける MC の役割と業務に置き換えられることがわかる。そこにはこれから述べるような「ハードウエア・ソフトウエア」と「人的要素」の両面がある。

　ハードウエア・ソフトウエア面では、五十嵐（1998）[9]も指摘しているように、まず、日常的な機器・設備の保守・点検の業務を担うことになる。更に、ハードウエア・ソフトウエア両面にわたる教育メディアの保守・管理も遂行していく。確かにメーカー（業者）による機器・設備の保守・点検も考えられるが「日常的」になり得ず、従って、それと平行して行うべき教育メディアの保守・管理に関わることは期待できないからである。

　また、当然教育メディアの保守・管理において、MC は、教授者にとっての教授メディア、学習者にとっての学習メディアという教育メディアの持つ二面性をよく理解していなければならない。それは教育メディアの単なる保守・管理ではない。円滑な教授活動、効果的な学習活動を考えなが

らの保守・管理である。そして、施設設備の補充・拡充とシステムの改善・開発に対して積極的に意見を述べ、その計画・立案に自ら参画していくことが求められるのである。

　人的要素に関するMCの役割は、「学習者中心の学習」の実現を目指し、そのために、学習環境の人的要素の調整をはかることが中心になる。その考察にあたって、図14の「CALL学習環境の人的構成要素」を「CAL学習環境の人的構成要素」（図15）に置き換えてみる（その際、アシスタントを学生に限定しないという意味で、学生アシスタントをアシスタントに改めることにする）。図15の中で、MCが果たす「人的要素の調整」には、大きく分けて2つある。1つは「教授者と学習者・アシスタント・学校・メーカーの調整」であり、もうひとつは「学習者と教授者・アシスタント・学校・メーカーの調整」となる。以下、その具体的なMCの調整業務を述べることにする。

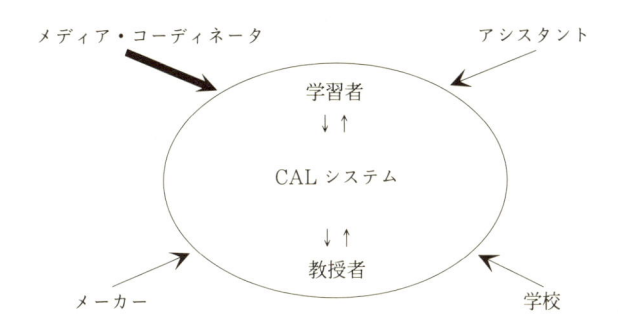

図15 CAL学習環境の人的構成要素

3.2 教授者・学習者とメディア・コーディネータ

　教授者・学習者間の調整は、アシスタントがいる場合とそうでない場合とでは異なってくる。アシスタントがいれば、MCは次のような「アシスタント業務」の意義と内容（五十嵐：1998, 82-83)[10]を理解した上で、教

授者・学習者・アシスタントの三者の調整をしていくことになる。アシスタントがいないのであれば、MC は下記の「アシスタント業務」を教授者と分担しながら、教授者・学習者間の調整をしていくことになる。いずれにしても、教授と学習にトラブルが生じた時は、そのトラブルシューターとして大いに活躍する立場にある。

アシスタント業務

(1) 教材などの配布と回収
(2) 教師への授業補助と機器操作支援
(3) 学習者への学習補助と機器操作支援
(4) 教室外との諸連絡
(5) 機器などの代行操作
(6) 第 2 の教師としての役割（授業の部分的代行、教師による授業と平行してのアシスタントによる授業など）
(7) 学習・学習者状況の教師への報告
(8) 教師による学習者評価の補助
(9) 業務日誌や授業観察記録の作成と分析
(10) アンケートなどの分析
(11) 教材準備・作成
(12) 教師への提案（授業計画・準備・運営など）

更に、アシスタントがいた場合、教授者・アシスタント間の調整業務として忘れてはならないものに、授業時間割の作成と教授者の配置調整がある。五十嵐の指摘するように、これは年度当初だけでなく通年の調整作業になり、CAL にあまり詳しくない教授者には CAL に詳しいアシスタントを充てるなどの配慮が必要となる。

次に、教授者・学校間、教授者・メーカー間の MC の調整であるが、これについては、五十嵐（1998:85）[11] の指摘をそのまま引用する。

> 教師対学校に関しては、学校側からの事務連絡を確実に教師に伝え、教師の意見・要望を集約して学校に伝える責任がある。教師対メーカー間に関しては、

教師からのさまざまな改善や問題解決の要求等を日常的にメーカーに伝達する役割を担っている。また、教師と連係して、さまざまな学習環境整備に関して、メーカーと協力・協議し、より良い方向へ向けての計画策定と実施・運営に当たらなければならない。

文字通り調整（コーディネート）の仕事に徹し、更に、学習環境の改善に積極的に関わっていかなければならないことがわかる。

さて、学習者・教授者間の調整及び学習者・アシスタント間の調整であるが、これは既に見た通りである。敢えて強調するとしたら、「学習者中心の学習環境」のためにMC自身がどのような調整役を果たしたらよいかを見極めることを指摘したい。つまり、「学習者の効果的な学習のための学習メディア」という観点を忘れないことである。それがなければ、教育的な配慮と称しながら、実質的には教授者側、アシスタント側、更には学校側、メーカー側の観点でしか調整せず、事務的で機械的な保守・点検・管理・運営に奔る結果となるであろう。ましてや、学習者が学習し易い学習環境作りのために、「設備などの整備・改善や教材・教育メディアの整備・充実といったことに関して、教師と協力しながらメーカー及び学校と交渉していく」（五十嵐：1998,85）[12]という役目を果たすことはできない。

3.3 メディア・コーディネータの人材

五十嵐（1998:85-86）[13]はMCに相応しい人材として事務面・技術面・教育面の3つの側面での諸能力を挙げている。事務管理責任者としての能力、技術面での知識と処理能力、そして教育そのものに関わる資質と能力である。加えて、教育面を見落としがちなことに警鐘を鳴らしつつ、複数のMC確保を提言している。確かに、多種多様な業務を滞りなく遂行していくためには、複数のMCで分担する必要があろう。また、経験豊富なMCと経験未熟なMCがチームを組織してコーディネート業務にあたれば、人事の都合で年度によってむらが生じることなく、継続的に人材が確保・供給できる。

ここで、MCに求められる教育的な資質について少し掘り下げて考えて

みたい。その際、リテラシーという語をキーワードにしてみる。まず、コンピュータリテラシーでその資質を正してみると、確かに MC には高いコンピュータリテラシーが望まれる。コンピュータを使いこなすことができ、コンピュータに関する知識が豊富であれば、前述した「MC の役割と業務」のハードウエア・ソフトウエア面で心強い支援が得られるからである。これはいわゆる技術面での能力であり、これに事務的能力が伴えば、かなり理想的な MC に近づいたことになる。だが、もうひとつのリテラシーを見逃してはならない。

それは、CAL リテラシー、すなわち「コンピュータ利用の学習に関する理解と知識」である。この CAL リテラシーを持たない MC、あるいはそれが不十分な MC は、教育メディアを活用した学習の本質的な問題の解決ができない。学習の何たるかがわからなければ、MC は、ハードウエア・ソフトウエアの保守・点検と教育メディアの保守・管理を学習者が抱える問題の解決のために生かせないからである。また、既に述べたヒューマンウエア面での調整機能も学習者不在のものとなり、問題の根本的な解決に貢献することができないであろう。

できることなら、CAL リテラシーに加え、MC には CAL に対する情熱を求めたい。CAL 環境におけるさまざまなトラブルを発見し、そのトラブルシューターになるところまでは、CAL リテラシーがあれば可能であろう。しかし、CAL 学習環境全般を見渡し、その改善と開発に積極的に関わっていくためには、リテラシー以上のもの、すなわち学習者によりよい学習環境を提供しようという情熱が必要なのである。問題の表面的な解決ではなく根本的な解決を、良い学習環境からよりよい学習環境を産み出そうとする情熱である。従って、トラブルシューティングに留まるリテラシーを「消極的 CAL リテラシー」と呼ぶなら、ここに述べたような「学習者のため」という情熱のあるリテラシーは「積極的な CAL リテラシー」と呼べるであろう。

「積極的な CAL リテラシー」は MC だけに求めるべきものではない。それは、アシスタント、メーカー、学校にも求めるべき姿勢である。そして、そのような資質は誰よりも教授者自身が備えるべきであろう。「積極

的な CAL リテラシー」を持った教授者は MC としても十分に活躍できるのであり、MC と共に教育メディアを活用した学習環境の改善に大きく寄与することになる。

3.4 メディア・コーディネータと学習環境

　既に触れたように、同一の教育メディアが教授メディアにも学習メディアにもなり、その教育メディアが学習環境を大きく変えつつある。そして、教授者にとっての教授メディアの活用、学習者にとっての学習メディアの活用を支援するのが MC の役割である。ということは、教育メディアの活用を MC がどのように支援するかで、学習環境の変化に違いが出てくることになる。

　MC がもたらす学習環境の変化は 2 種類に絞られる。1 つは教育メディアの活用支援による、現在起こりつつある学習環境の変化であり、もうひとつは、その活用支援がきっかけとなって得られる未来の学習環境の変化である。現在の変化から、さまざまな問題提起が生まれ、それに対応しようとすることで未来の変化が予測される。そして、未来の変化の予測は新しい教育メディアを産み出すことにもつながっていく。

　言うまでもなく、教育メディアがもたらした現在の学習環境変化は不十分であり、まだまだ中途半端である。既存の教育メディアそのものに限界があり改善の余地があることも事実だが、その活用が不十分であり、教授者が教授メディアを、学習者が学習メディアを十分に生かしきっていないことも大きな原因となっている。

　本章「1.教授者と教育メディアと学習環境」「2.学習者と教育メディアと学習環境」で述べたことは、実は、一部の教授者と学習者が気づき始めたことであり、大半はその兆しを感じつつも、変化に驚き、戸惑い、中には拒否反応を示す者さえいるのが現状であろう。なぜ、拒否反応まで出るかと言えば、変化には苦痛を伴うことが多いからである。学習環境の変化を認めて受け入れるためには、従来の学習環境で身につけた教授・学習観、それまで築き上げてきた教授者・学習者の関係を変えていかなければならないのだが、それは容易なことではない。学習環境の変化に人間の意識変

化と行動変化がなかなかついていかないからである。

　従って、MCは、学習環境にしかるべき変化をもたらすために、教育メディアの活用支援だけでなく、この意識変化と行動変化の支援も目指さなければならない。方法は2つに1つしかない。1つは、教育メディアの活用支援を通して、自分自身が直接的に教授者・学習者の中に意識変化を引き起こすことである。これには、定期的なCALシステム活用の検討会などが欠かせないであろう。教育メディアの活用支援の短期・中期・長期にわたる問題解決を検討し、解決策を探りあるいは練り、それを当てはめては補正し、更に現実的で効果的な解決策を産み出す組織作りである。メンバーは、MC以外に、教授者、メーカー、学校関係者などで、必要に応じてアシスタントが加わり、また、アンケート調査などによる間接的な学習者の参加もはかっていくことになる。このような検討委員会を重ねることにより、意識が変化し始め、変化した意識が更なる変化を呼び起こす。そして、その意識変化が行動変化へとつながっていくのである。

　もうひとつの方法は、上記のような検討会を実施している組織を見つけ出し、連絡を取り、そこから学ぶ方法であろう。どのように教育メディアが活用され、活用支援され、学習環境や人の意識、行動に変化が生じているかを直接観察することである。また、その様子をビデオなどに撮り、直接見学できなかった関係者にも、変化の視覚的イメージを与え十分な理解を得るように努める。口頭や文章による報告だけでは十分な理解を得ることは難しいからである。しかし、その上で、やはり前記のような検討委員会の定期的開催を自ら推し進めていくべきであろう。そうしてこそ、意識変化、行動変化が自分たち自身のものになり、それが原動力となって学習環境の変化・改善がいよいよ本格的なものになるからである。

4. 教育資源と共同学習の学習環境

4.1 教育資源の豊富な学習環境

　当然のことながら、これまでの学習環境でも教育資源はあった。しかし、その数と種類が限定され、時間と空間の制約を受け、必要とするものがその時その場ですぐに手に入るというわけにはいかなかった。それが教育メ

ディアの変化により、数と種類が格段に増え、時間と空間の壁をかなり越えられるようになったのである。英語で言えば Just one click away. という状況である。インターネットがその典型的な例になる。そして、教育メディアは、教授の道具である教授メディア、学習の道具である学習メディアの両面を持ちながら、更に、そのまま教育資源メディアに早変わりする。それも Just one click away. の世界である。

　Just one click away. で得られる膨大な教育資源は、教師だけでなく、学習者も直接手に入れることができる。もはや、教師自身が教育資源とか、教師から教育資源が与えられるという認識は現実味のないものになっている。同じ教育メディアを使っていながら、教師1人が集めた教育資源は、学習者1人ひとりが直接手に入れた教育資源を合わせたものには、とてもかなわないというのが新しい現実となっている。

　教科書や教師から得られない教育資源を学習者が手に入れる学習環境の中で、教師はますます「教育資源の使い方」の指導ができなければならないだろう。共通の教育資源の内容を理解し覚えさせるという従来の学習方法だけでなく、さまざまな教育資源から取捨選択させ、理解しながら再構成して発表させるという学習方法にも取り組ませる。これは「教育資源の内容」と「教育資源の扱い方」にバランスを持たせる指導である。発信という目的のために受信があり、受信・発信の過程の中で学習がなされ、そこに教育資源が生かされる。そして、学習者1人ひとりの受信・発信の内容と方法は、ある一定の枠内にあっても同一のものにはならず、個人差やグループ差があり、変化に富んだものになる。そこには、「学習者相互による情報交換」という形で教育資源が活用され学習される、という基本的な考え方がある。このことについては、後述の「共同学習の学習環境」で詳しく触れることにしたい。

　教育メディアの変化によって、「教育資源の豊富な学習環境」を学習者は日常的に実感する。そういう環境にあって、学校という空間と時間の中で、教師が一方的に与える均一の教育資源だけで学習者の興味を引き、学習の動機づけをすることは大変難しいものになってくるであろう。その逆の発想で、学習者の興味を引き、学習の動機づけになる教育資源を学習者

1人ひとりにアクセスさせる。それを他の学習者と分かち合う。そういう指導こそが「教育資源の豊富な学習環境」に適しているのである。

4.2 教育資源の変化

インターネットが質量の両面で教育資源の大変化を産もうとしている。そこでは、文字・音声・静止画・動画がさまざまな組み合わせで登場する。検索事項を入れて検索していけば、コンピュータ画面上に多種多様な教育資源が展開され、取捨選択しながらコンピュータ内に取り込んだり、プリントアウトしてハードコピーにしたり、CDにコピーすることさえできるようになった。また、辞書や百科事典、音楽やビデオ映像なども、CD教材としてコンパクトな形で手に入れることができ、これをまたコンピュータを通して取り出し、教育資源として活用できる。このように教育資源は変化し、マルチメディアとなり、コンピュータ上で検索、閲覧、保存、構成、再構成ができるようになったのである。

教育資源の変化はそれだけに留まらない。少なくとも更に2つの変化が認められる。1つは、教材作成者による限られた教材ではなく、普通の人や専門家の活動が教材となり、教育資源を増やすという現象である。もうひとつは、他の学習者の学習結果や学習過程そのものが教育資源になるという現象である。

教材作成者以外の人が提供する教育資源として顕著なものは、やはり個人やグループによるホームページ（HP）であろう。個人やサークルの自己紹介という簡単なものから、市町村の紹介、学会活動やその研究内容の提示という本格的なものまで多種多様である。そして、HPの内容が教育資源となるだけでなく、どのような内容がどのように構成されているかというHPの作り方自体も1つの教育資源となっている。また、HPだけでなく電子メール（e-mail）も素人の手による教育資源と見なしてよいであろう。電子メールでは、個人や集団での情報・意見・感情のやり取りが行われ、受信・発信の仕方を身につける場となっている。コミュニケーションを学ぶ場なのである。メールの一部としてしかるべきURLを添えたり、添付ファイルでマルチメディア情報を加えれば、教育資源として更に幅を

増すことになる。

　もうひとつの教育資源の変化とは、「学習仲間の学習結果や学習過程そのものが教育資源になる」という状況である。それは前記のようなコンピュータの通信機能にネットワーク機能、更には保存・再生機能、そして編集機能を組み合わせることによって可能となった。他の学習者の学習結果や学習過程は、新たに編集し、違った結果や過程に作り変えることができる。それが更に再編集されれば、再び違った結果や過程に変わることにもなる。コンピュータはそれらすべてを可能にしたのである。

　ここで、「学習仲間」には3種類あることに注意したい。LAN（Local Area Network）で結ばれた同じ教室や建物、あるいは地域にいる学習仲間である場合。WAN（Wide Area Network）で結ばれた他地域や海外に在住する学習仲間である場合。そして、「過去の自分という学習仲間」の場合である。LANからWANに向かうほど、年齢、国籍、文化や習慣において、異なるものを多く持った「学習仲間」が増えてくるのは言うまでもない。共通部分がそれだけ少なくなるので、学習する部分がより多い教育資源が得られることになる。

　また、「過去の自分という学習仲間」とは、学習者が「過去の自分の学習結果や学習過程を教育資源として現在と未来の自分に生かす」ということである。過去から現在・未来にわたる時間差が短い例としては、1週間前に自分が書いた文章の推敲・編集などの学習活動があり、時間差が長い例としては、1年前に作成した課題発表の見直しなどを当てはめて考えればよい。

　このような教育資源の変化は、コンピュータが情報をデジタル化して送受信し、そのデジタル情報を光ファイバーが高速で多量に処理するというテクノロジーに裏打ちされたものであること、つまりマルチメディア・テクノロジーの発達がもたらした変化であることを認めないわけにはいかないのである。

4.3 共同学習のできる学習環境（機能面）

　共同学習に有効なコンピュータ機能に、第1部第2章「1. 教育的観点か

ら見たメディア」で触れた CAC (Computer Amplified Communication) と CMC (Computer Mediated Communication) がある。CAC は「教育的価値を高め、ヒトの思考や能力を増幅するコミュニケーション媒体としてのコンピュータ」機能であり、CMC は「学習環境の一部を構成しながらさまざまな教育的価値のコミュニケーション媒体となるコンピュータ」機能である。

　CAC 機能の助けを借りながら、豊富な学習資源を拠り所として、学習者は「思考能力やコミュニケーション能力を高める」ことになる。また、学習者は CMC の機能を用いて、「学習過程と学習結果を他者と分かち合う」ことを始めるのである。CAC から CMC に移行することもあれば、CMC から CAC へ移行することもあり、両者が平行して進むこともある。つまり、図 16 のように、両者の間を行き来するものなのである。相手と協力し、また相手と切磋琢磨して学習するこのような共同学習は、個人の能力と集団の能力を高めることになる。

```
ＣＡＣ機能   │自分の学習に自分で取り組み考える│
                    ↑↓  ↑↓  ↑↓
ＣＭＣ機能   │学習過程と学習結果を他者と分かち合う│
```

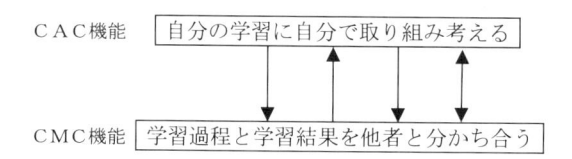

図 16　コンピュータの共同学習の機能

　もちろん、CAC や CMC の機能がなくても共同学習はこれまでも可能であった。しかし、両機能のおかげで共同学習の効果が飛躍的に高まったのである。スタンドアローン型コンピュータの個別学習機能、あるいはプログラム学習機能だけの時代では、「コンピュータで共同学習」させるということはほぼ不可能であった。しかし、マルチメディアによる通信機能、ネットワーク機能、保存・再生・編集機能、教育資源提供機能を持ったコンピュータは、「コンピュータで共同学習」させることを可能にしただけ

でなく、共同学習の内容と方法そのものも次元の高いものにしたのである。

このようなグループウエアのシステムは今後ますます開発されていくことになるであろう。なぜなら、それは「ある共通の仕事や目標を持った人間のグループを支援し、彼らが共同作業をするためのインターフェースを提供する」(『imidas'99』:826-827)[14] からであり、「ワープロが個人の思考形態を変えたと言われるように、グループウエアは集団の思考形式を変えることが期待されている」(『imidas'99』:827)[15] からである。本来、人間の学習の多くは共同作業によってなされていたわけで、コンピュータのグループウエア・システムは、テクノロジーの力でそこに回帰することを我々に呼びかけているかのようである。

4.4 共同学習のできる学習環境（内容面）

ここでは、グループウエア・システムが利用できる学習環境において、実際にどのような共同学習ができるかを論じてみたい。まず、共同学習の集団規模であるが、ペア、小グループ、中・大グループ（クラス全体、学校全体）、あるいはそれ以上のレベルでも可能である。また、学習空間は教室内、学校内、地域社会内、都道府県内、国内、世界と自在に拡大させることができる。そして、学習時間の壁も薄くなり、時差がなければ国境を越えての同時進行が可能であり、時差があってもかなりの時間差を克服した学習の同時進行が展開できる。

個人対個人、グループ対グループ、個人対グループと形態はさまざまで、性差、年齢差、民族や国籍の違いは、共通言語を用いるように努力することである程度超えられる。マルチメディアを用いることができ、画面共有が可能な状況下では、相手が目の前に直接いなくても、それが地球の裏側であっても、コンピュータはその声や姿を、文字・図表・写真・動画などのデータと共に耳の側に、目の前に持ってきてくれるのである。

以上のようなコンピュータでつながれた共同学習は、いわゆるオン・ライン・コミュニケーション、つまり line to line communication であり、オフ・ライン・コミュニケーションである face to face の共同学習とは一線を画すべきものであろう。しかし、単純にどちらが優れているかという

二律背反的な視点に立ったのでは、次のようなインターネットを用いた国際交流のダイナミズムを学習者に体験させることはできない。

『ここまでやるか！国際交流』（日本・ネパール国際交流実行委員会編）[16]には、オン・ラインとオフ・ラインを組み合わせた感動的な国際交流（共同学習）の実践報告が綴られている。その一端を示すこの著書の帯の言葉を紹介する。

> パソコンを持ってネパールに行き、現地の学校をインターネットに接続した。インターネットでの交流ののち、ネパールの校長・生徒を日本に迎えた。全国の先生方が団結し、成し遂げた国際交流の物語。本当の交流実践とは何かが伝わってくる。

つまり、課題は、オン・ラインとオフ・ラインのコミュニケーションが互いの欠点を補い合うという環境作りである。生のコミュニケーションを提供してくれるのは、やはりオフ・ラインになるのだが、そこには"Out of Sight, Out of Mind"（去る者日々に疎し）という限界がある。その限界を補うのがオン・ラインなのである。このような例は、影戸（2000）[17]や東海スクールネット研究会（2000）[18]などに数多く示されており、そのような活動が今後更に増えていくことは間違いない。

5. 学習環境のデザイン

5.1 学習環境のデザインとは

「学習環境のデザイン」については既に何度も触れてきたが、それが使われるようになった背景をここで紹介する（森石、1997:135）[19]。

> …「学習環境のデザイン」という言葉が最近使われ出したのは、1）ピアジェの構成主義や認識の社会的起源を重視したヴィゴツキーの考え方を、授業のデザインの枠組にしようとする試みと、2）インターネットなどの地球規模のネットワークによって可能になった学習環境に対する概念の拡大などがその背景にある。更に、3）「学び」そのものが、創造的で、社会・文化的、そして何よりも学ぶことが「学び手」にとって意味ある活動であるべきだという教育への基本的姿勢が時代精神として立ち現れてきたことによると筆者らは考える。

スイスの心理学者ジャン・ピアジェの唱える構成主義とは、第1部第1章「4.2 構成主義の視点」でも述べているように、「人は経験を通して能動的に知識を構成していくもので、外部から受動的に知識が伝達されていくものではない」という理論である。そして、ヴィゴツキーの「認識の社会的起源」とは、「人の認知発達は、個人と集団との社会的相互作用によるものである」という認知論である。両者の考えを基本にした学習環境と、「教え込む」あるいは「教えられて初めて学ぶ」という立場で築く学習環境とではかなり異なったデザインになることが理解できよう。

さて、以上が「学習環境のデザイン」という言葉が使われるようになった背景であるが、このような背景で産まれた「学習環境のデザイン」を実践していくためには、どのような視点が必要なのであろう。既に、第1部第2章「6.学習の環境形成を視点としたメディア」では、教育メディアとしてのコンピュータが学習のツール以上のものであり、学習環境そのものを形成しているということを取り上げている。そこで、「学習環境のデザイン」に必要な視点として、ここでは、三宅（1997）[20] の認知作業観、北尾（1993）[21]、渡辺（1996、1998）[22] の学力観を検討してみたい。それらは以下の4つにまとめられる。

① コンピュータ利用によるプロセスの外化
② 外化から共有へ
③ ネットワーク社会の形成
④ 共有のための求同求異

「コンピュータ利用によるプロセスの外化」とは、コンピュータを用いて学習過程や認知過程が見えるようにするということである。コンピュータの記録・記憶・保存機能は、従来できなかった「プロセスの外化」を可能にしたわけで、コンピュータは単なる学習ツールではなく、学習過程や認知過程から学ぶことも可能にした学習ツールなのである。「外化から共有へ」ということは、別の言い方をすれば「知の共生世界」を築くことである。学習環境が、教えられて初めて学ぶのではなく、学び合い、教え合う共学の場となる。その場は、閉じ込められた1つのクラスではなく、コンピュータで結ばれた全世界であり、そこでは「単数単独作業」ではなく

「複数共同作業」が繰り広げられる。

　また、これまでのネットワーク化されていなかった社会では、わかる者とわからない者という単純な2分割を当てはめ、わかる者からわからない者への知の一方通行が大半を占めていた。それも多くの場合、結果のみの知であり十分な理解を伴わない消化不良の知、そして学習であった。しかし、「ネットワーク社会の形成」が進むことによって、人は「わかったこと、わかりかけたことを共有する」ようになる。ネットワーク化によって「さまざまなレベルでの、人の間での吟味が今までよりもし易くなる」と言える。つまり、ますます「知の共生世界」が広がっていくのである。

　さて「共有のための求同求異」であるが、これは、既に本章「2.2 求同求異の学習環境」で触れたように、学習の目標・内容・方法に異なるものを求める学習観である。ここでは、この学習観を更に学習環境の4要素である学習空間・時間・集団・メディアに当てはめてみよう。つまり、学習環境の4要素を常に一定に抑えるのではなく、時に異なるものにし、異なるものを組み合わせるという発想である。すると、学習空間、学習時間、学習集団、学習メディアが最も固定化した学習環境とは、実は「従来の学校」だということに気づくであろう。残念ながら、学校という学習環境には求異の視点が大きく欠落していたのである。そこでは、「異なるものも共有し、共学する」学習のダイナミズムが排除されてきた。そして、少しでもその欠陥を補おうとしているのが、新学習指導要領の「総合的な学習の時間」と考えてよいであろう。

5.2 教授者による学習環境のデザイン

　第1部第2章で述べたように、教授者の役割の1つに「学習環境の構築」(architect) の仕事があった。この役割において、教授者は①学習空間のレイアウト (floor planning) ②利便的・機能的な学習ツールのリテラシー (learning tool literacy) 指導 ③快適な学習空間の提供 (atmosphere) を考えなければならない。ここではそれを再検討するのではなく、特に心がけなければならないこと、また避けなければならないことを「学習環境4要素の組み合わせ」「学習集団」「学習環境のアセスメント」に分けて論

ずることにする。

　「学習環境4要素の組み合わせ」では、学習空間・時間・集団・メディアのベストな組み合わせなど無いということを肝に命じなければならない。要するに、「学習内容の選択」「学習目標の明細化」「初期行動の測定」「学習ストラテジーの決定」との関わりで、4要素を流動的に組み合わせられるかどうかであろう。4要素を流動的に組み合わせることができる学習環境をデザインしてこそ、「学習内容の選択」「学習目標の明細化」「学習ストラテジーの決定」に大きな幅を持たせ、柔軟に対処できるからである。同時に、4要素が流動的に組み合わせられることによって、「初期行動の測定」「パフォーマンスの評価」「フィードバック分析」が、次の段階における「学習内容の選択」「学習目標の明細化」「初期行動の測定」「学習ストラテジーの決定」にうまくつながることになる。

　また、学習環境の4要素の中では、特に「学習集団」に対して注意を払うようにしたい。言うまでもなく、学習時間がいわゆる授業であり、学習空間がいわゆる教室であっても、その中でいろいろな学習集団を作り出すことができる。更に、学習環境がインターネット化されていれば、授業内でも教室の外で、教室内でも授業外で、さまざまなレベルの学習者と「学び」を共有することができるわけである。このダイナミックな「共学」の機会を学習者から奪ってはならない。また、上田（1997:124）[23]が指摘しているように、教授者が学習環境をデザインする時には自分自身も学習者の学習に参加すること、つまり彼らと共学していくことを考えるべきなのである。

　…「学習環境のデザイン」というアプローチは、いかにすれば、「学び手」一人一人が他者と共同して、いきいきとした「学び」のコミュニティを構築することができるか、そしてこのようなダイナミックな社会・文化的営みに、我々教師がどう参加していけばいいのかということへの一つの試みである。

教師は学習者を孤立させてはいけないが、同時に自分自身も学習者から孤立してはいけないのである。そのためには、学習環境の中にどのようなグループウエアを構築していくかについて常日頃から考えていく必要があろう。

更に学習環境のデザインに成功するために、また失敗があってもそれを改善に結びつけるために、教授者は「学習環境のアセスメント」を絶えず心がけなければならない。山本（1998:65-70）[24]は、アセスメント項目を7つ挙げながら、CALL学習環境のアセスメントについて次のように述べている。

> ここでいうアセスメントとは、「システムの及ぼす影響の内容と程度及び運営にかかわる事前の予測と評価を検討すること」で、このようなアセスメントを充実させることによって、新たなシステム構築や適切な運用、将来のシステム開発に役立たせることができるだろう。

このように、「学習環境のデザイン」は「学習環境のアセスメント」と切り離すことはできない。デザインをし、学習環境を構築したあとにアセスメントを行い、アセスメントをしたあとにデザインをし直して学習環境を再構築するという具合にリンクさせてこそ、学習環境が整備されていくことになる（図17）。

学習環境のデザイン → 学習環境の構築 → **学習環境のアセスメント** →
学習環境の再デザイン → 学習環境の再構築 → → →

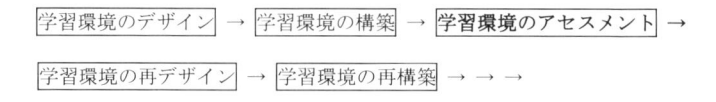

図17　学習環境のデザインとアセスメント

5.3 学習者自身による学習環境のデザイン

　学習は学習者のためにあり、学習環境も学習者のためにある。従って、既に述べたように、学習者は学習環境を自ら所有し、学習環境のデザインやアセスメントを自分自身でも行うべきであろう。ところが、このことをよく理解していない教授者が学習指導にあたると、学習者は「学習者中心の学習」を意識することができず、主体性や自律性を持って学習に取り組むことが困難となる。ましてや、学習環境のデザインなどは思いもつかな

いことになってしまうであろう。

　では、学習者が自ら学習環境をデザインするためには、何を心がけたらよいのであろうか。答えは、開かれた知能観である「増大的知能観」と自律的な達成目標である「学習目標」にあると考えられる。

　平田（1997:113-114）[25] は Dweck ら（Dweck, 1986; Dweck & Bempechat, 1983; Dweck & Leggett, 1988）[26][27][28] のモティベーション過程の研究を紹介しながら、2つの知能観と2つの達成目標を比較している。そして、そのうちの「固定的知能観」と「成績目標」ではなく、「増大的知能観」と「学習目標」を持つべきだと主張している。

　2つの知能観
　　固定的知能観：知能とは比較的安定した1つの実態であり、努力しても知的有能さは変わらない。
　　増大的知能観：知能とは無限に伸びる可能性を持ったさまざまな技能と知識から構成され、努力することによって伸びる。
　2つの達成目標
　　成績目標：固定的知能観を持った子どもは、<u>学習そのものより、良い成績を取ることを目標とし、自分の能力が他者にどう評価されるかに関心を向ける。</u>
　　学習目標：増大的知能観を持った子どもは、<u>達成目標として、自分の能力を伸ばし、自分が有能になっていくことを目指す。</u>

（下線は筆者）

　以上の定義に従えば、「増大的知能観」と「学習目標」を持つことによって、学習の動機づけは自ずと高くなる。学習者は、自己の可能性を信じ、他者による評価のためではなく、自分自身のために学習するであろう。「増大的知能観」と「学習目標」を持った学習者は自己の学習環境に対して高い意識を持ち、それを他人任せにせず、その ownership を主張する。既存の学習環境のアセスメントを行い、自ら新たな学習環境のデザインを試みるであろう。当然、学習者だけでなく、その親や教師もこのような考え方を支持し、鼓舞すべきである。

学習者が積極的に学習環境の ownership を持つためには、本章「2.6 学習者が ownership を持つべき学習環境」で述べたように、教授者だけでなく学習者自身も学習過程のメタ認知、学習環境のメタ認知を持つ必要がある。そして、解説的アプローチだけでなく探求的アプローチでダイナミックな学習過程を体験していくべきであろう。とりわけ、さまざまな学習者との共同学習の実体験が要となる。そうすることによって、自分と自分の学習を客体化することができ、それを契機に学習環境が固定的にではなく流動的に見られるようになるからである。

　具体的な例を1つ挙げよう。著者の担当する英語のオーラル・コミュニケーションのクラスに出席していたある学生の感想である。「活動によって、いろいろな小グループに属し、時には自分とは合わないと思うグループに属することがあった。だが、相手に求めるばかりで自分自身は何もしようとしていないことに気づかされることも多く、相手に合わせてコミュニケーションをしなければならないことがわかった。また、そうすることで多くの人と友達になることができた。この授業方法が気に入った」という内容の感想である。相手との違いに戸惑いながらも、集団と個人の相対的な関係を学んでいるのである。そして、相手が異なることへの抵抗感が薄れ、自分とは違う相手とのやり取りを楽しむように変化している。

　このように、学習環境が変われば学習集団と個人の関係も相対的に変わるという認識が生まれる。やがて、学習集団に合わせるだけでなく、学習集団を選び、学習集団を作るようになる。これは学習者自身による学習環境のデザインに他ならない。

　同じことが、他の学習環境の要素である学習空間・時間・メディアにも当てはまる。良い意味で与えられた環境に満足せず、積極的に選んだり、場合によっては新しい学習環境を作り出すわけである。学習者は、やはり学習過程のメタ認知や学習環境のメタ認知が欠かせないのである。また、それらは学習者の根本的で潜在的な意識の部分に関わっている。つまり彼らが学習者として「増大的知能観」と「学習目標」を持つかどうかである。そして、それを支えるべく、教師をはじめとする周囲の人間も、一学習者として「増大的知能観」と「学習目標」を持たなければならないであろう。

註

(1) 町田隆哉（1975）『授業とメディア』平凡社
(2) 新美秀雄（1997）「指導方法」『新教育の方法と技術』教育出版
(3) 『ロングマン現代英英辞典』3訂新版 桐原書店
(4) 町田隆哉（1997）「学習指導の設計とは」『新教育の方法と技術』教育出版
(5) 渡辺浩行（1998）"学習者中心のCAL"堀口・渡辺・五十嵐・山本「CALLと学習環境」『東京国際大学論叢──国際関係学部編』第4号
(6) 渡辺浩行（1996）「英語学習支援システムとCALLシステム」『東京国際大学論叢──国際関係学部編』第2号
(7) 北尾倫彦（1993）『新しい学力観を生かす先生』図書文化
(8) 五十嵐義行（1998）"メディアコーディネータ"堀口・渡辺・五十嵐・山本「CALLと学習環境」『東京国際大学論叢──国際関係学部編』第4号
(9) 五十嵐（1998）、前掲書
(10) 五十嵐（1998）、前掲書
(11) 五十嵐（1998）、前掲書
(12) 五十嵐（1998）、前掲書
(13) 五十嵐（1998）、前掲書
(14) 『imidas'99』（1999）集英社
(15) 『imidas'99』（1999）、前掲書
(16) 日本・ネパール国際交流実行委員会編（1997）『ここまでやるか！国際交流』教育家庭新聞社
(17) 影戸誠（2000）『翼を持ったインターネット』日本文化出版株式会社
(18) 東海スクールネット研究会編著（2000）『インターネットの教育利用』教育家庭出版
(19) 森石峰一（1997）「社会教育におけるコンピュータ学習の設計」『新教育の方法と技術』教育出版
(20) 三宅なほみ（1997）「パネリスト2」『教育におけるコンピュータ利用の新しい方向』CIEC

(21) 北尾倫彦（1993）、前掲書
(22) 渡辺浩行（1996、1998）、前掲書
(23) 上田信行（1997）「学習環境のデザイン」『新教育の方法と技術』教育出版
(24) 山本涼一（1998）"学習環境のデザイン"堀口・渡辺・五十嵐・山本「CALLと学習環境」『東京国際大学論叢──国際関係学部編』第4号
(25) 平田啓一（1997）「メディア」『新教育の方法と技術』教育出版
(26) Dweck, C.S. (1986) Motivational Processes affecting Learning *American Psychologist,* 41, 10, 1040-1048.
(27) Dweck, C.S & Bempechat, J. (1983) Children's theories of intelligence: Consequences for learning. In S.G. Paris, G.M. Olson, & H.W. Stevenson (eds.) *Learning and motivation in the classroom* Hillsdale, N.J.; Lawrence Erlbaum.
(28) Dweck, C.S & Leggett, E.L. (1988) A social-cognitive approach to motivation and personality. *Psychological Review,* 95, 256-273.

第4章
CALLと教育方法

0. はじめに

　この章ではCALLと教育方法全般にわたる問題をいくつか取り上げる。もとより、CALLは教育の一部として利用されるわけであり、教育全般の状況と密接に関係している。また、教育活動は社会全体の動きを反映して、その内容が構成されている。この意味ではCALLを取り巻く教育の状況、更には社会の動きを視野に入れておくことは、今後のCALLの発展の方向を把握するという点からも重要である。

　まず、第1節では「外国語教育の歴史と理論」として、外国語教育を考える上で最も重要であるOral ApproachとCommunicative Approachの2つの考え方を取り上げる。更にそれぞれの理論におけるコンピュータの役割について述べる。次に第2節では「カリキュラムデザイン」として外国語教育のカリキュラムを"analytical approach"と"synthetic approach"の2つに大きく分けて論じ、第1節と同じようにコンピュータとの関わりについて触れる。第3節では、1998年と1999年に発表された新学習指導要領を概観し、特にその中で、外国語教育に関わる領域について、今後どのように変化するのかを見ていくことにする。また、併せて、外国語教育におけるCALLと関係が深い部分について、検討を加える。第4節ではこれからの教育において重要な役割を果たす教員養成について、1998年に改正され、2000年4月の大学新入生から適応されている新しい教育職員免許法を中心に説明する。

1. 外国語教育の歴史と理論
1.1 外国語教育における方法論

　この節では、外国語教育の歴史を概観し、特にその中でもコンピュータを利用した外国語教育と関連が深い部分について考察を加える。

　外国語教育の歴史の中で、外国語教育がその外国語がまったく話されていない場所で可能になったのは 20 世紀初頭に「録音」という技術が発明されて以降のことである。音声が録音できるということは、すなわち、その音声を「保存できる」ということであり、その音声が話された場所や時間に関わりなく利用できるということである。つまり、音声を「保存できる」ということを前提にして、母語話者以外の教師によっても、外国語教育を教室で行うことが可能となり、その裾野が飛躍的に拡大したのである。

　外国語教育の歴史は、まさに外国語が話されている場面を、まったく別の場所（教室をはじめとした外国語学習が行われている場所）で実現することを追求した歴史でもあった。現実にその目標言語が使われている場面を再現するということは、また、その場面を更に加工して学習に都合のよい場面を別に用意するということでもある。

　外国語学習の歴史の中で考慮すべきもうひとつの側面は、外国語を学習するとはどのようなことか、という根本的なことを追究してきた歴史であるということである。その言語が用いられている社会の中でその言語を「自然に」習得するということは当然のことだと考えられる。しかし、そのような場合には「自然に」習得したために、その習得過程の中で最も重要であったのは何か、といった側面は深く追究されることはない。言わば「習うより慣れよ」という学習方法によって、個々の人々がそれぞれ必要とされることばを習得していたのである。

　しかし、教室外で目標言語がまったく話されていない場合には、その言語を教室とその他の極めて限られた言語環境で習得しなければならないことになる。「自然に」習得するということが不可能である以上、その言語のどの部分を覚えればよいのか、また特にどの技能を習得すれば効率的にその言語が習得できるのか、ということが明確にされなくてはならない。

つまり、前述のように、録音技術の普及と共に「外国語」としての言語教育が広がっていったと言えるのである。またそれは、何を学習すればその言語を習得したことになるのか、ということを研究してきた歴史であるとも言える。

以下では、20世紀の外国語教育方法論の中で最も影響が大きかったと考えられる Oral Approach と Communicative Approach を取り上げて、その考え方をまとめたい。併せて、これらの方法論の中心となった理論的背景がコンピュータを用いた外国語教育とどのように関わってきたかということも概観したい。

1.2 Oral Approach*
1.2.1 Oral Approach の概要

言語学における構造主義と心理学における行動主義の影響下に、外国語教育で大きな変化が起こった。それが Oral Approach である。

Oral Approach の考え方では、外国語学習の目標を次のような点に求めた。

- 音体系を習得すること：談話の流れを理解し、音の示差的特性を聞き分け、自分の発音をそれに近づけること
- その言語を形成している配列の特徴を習得する

(Fries 1945:3)

Oral Approach では目標言語の音声を習得することを第1に挙げた。ここで音声を習得するとは、「音の示差的な特性を聞き分ける」ということである。つまり、その言語を理解するために聞き分けなくてはならない音声を取り出して、それを集中的に訓練できるようにしなくてはならない。ここで「示差的な」というのは、その音声の差が意味の差を産み出すような違いである。逆に言うと、意味の違いを産み出さないような音声の区別は、少なくとも学習の最初の段階では学習する必要がないと考えたのである。このことによって、学習の最初の段階で学習すべき項目はある程度限

定され、学習を効率的に進めることができる。

次に、その言語を構成している文型を習得することが挙げられている。音声の習得と同様に、その言語に特徴的な文型を取り出して、それを集中的に練習するのである。「mim-mem」であるとか「pattern practice」はそのために提案された練習方法である。このような文型を習得すれば、語彙は学習が進むにつれて無理なく学習できると考えられた。つまり語彙の学習はその外国語学習の際には最初に取り組むべき課題とは考えられていないのである。これは、語彙の習得が中心に置かれていたそれまでの外国語学習とは対照的である。

Oral Approach の考え方が、それ以前のものと大きく異なっていたのは、言語学や心理学などの関連領域の学術成果を十分に取り入れることで、言語学習の目標を明確にして、その学習方法も併せて考案したことであろう。これによって、漠然とした外国語学習の到達目標を明確にでき、学習が格段に進め易くなったことは間違いない。

1.2.2 Oral Approach とコンピュータの利用

Oral Approach が唱えられた時期は、ちょうどコンピュータが民間でも広く利用され始めた時期と重なった。外国語教育ばかりではなく、教育全般でコンピュータを利用した教育方法が模索された時期でもある。

さまざまな教育方法を考える際に、Skinner の行動主義心理学もまた影響を与えた。教育の目標を明確に定め、その目標を達成するための段階を設定して、その段階を1つずつ通過していくことで、目標としていた行動ができるようにしようという考え方である。このような方法では、目標行動までの段階を細分化することが重要である。また、それぞれの段階を通過できない場合には、どのような課題を与え、それが通過できるようにするかも考える必要がある。このように学習目標が細分化され、課題が明確にされると、そこにコンピュータを利用する可能性が生じる。

この時代におけるコンピュータの位置づけを考えると、大型機しか存在せず、大規模な科学計算やデータベースとしての利用がほとんどすべてであったと言ってよい。現在のように、音声や画像を扱うということは不得

手であり、あくまでテキストを中心とした利用が想定されていた。しかし、前述のような学習方法を前提にすると、外国語学習の中でもある程度の学習の援助は可能である。すなわち、外国語学習の中で、文型の練習という側面においては、テキストだけしか扱えないとしても問題はない。また、大量のデータを処理できるということからドリルを中心とした学習にはよく適応できる。音声が利用できないという点から、このようなコンピュータを利用した教育は、学習の中心に置かれることは不可能だが、一定の限界を認識して利用すれば、十分な成果が期待できると思われる。たとえば、大量のデータを扱うことができるという特徴を生かせば、学習者に問題を出し続けることができる。人間とは違って、どんなに長時間であっても、学習者を相手にできる。このような点がコンピュータを利用した外国語学習の原点である。

次に述べるように、このようなコンピュータの利用は、批判されるべき側面はあったにしても、当時のコンピュータの利点をよく生かした利用方法であったと考えられる。

1.3 Communicative Approach*
1.3.1 Communicative Approach の概要

Oral Approach の中で外国語教育の目標とそこに至る段階が提示されたということは画期的なことであった。しかし、Oral Approach の考え方に基づく実践が積み重なるにつれて、その限界もさまざまに指摘されるようになった。

第1に、Chomsky らによって生成文法の提案がなされたことである。これ以降、言語学の中心は構造主義言語学から生成文法に移っていく。それに伴って、その構造主義言語学をもとにしていた Oral Approach もかげりが見え始めた。ただ、構造主義言語学が生成文法にその主役の座を奪われたということは、外国語教育の分野で生成文法が全面的に取り入れられたということを必ずしも意味していない。

むしろ、その後の外国語教育の分野で徐々に注目されていったのは、社会言語学の分野、とりわけ communicative competence* に関する議論で

あった。Oral Approach の考え方で示された言語能力だけでは、コミュニケーションに必要な能力は養成できない、というのがその考え方である。単に発音が過不足なくでき、文型を習得し、更にそれらを用いたドリルでそつなく正解を言えても、実際のコミュニケーション場面では役に立たない、ということが指摘された。

それまでの Oral Approach の考え方においては、一定の目標「音素の習得と文型の習得」が達成できれば、後の技能は「自然に身につく」とされていた。Oral Approach で「自然に身につく」とされたのは、特に語彙の分野を想定していたのであるが、実際に Oral Approach の実践が広く行われるようになって、言語使用能力というものはそう簡単に「自然に身につく」わけではないことがわかってきたのである。

Communicative Approach では、実際の言語使用場面に基づいてカリキュラムが構成される。単に、言語項目を1つずつ学習するだけでなく、それらを実際に使えるようにするのである。

実際の言語使用の場面を中心に考えるとしても(1)場面中心シラバス、と(2)概念中心シラバスの2種類が考えられる。(1)場面中心シラバスは、言語使用の場面をもとにしたシラバスであり、たとえば、「買い物」「道案内」などの場面を中心とした教材を組むことになる。

これに対して、(2)概念中心のシラバスとは、言語を使用する際に使うさまざまな概念をもとにしてシラバスを組むということである。たとえば、「喜ぶ」「相手を説得する」「説明をする」などの概念を教材として組み立てる。

1.3.2 Communicative Approach とコンピュータの利用

このような Communicative Approach をもとにした外国語教育では、学習の中に、その言語が話されている場面や文脈を取り込むことが必要とされる。従って、コンピュータを利用するとしても、音声と映像が扱えなくてはならない。前述のように、コンピュータはもともとテキストをデータとして扱うことを得意としてきたが、音声や映像を扱うことは不得手であった。その代わり、Communicative Approach で利用されたのは VTR

であった。

　Communicative Approach がそれまでの Oral Approach に代わって普及していった時期と家庭用の VTR が普及していった時期とが重なったこともあって、VTR 教材が本格的に制作され始めた。ただし、Oral Approach の場合は教えるべき内容や項目が限定されており、たとえば当時のテープレコーダの役割も発音のモデルを提示するということで考えればよかった。ところが Communicative Approach では、言語の使用場面を広範囲に提示できなくてはならない。また、Oral Approach におけるテープ教材でしばしば見られた役割練習などでは、学習者の発話は予め決められていることが多かった。

　これに対して、実際のコミュニケーション場面を想定した練習を行う場合には、学習者の発話が決められていては単なる反復練習になってしまう。

　そのようなことを考えると、コンピュータによって、言語が使用されている場面をさまざまな形で学習者に見せることができ、かつ学習者の発話に応じて、教材の登場人物が適切な反応を返すことができれば、より効果的な練習ができる。

　実際に、コンピュータが音声や映像を扱えるようになったのは 1980 年代後半であった。コンピュータの性能が向上し、大量のデータを扱うことができるようになり、更に CD-ROM などのようなデータを大量に記録できる媒体が普及してからである。それまでの VTR と違って、一旦コンピュータ上でデータとして処理できるようになれば、学習者の反応によってさまざまな教材を提示する相方向的な教材の実現は比較的容易であった[1]。これは、いわば仮想現実（Virtual Reality）を部分的に実現するということである。

　Communicative Approach は実際の言語使用を想定しているために、教室だけで目標言語を学習するとなると、なかなかうまくいかないこともある。コンピュータを利用して仮想現実の空間が実現されれば、少なくとも部分的には目標言語の使用場面を教室内に再現することが可能である。この場合には、実際の言語使用場面とは異なり、学習者にとって都合の悪い場面（泥棒にあう、病気になる、苦情を申し立てるなど）を経験すること

もできる。どれだけの現実感を学習者が持つかは、コンピュータの性能と教材の出来によるが、より現実の場面に近い仮想現実空間を利用した外国語学習教材というのは、中・長期的な課題としては十分に考えられることである。

2. カリキュラムデザイン

2.1 外国語教育におけるカリキュラムの考え方

外国語教育に限らず、教育においては何を教えるか、ということが常に問題になる。たとえば、学習指導要領などはそれぞれの教育機関で何を教えるか、ということを国の基準として定めている。しかし、一方では、学習者が自分で必要なものを取り入れて、自分自身で立てた計画によって学習を進める、という考え方もあるはずである。

Wilkins (1976) は外国語教育のカリキュラムを synthetic と analytic という2つの軸によって説明している。それによると、synthetic とは対象となる目標言語をさまざまな項目に分割して、それを1つずつ学習者に与えるというやり方である。そして学習者がそれを順番に習得していくと、最後には目標言語の全体像が学習者の中に形成される、と考える。これは現在の教育の中で一般的に取り入れられているカリキュラムの考え方である。

前節で取り上げた Oral Approach も Communicative Approach もそれぞれの学習項目が言語の「構造」や、言語の「概念」であり、もしそれを1つずつ取り上げて教えているのであれば、基本的にはこの synthetic なカリキュラムを採用していることになる。

一方、analytic なカリキュラムでは、学習者に対して項目ごとに1つずつ与えるというやり方はとらない。学習者に目標言語をその総体として与え、学習者の側でその全体像を構築することを前提とする。同じ Communicative Approach でも、学習者に最初から目標言語を全体として与えて、その中で学習者が自分で必要な言語項目を再構成して学習しているのであれば、それは analytic なカリキュラムによって学習が進められていることになる。また、後述するように、「総合的な学習の時間」として新学習指導要領に取り上げられた授業なども、それが外国語学習を加えた形で実施

されれば、その外国語学習は全体としては analytic な考え方で進められることになる。

　一般的に、外国語として目標言語を扱う場合（たとえば外国語として英語が教えられる場合など）では、どうしても一定の規則を教える必要があり、学習の最初は synthetic なカリキュラムを採用する必要がある。その上で、学習した項目を使って実際の言語使用場面でいかに振舞うかを学習するのであれば、analytic なカリキュラムを取り入れることができる。これに対して、第 2 言語として目標言語を学習する場合（第 2 言語としての英語が教えられる場合など）では、その言語に接する機会が教室外にも豊富にあることから、学習者は最初からその言語の全体像に出会っていることになる。その場合には教室で一定の規則を扱う前に、既にその学習者はその言語を analytic に学習していることになる。現在では、第 2 言語として教えられる場合には、その言語を使って一定の課題を行うことで言語学習を促進するという考え方が採用されている。これは、Task-based Approach* と言われている。今後、この Task-based Approach が、外国語教育の中でどのように取り入れられていくかが課題となるだろう。

2.2 それぞれのカリキュラムにおけるコンピュータの役割

　前節で取り上げたように、synthetic なカリキュラムでは、学習する項目が、言語の「構造」であれ、「概念」であれ、基本的に予め決まっている。このような場合、コンピュータで利用する教材の基本的な構造は、従来の印刷物の教材と同じである。最初に何を教えるか、という目次があり、それに従って教材が並べられる。ただ、印刷物の教材と異なるのは、コンピュータ上でデジタルデータを利用することによって、テキスト、音声、画像などが自由に編集できることである。たとえば、現在では CD-ROM をメディアとする教材が出回っているが、それらは、単に文法のドリルをするための教材である場合もあれば、ミステリー仕立てで学習者の反応によってストーリーがいくつも分岐したりする場合もある。最近では音声認識システムを組み込むことによって、実際に教材の中の登場人物と会話をしているかのように練習ができるものもある。

これに対して、analyticなカリキュラムに対応するためにコンピュータを利用するということはこれまであまり考えられなかった。もともと、その言語に直接触れるには、話し言葉であれば、母語話者と直接話すかその言語の放送などを聞くしかなく、また書き言葉であれば、その言語の文献を入手して読んだり、手紙などを書いたりするしかなかったのである。ところが、コンピュータがネットワークによって結ばれ、いつどこにいてもインターネットによってその言語による情報のやり取りができるようになった。状況は一変したのである。

現在、インターネットの利用はまだ始まったばかりであり、それが外国語学習にとってどのような価値を持っているのかは検討段階に過ぎない。しかし、これまで教室という閉じられた空間でのみ教えられていた英語が、常に利用できる環境にあるということは、学習者が教室外でいつでも英語を使用できる環境にいるということであり、外国語教育はこれから大いに変化することが予想される。

3. 新学習指導要領

3.1 新学習指導要領の概要

1998年から1999年にかけて、新しい「学習指導要領」が告示された。まず、1998年12月に「幼稚園学習指導要領」、「小学校学習指導要領」、「中学校学習指導要領」、次に1999年3月に「高等学校学習指導要領」、「盲学校、聾学校及び養護学校幼稚部教育要領」、「盲学校、聾学校及び養護学校小学部・中学部学習指導要領」、「盲学校、聾学校及び養護学校高等部学習指導要領」が告示された。

ここでは、今回の「学習指導要領」の改訂の中で、現行の「学習指導要領」から特に大きな変更があった点、特に外国語教育に関連のある部分及びコンピュータを利用した教育に関わる部分を概観したい。

最初に、外国語教育に関連した部分で、今回の「学習指導要領」改訂に際して大きな変更があった部分をまとめておきたい。

第1に、従来は事実上必修科目として教えられていたにも関わらず、形式上は選択科目とされていた「外国語」は、今回の改訂で形式上も必修科

目とされた。従って、従来は別表で曖昧な表記がされていた外国語の時間数も、今回の改訂では明確に記載されている。第2に、第1の点と関連して、他教科においては授業時間数が削減される中で、外国語は従来とほぼ同じ時間数が確保された。これは、国際化の進展といった事情などを考慮し、外国語教育の重要性が認められたからであると考えられる。第3は、外国語教育の目標に関して、コミュニケーション能力の養成がより強く求められるようになったことである。新学習指導要領では、これまでの言語項目の列記だけでなく、中学校3年間で学習すべき言語の概念が記載されている。これは、学習した外国語を実際に使う、という観点を重視したことの現れであると言える。第4に、小学校においても外国語を教えることが可能になったことである。教科としては実現しなかったが、今回新設される「総合的な学習の時間」における国際理解教育の一貫として外国語教育を導入することができるようになった。

3.2 新学習指導要領の背景

ここでは、以上のような改訂の背景を述べることにする。

今回の「学習指導要領」が発表されるまでの経過を見ると、まず、1996年8月に「中央教育審議会第1次答申」が発表された。以後「中央教育審議会第2次答申」も含めて、次のような内容が盛り込まれた。

「中央教育審議会第1次答申」
第1部　今後における教育の在り方
第2部　学校・家庭・地域社会の役割と連携の在り方
　　　　第1章　これからの学校教育の在り方
　　　　第2章　これからの家庭教育の在り方
　　　　第3章　これからの地域教育の在り方
　　　　第4章　学校・家庭・地域社会の連携
　　　　第5章　完全学校週5日制の実施について
第3部　国際化、情報化、科学技術の発展等社会の変化に対応する教育の在り方

第1章　社会の変化に対応する教育の在り方
　　　第2章　国際化と教育
　　　第3章　情報化と教育
　　　第4章　科学技術の発展と教育
　　　第5章　環境問題と教育

「中央教育審議会第2次答申」
　　　第1章　1人ひとりの能力・適性に応じた教育の在り方
　　　第2章　大学・高等学校の入学者選抜の改善
　　　第3章　中高一貫教育
　　　第4章　教育上の例外措置
　　　第5章　高齢社会に対応する教育の在り方

　更に、1998年7月に「教育課程審議会答申」が発表され、この内容をもとにして「学習指導要領」がまとめられた。
　さて、「中央教育審議会第1次答申」の冒頭で、「第1部　今後における教育の在り方」として、これからの教育の方向づけがなされている。現代社会や教育現場、更には子供たちの現状分析などの後で、これからの教育のあるべき姿が次のようにまとめられている。

　「また、今日の変化の激しい社会にあって、いわゆる知識の陳腐化が早まり、学校時代に獲得した知識を大事に保持していれば済むということはもはや許されず、不断にリフレッシュすることが求められるようになっている。生涯学習時代の到来が叫ばれるようになったゆえんである。加えて、将来予測がなかなか明確につかない、先行き不透明な社会にあって、その時々の状況をふまえつつ、考えたり、判断したりする力が一層重要となっている。さらに、マルチメディアなど情報化が進展する中で、知識・情報にアクセスすることが容易となり、入手した知識・情報を使ってもっと価値ある新しいものを生み出す創造性が強く求められるようになっている。
　このように考えるとき、我々はこれからの子供たちに必要となるのは、

いかに社会が変化しようと、自分で課題を見つけ、自ら学び、自ら考え、主体的に判断し、行動し、よりよく問題を解決する資質や能力であり、また、自らを律しつつ、他人とともに協調し、他人を思いやる心や感動する心など、豊かな人間性であると考えた。たくましく生きるための健康や体力が不可欠であることは言うまでもない。我々は、こうした資質や能力を、変化の激しいこれからの社会を[生きる力]と称することにし、これらをバランスよくはぐくんでいくことが重要であると考えた。」(「中央教育審議会第1次答申 第1部 今後における教育の在り方」から)

　この引用文の中で強調されているのは、学校で与えるものは単なる一時的な「知識」ではなく、その時々の社会情勢に応じて必要な情報をいかに手に入れて、それらを判断し、問題を解決する能力である。それをこの答申では「生きる力」と呼んでいる。これはその後の学習指導要領に引き継がれ、今回の改訂で最も重要な概念となっている。
　また、「知識・情報にアクセスすることが容易となり、入手した知識・情報を使ってもっと価値ある新しいものを生み出す創造性が強く求められるようになっている」とあるように、ネットワーク社会を前提とした教育の在り方が強く意識されている。「マルチメディア」という言葉が使われていることも目を引く。
　インターネットについては、第3部第1章「社会の変化に対応する教育の在り方」の中で、社会の変化に対応した教育が行われるために、学校の中で、「各教科、道徳、特別活動などについて相互に十分に連携をはかることや、カリキュラム全体を工夫しながら教育活動を進めることが大切である」としている。その例として、「インターネットなどの国際的な情報通信ネットワークを活用した教育活動」を取り上げ、その中に含まれる教育活動として、情報に関する学習、英語が使用言語であれば英語のコミュニケーション活動、相手との情報交換に際して相手の国の文化や歴史に関する学習(おそらく、そのためには自国の文化や歴史に関する学習も付随する)を挙げている。つまり、1つの教育活動が必ずしもカリキュラムの中の、特定の教科の枠の中だけに限定される必要はないのである。

3.3 社会の国際化と教育

　今回の「学習指導要領」が発表されるまでに、社会の国際化及び情報化に教育がどのように対応しなくてはならないか、ということが論じられてきた。
「中央教育審議会第1次答申」では、第3部が「国際化、情報化、科学技術の発展等社会の変化に対応する教育の在り方」にあてられているが、この中の第2章が「国際化と教育」、第3章が「情報化と教育」を扱っている。
　まず、「国際化と教育」の章では、その留意点として次の3点を挙げている。

(a) 広い視野を持ち、異文化を理解すると共に、これを尊重する態度や異なる文化を持った人々と共に生きていく資質や能力の育成をはかること。
(b) 国際理解のためにも、日本人として、また個人としての自己の確立をはかること。
(c) 国際社会において、相手の立場を尊重しつつ、自分の考えや意志を表現できる基礎的な力を育成する観点から、外国語能力の基礎や表現力などのコミュニケーション能力の育成をはかること。

　以上の3点のうち、特に(c)は外国語教育に直接関係のある部分である。ともすると、従来の外国語教育が教室の中だけの閉じた場面で学習が進められがちであったのに対して、実際にその外国語を使うということが意識されている。また、同時に外国語教育については、対象とする国を欧米諸国に限らず、アジア・オセアニア諸国をはじめとして幅広く想定しなくてはならないとしている。
　さて、このような国際理解教育に際して、インターネットなどの活用も具体的に触れられている。それは、国際理解教育が単なる知識理解に留まるものでは不十分であるということから、体験的な学習や課題学習などを

取り入れる必要があり、そのための道具として「国際的な情報通信ネットワークの活用をはじめ、さまざまな機器や教材の活用」が必要であると述べられている。これは後述する「総合的な学習の時間」におけるテーマの1つとしても取り上げられている。

「国際化と教育」の章では、外国語教育についてもその改善の必要性が詳細に述べられている。外国語教育の改善については、従来の「学習指導要領」の改訂の際にも再三強調されてきたことである。今回は、カリキュラムの改善に加えて、「指導方法の改善、教員の指導力の向上、入学者選抜の在り方の改善など」を指摘しているが、指導方法の改善の1つとして「LLやオーディオ・ビジュアル機器の整備など、施設・設備面の改善が大切であるし、また、インターネットなどを活用した指導方法の開発なども重要である」としている。

このような点から、外国語教育の目指すべき目標、またそれに伴う社会的な環境と教育設備の改善について相当強い関心が寄せられていることがわかる。

3.4 社会の情報化と教育

一方で今回の「学習指導要領」では、コンピュータ及びネットワークの活用についてその重要性が指摘されている。たとえば、「中学校学習指導要領」では、

> 各教科等の指導にあたっては、生徒がコンピュータや情報通信ネットワークなどの情報手段を積極的に活用できるようにするために学習活動の充実に努めるとともに、視聴覚教材や教育機器などの教材・教具の適切な活用をはかること

という項目が、総則の「第6 指導計画の作成等に当たって配慮すべき事項(9)」に見られる。

前述の「中央教育審議会第1次答申」では、第3部第3章「情報化と教育」において、社会の情報化に対応するための考え方を示している。これ

には相当のページ数が割かれており、その意気込みが感じられる。特に、社会全体がネットワークで接続された環境に移行していくという認識に立って、それに学校がどのように対応していくかが詳細に論じられている。

まず、「[1] 情報化と教育」では情報化社会の現状と教育現場との関わりをまとめている。この答申では、情報化に伴って、子供たちが入手する情報量が多量かつ多様になり、学校で提供される情報の量を大幅に上回ると指摘している。これは、もしプラスに機能すれば、「子供たちの発想を膨らませ、日常生活の幅を広げ、豊かにする」ものであることは間違いない。しかし他方で、この大量の情報の内容は千差万別であり、子供たちが「真に必要な情報を取捨選択し、自らの情報を発信し得る能力を身につける」ことが必要となる。これは「総合的な学習の時間」の中で情報の収集や発信の部分でネットワークを利用することとも対応して、学校教育が取り組むべき課題であろう。

コンピュータの急激な進歩については特に言及はしていないが、これは、学校教育の現場がコンピュータのハードウエア部分の進歩に追随する必要はない、という判断であろう。しかし同時に、「多彩な教材」の提供を求め、それを前提にするならば「子供たちの学習の在り方により多くの可能性を与えることになる」としている。その可能性の中には、教員の役割の一部をコンピュータが補完することによって、子供たちに対して個別学習を徹底することが含まれる。また、「情報通信ネットワークの普及によって、各学校がその置かれた地理的環境に関わりなく、必要な情報を迅速に入手して、指導の場面に生かしていくことができる」とも指摘し、「子供たちの学習環境を豊かにし、興味や関心を広く豊かにすることに大いに資する」と期待している。

このような考え方をもとにして、「中央教育審議会第1次答申」では、初等中等教育における留意点の1つとして、「初等中等教育においては、高度情報通信社会を生きる子供たちに、情報に埋没することなく、情報や情報機器を主体的に選択し、活用すると共に、情報を積極的に発信することができるようになるための基礎的な資質や能力、すなわち、「高度情報通信社会における情報リテラシー（情報活用能力）*」の基礎的な資質や能

力を育成していく必要があること」を挙げている。併せて学校の情報環境の整備も強調しているが、いずれにしても、これからの社会の変化に対応できる子供たちを育てるためには、情報リテラシーの育成が是非とも必要であることは言を待たない。

具体的な情報教育の在り方については、小学校と中学校では、各教科における「学習を豊かにする道具としてのコンピュータの活用」、「総合的な学習の時間」の活用を求めている。中学校に言及した部分では、各教科における活用方法として、「課題の発見」「情報の収集」「調査結果の処理・発表」への利用を挙げている。

一方、高等学校に新たに必修科目として「情報」が導入される。導入の理由として、「教育課程審議会答申（1998年7月）」では、「情報化の進展に伴い、情報及びコンピュータや情報通信ネットワークなどの情報手段を適切に選択し活用するための知識、技能を身につけることや、情報化の進展が人間や社会に及ぼす影響などを理解することは不可欠になっている。このような情報社会に主体的に対応する能力が身につけられるように、新たに普通教育としての教科「情報」を設け、必修とすることが適当である」と述べている。

具体的な科目構成について、普通教科「情報」には「情報A」「情報B」「情報C」の3科目を置き、このうちの1科目を履修させることになる。それぞれの科目の概要は以下の通りとなっている。

情報A：コンピュータや情報通信ネットワークなどを活用して情報を選択・処理・発信できる基礎的な技能の育成に重点を置く。

　内容は、たとえば、情報活用における情報手段の有効性、情報の収集・発信・処理と情報手段の活用、情報手段の発達に伴う生活の変化などで構成する。

情報B：コンピュータの機能や仕組み及びコンピュータ活用の方法について科学的に理解させることに重点を置く。

　内容は、たとえば、問題解決におけるコンピュータの活用の方法、コン

ピュータの仕組みと働き、情報処理の定式化とデータ管理、情報社会を支える情報技術などで構成する。

情報C：情報通信ネットワークなどが社会の中で果たしている役割や影響を理解し、情報社会に参加する上での望ましい態度を育成することに重点を置く。

　内容は、たとえば、デジタル表現、情報通信ネットワークとコミュニケーション、情報の収集・発信と自己責任、情報化の進展と社会への影響などで構成する。

　これらの内容の他に、教育課程の編成・実施にあたって、この情報科での学習成果が、他教科などの学習に役立つように工夫することが書かれており、更に、指導計画の作成の際には、コンピュータや情報通信ネットワークなどの情報手段を実際に活用した学習活動を重視することにも言及している。

　さて、このように、これまでになかった教科を必修として教育課程に導入するわけであり、しかもその内容には相当部分の実習が含まれている。また、新教科であるために担当教員の養成が間に合わないことも大きな問題である。このため、教育課程審議会答申では、「特別の事情がある場合には、当分の間、数学や理科などに関する科目において、情報科を設定した趣旨にふさわしい内容（2単位相当分）を履修することをもって、情報科の履修に替えることができることとする経過措置を設ける」とし、新学習指導要領が実施されても一律に情報科の授業ができないことも想定している。

　短期的には、経過措置に乗じて数学や理科の授業時数を増やし、情報科の内容を少しだけ行い、後は受験指導などをやろうとする高校も現れるのではないかと危惧するが、中・長期的に見ればインターネットなどのネットワークシステムを含めたコンピュータ・リテラシーの教育が体系的に行われるようになることが期待される。

3.5 「総合的な学習の時間」[2] とコンピュータの利用

「中央教育審議会第1次答申」から既に、これまでの「知識」を順序よく教えていけばそれでよいという考え方から、「いかに問題を見つけ、それを解決するために情報を収集し、それを判断し、創造するか」という概念へと教育の内容が変わっていくことが強く打ち出されていた。そのことを具現化した科目が「総合的な学習の時間」である。

その基本的な考え方は、「中央教育審議会第1次答申　第2部第1章(1)これからの学校教育の目指す方向」の中の「[5] 横断的・総合的な学習の推進」で紹介されている。その必要性として、「今日、国際理解教育、情報教育、環境教育などを行う社会的要請が強まってきているが、これらはいずれの教科などにも関わる内容を持った教育であり、そうした観点からも、横断的・総合的な指導を推進していく必要性は高まっていると言える」と述べている。

今回改訂された「学習指導要領」では、この「総合的な学習の時間」だけは総則の中でも特に章を設けて説明されている。そのねらいを、たとえば「中学校学習指導要領」では、次のように書いている。

(1) 自ら課題を見つけ、自ら学び、自ら考え、主体的に判断し、よりよく問題を解決する資質や能力を育てること
(2) 学び方やものの考え方を身に付け、問題の解決や探求活動に主体的、創造的に取り組む態度を育て、自己の生き方を考えること

また、その内容については、次のように書かれている。

各学校においては（中略）、たとえば国際理解、情報、環境、福祉・健康などの横断的・総合的な課題、生徒の興味・関心に基づく課題、地域や学校の特色に応じた課題などについて、学校の実態に応じた学習活動を行うものとする。

既に、「総合的な学習の時間」については、先行して各地の学校現場で実践が行われている。前述の学習指導要領で例として挙げられている4つのテーマ（国際理解、情報、環境、福祉・健康）に因われすぎているきらいはあるものの、興味深い実践報告も次々に発表されている。

　この「総合的な学習の時間」について、特に留意しておくべきポイントとして、まず第1に、この科目が授業の時間数を明記して別表に掲載されたことである。従って、従来の「ゆとりの時間」のように、運用上柔軟性があるものではなく、必ず取り組まなければならないとされたわけである。第2に、道徳の時間と同様に、すべての教師が取り組むこととされた。総合的・横断的な内容を扱うということはすべての教師がそれぞれの専門性を生かして何らかの役割を果たさなくてはならない。第3に、これまでの学級内の活動に留まらず、異学年集団による活動など学校全体として取り組むこと、また、地域の教材や学習環境を積極的に活用することにも言及している。

　さて、「総合的な学習の時間」で、外国語教育や情報教育が貢献できる部分はかなり多いと考えられる。横断的・総合的な学習を進める際に最も基本となる技能は「言葉」である。設定した問題について情報を収集し、それを読みこなして加工し、更にまとめたものを発表する、という一連の過程は常に言葉に関わっている。その言葉の中に、当然外国語も含まれることになる。

　前述のように、このことは外国語の学習が閉じた教室という空間のみで行われるのではなく、学習した内容を教室外の開かれた空間で使わなくてはならないことを意味する。ある意味で、これまでの英語教育をはじめとする外国語教育は、教えた内容が実際には使われることがない、あるいはあったとしても遠い将来のことである、という前提に立ってきた。そのことが、「学校で習った英語は使えない」という学習者の不満につながってきたことは否定できない。今回の「学習指導要領」の改訂で、外国語教育の方法をコミュニケーション主体のものによりいっそう重点を置いたこと、学習した外国語を使う機会を保証したことは、外国語教育の質的変化を促す絶好の機会であると考えられる。

また、さまざまな情報を手に入れ、また、自分で作り出した情報を発信する際にその道具の1つとしてネットワークを利用することが強く打ち出されている。外国語の学習それ自体が目標であった時代から、外国語を使って他の学習を進めていく時代に移行していることが感じられる。同様に、ネットワークが利用できるということは、そのこと自体を目標とするばかりではなく、ネットワークをいかに他の教科や教科を越えた学習に利用するかが重要なポイントになってくる。

　このような、「総合的な学習の時間」に関して、小林ほか（2000）では、「総合的な学習の時間」におけるティーム・ティーチングの役割を論じているが、その中で英語教員の役割にも触れており、教室内で英語を教えるだけのこれまでの役割からより幅広い役割を果たさなくてはならない、と述べている。

4. 教員養成の現状と今後の課題
4.1 新教育職員免許法の概要

　教育を考える上で、教員養成の問題を避けて通ることはできない。どのような教育が行われるかは、どのような教員が教室で実際に教えているかに多くを負っているからである。教員の資格は我が国では教育職員免許法によって規定されている。この法律は1949年に制定されたものであるが、その後何度か改正された。現行制度は1998年の改正に基づくものである。

　ここでは、1998年に改正された教育職員免許法に基づいて、現行制度における教員養成制度を概説し、現行制度によってどのような教員が求められているのかを述べたい。また必要に応じて、以前の制度についても言及する。なお、現行の教員養成制度は2000年4月の大学入学生から適応されている。

　全体の枠組みについて、以下のような点が大きな変更点として挙げられる。

　第1に、「教職に関する科目」と「教科に関する科目」の必要要件が大きく変更されたということである。従来の教育職員免許法においては、中学校・高等学校の免許状を取得するための、大学における最低修得単位数

は、「教職に関する科目」が 19 単位、「教科に関する科目」が 40 単位であった。改正後は、中学校の場合で、「教職に関する科目」が 31 単位、「教科に関する科目」が 20 単位、新設された「教科又は教職に関する科目」が 8 単位となった。また高等学校の場合で、「教職に関する科目」が 23 単位、「教科に関する科目」が 20 単位、「教科又は教職に関する科目」が 16 単位となっている。

　これによって、教育学部などの専門学部以外で教職課程を履修しようとすると、履修単位数が大幅に増え、学生にとっても負担が増えることになる。一方で、これまでは卒業単位としては認められなかった「教職に関する科目」であっても、卒業単位として認められることにするなどの措置は取られている。ただ、卒業単位として認められている、とは言っても、それぞれのカリキュラム表に当該科目が含まれていなくてはならず、専門課程とはまったく関連のない科目をカリキュラム表に含めることができるのか、また、いわゆる共通教育科目の中に含めてもかまわないのか、という問題点が残る。

　また、「教育実習」は、高等学校では従来通り 3 単位であるが、中学校では 5 単位となった。いずれの場合にも、これらの単位数には「教育実習に係る事前及び事後の指導の一単位」が含まれる（教育職員免許法施行規則第 6 条第 1 項の付表の備考 9 号）。従って、中学校の場合の単位数は、実習期間に換算すると 4 週間ということになる。[3]

　教育実習は、実施する学校に多大の負担がかかり、これまでも、資格取得だけを目指す学生の受け入れについて、受け入れ校から批判が強かった。また、教育実習の多くは 5 月から 6 月にかけて実施されるために、学生の就職活動の時期とも重なり、この時期に 4 週間の期間を設けることで、実質的に、資格取得だけを目指す学生が淘汰されることになると思われる。

　更に、従来は大学院での専修免許状取得のために設置されていた「教科または教職に関する科目」という分類が、今回は 1 種免許状を取得する要件の中でも設けられた。これは、教職課程の履修が従来はすべて規定されていて、学生が選択できる範囲が極めて限られていたのに対して、今回の改正では、学生が積極的に自分の得意分野を作り、教員集団の中で活躍で

きる人材を養成する目的からである。
　総じて、今回の改正では、以上のような大幅に変更された点からもわかるように、単に資格の1つとして教員免許状を取得するということではなく、教員としての自覚と能力を兼ね備えた人材を確保したい、という意図が推察される。しかし、これらの要件を満たして教職課程を履修することは学生にとってかなりの負担になり、教員への門戸を狭くすることになる。このことが、教育界へ幅広い人材が登用されにくくし、結果として教員を志す学生が減少することも考えられる。今後更に議論が必要であろう。

4.2 教員養成全般に関わる内容について

　「教職に関する科目」の内容については、前述のような単位数の増加によって内容が追加されている。たとえば中学校教員免許を取得する場合を見ると、追加された内容はおおよそ次の通りである。

(1) 教職の意義等に関する科目
(2) 教科教育法の単位の増加
(3) 生徒指導・教育相談及び進路指導等に関する科目
(4) 総合演習
(5) 教育実習

　(1)はまったく新設の科目である。(2)の教科教育法については次節で取り上げる。(3)は従来2単位をあてられていたが、今回の改正で4単位があてられた。いずれも、教員としての自覚、教員として生徒の指導にあたるための専門知識を養成するための科目である。
　(4)の総合演習は、新しい学習指導要領に「総合的な学習の時間」が導入されたことに対応するものである。教育職員免許法施行規則第6条第1項の付表備考7号では「総合演習は、人類に共通する課題又は我が国社会全体に関わる課題のうち一以上のものに関する分析及び検討並びにその課題について幼児、児童又は生徒を指導するための方法及び技術を含むものとする」としており、「総合的な学習の時間」の指導法を身につけるため

の科目であることが明確にされている。この「総合的な学習の時間」は、新しい学習指導要領で初めて導入される科目であり、しばらくの間は教員養成課程を履修する学生のほとんどが小学校から高等学校までを通して経験のない学習形態について指導法を習得する必要がある。実際にどのような学習をするのかを含めて、学生自身がこのような学習のやり方や指導法を学びながら同時にその学習自体を経験することができるようにするなどの工夫が必要であろう。

さて、教育職員免許法の第5条関係の別表第1備考4号では、「この表の規定により小学校、中学校、高等学校若しくは幼稚園の教諭の専修免許状若しくは1種免許状又は小学校、中学校若しくは幼稚園の教諭の2種免許状を受けようとする者については、特に必要なものとして文部省令で定める科目の単位を大学又は文部大臣の指定する教員養成機関において習得していることを要するものとする」として、いくつかの科目について、大学の在学期間内に履修することを求めている。これは従来の教育職員免許法でも同様に定められていた。そして、教育職員免許法施行規則第66条の5に、「免許法第5条別表第1備考4号に規定する文部省令で定める科目の単位は、日本国憲法2単位、体育2単位、外国語コミュニケーション2単位及び情報機器の操作2単位とする」と、具体的な科目名が列挙されている。これらの内の、「日本国憲法」と「体育」はこれまで通りであるが、今回新たに「外国語コミュニケーション」と「情報機器の操作」が追加された。

これらの2つの科目は、社会の「国際化」と「情報化」に対応したものであるが、いずれも科目名として明確に科目の目標を表す表現を用いている。「外国語」も伝統的な「講読」ではなく、また「会話」でもなく、「コミュニケーション」としたところに、これからの学校の中での外国語教育の位置づけが示唆されている。「情報機器の操作」という科目名にも、単に理屈だけでコンピュータを理解するのではなく、実際に使いこなせる必要がある、というメッセージが読みとれる。そして、これら2つの科目を追加したことは、これから将来の学校が、確実に「国際化」「情報化」へ向かうことを強く示唆しているのである。

4.3 外国語教育に関わる内容について

「教科に関する科目」についても、今回の改正で大きな変化があった。英語科について見ると、まず「4.1 新教育職員免許法の概要」で述べたように、必要な単位数が40単位から20単位に半減した。更に、従来の免許法では、「英語学」「英米文学」「英語コミュニケーション」がそれぞれ6単位、「比較文化（外国事情を含む）」が2単位で、以上合計20単位を含んで40単位が必要とされた。しかし、今回の改正では、「教科に関する科目」の枠組みはこれまで通り「英語学」「英米文学」「英語コミュニケーション」「比較文化（外国事情を含む）」であるが、「それぞれ1単位以上計20単位以上」を習得すればよくなった（教育職員免許法施行規則第3条）。

このことは、教育学部などの教員養成のための専門学部では、これまで以上に教員免許状が取り易くなり、教職課程を設置して教員免許状を取得させているその他の学部では教職課程全般において必要な単位の修得が困難になることを意味する。もともと「教科に関する科目」は卒業単位に含まれることが多いために、これらの科目を履修しても学生の負担が増えることはない。しかし、前述の「教職に関する科目」の場合には、卒業に必要な単位として認めることは難しく、その分学生は卒業に本来必要な単位数に加えて、余分に履修しなくてはならないことになる。高等学校の教員免許状は、従来と比べて大幅に変更されているということはないが、英語科などの場合には中学校と高等学校の両方の免許状を取得しなければ、各都道府県の教員採用試験で不利な扱いをされる恐れもあり、実際には大部分の学生が中学校と高等学校の免許状を取得することになると予想される。

一方、「教職に関する科目」に含まれているが、「英語科教育法」についても「外国語教育に関わる内容について」ということで、この節で扱う。

従来「英語科教育法」は、中学校の場合は「教科教育法に関する科目」、「道徳教育に関する科目」、「特別活動に関する科目」の3つの領域で構成される部分に含まれ、最低修得単位数が合計で6単位とされた。高等学校の場合には「道徳教育に関する科目」が含まれないために、合計で4単位

とされていた。特に、「教科教育法」がそれまでは3単位であったものが2単位に減らされたということで不満が残っていた。3単位としてあれば、大学の時間割の関係から3単位の設定が難しく、結局通年で4単位という時間割を組まざるを得ないのに対して、2単位であれば1セメスターだけで完結することになるからである。

これに対して、新しい教育職員免許法では中学校の場合で8単位、高等学校の場合で4単位を置くことになると言われている。

2単位分の授業では教えられることが限定され、十分な知識や技能を教えることができたとは言い難い。柳（1992）では、英語教員養成における英語科教育法の位置づけについて論じており、英語科教育法が取り上げなくてはならない内容に比して時間数が絶対的に少ないことを指摘している。実際に、たとえば、授業を行うための実際的な技術や教材研究、さまざまな授業の方法、テストの技法などをきめ細かく扱うことは困難であった。CALL の関係で言えば、LL 教室の機器や CALL の教師卓の操作なども本来ならば実際に経験しておく必要があると考えられるが、わずか2単位分の授業ではそこまでの余裕はない。しかし、たとえば8単位分の授業が確保されることになり、更に、前述のように情報機器の操作に関する授業も教職課程の科目の1つとして開設されることになると、コンピュータやその他のマルチメディア機器を利用した英語教育についても扱う余裕が産まれる。その意味で、単位数が増加した「英語科教育法」がどのような内容で教えられるのかは注目を集めている。

4.4 現職教員の教育について

これまで、大学及び大学院における教員養成について述べてきたが、現職教員の教育も極めて重要な問題である。現在、教員は大学または大学院を卒業または修了して教員になった人の多くは、そのまま定年まで30年以上にわたって勤務することになる。新任の教員は大学や大学院で最新のカリキュラムによって教育を受けて着任するとしても、実際に教育実践にあたっている現職教員の数の方が圧倒的に多いのであり、この点からも現職教員の教育の問題は避けて通ることはできない。

新しい学習指導要領で強調されている情報教育の問題に関連して、文部省による情報教育実態調査（1996年3月）を見ると次のようなことがわかる。

(1) コンピュータの平均設置台数
　　小学校 8.5 台　　中学校 25.3 台　　高等学校 66.6 台
(2) 公立学校のインターネット接続状況
　　小学校 7.3%　　中学校 12.5%　　高等学校 17.3%
(3) 教員の実態
　　小学校　　　操作できない 60.8%　操作のみ可能 22.5%　指導可能 16.7%
　　中学校　　　操作できない 49.1%　操作のみ可能 28.2%　指導可能 22.7%
　　高等学校　　操作できない 41.3%　操作のみ可能 34.9%　指導可能 23.8%

　この数字からわかることは、コンピュータの機械自体は学校現場に普及し始めているということである。ただし、小学校では依然として少ないし、また、これらのコンピュータは必ずしも新しいものばかりではないことも注意すべきである。
　一方で、インターネット接続状況については公立学校全般で、まだ依然として低い水準にあることがわかる。このような現状では、個々の児童・生徒がインターネットの使い方を学び、どの程度使いこなせるようになればよいか、という議論を進めるにはまだいくらかの時間がかかりそうである。
　更に、教員の実態に注目すべきであろう。コンピュータについて「指導可能」と答えたのは、最もその割合が高かった高等学校でさえ 23.8% である。「操作できない」と答えた教員が小学校で 60.8%、中学校で 49.1%、高等学校で 41.3% も存在することは、「社会の情報化への対応が急務である」とかけ声がかかっても、なかなか迅速な対応は難しいことが予想される。
　更にこの調査では、コンピュータの設置率の推移も併せて掲載されている。それによると、1988 年にはコンピュータを学校に設置している割合が小学校で 13.5%、中学校で 35.5%、高等学校で 93.7% であった。高等学校では比較的早くからコンピュータを設置していたが、小学校・中学校ではほ

とんど設置していなかったことがわかる。現在の設置率はいずれの学校でもほぼ 90%から 100%になっているわけであるから、このおおよそ 10 年間で学校現場へのコンピュータの普及が進んだことがわかる。コンピュータやインターネットの設置については予算面での確保ができれば、導入は容易であるが、もっと深刻だと考えられるのは教員の対応であることがこの調査からもわかる。この情報化社会の中で学校の教員の相当部分がいまだにコンピュータを操作することすらできないということは、それだけでも驚くべきことである。機械は予算措置をとることによって普及させることができるが、人間がコンピュータを使いこなせるようにしようと思ってもなかなか難しいからである。

さて、「教育職員養成審議会第 2 次答申（1998 年 10 月）」及び「同第 3 次答申（1999 年 12 月答申）」では、現職教育の現状と課題を多く扱っている。

第 2 次答申では特に「修士課程を積極的に活用した教員養成の在り方について：現職教員の再教育の推進」として、大学院の修士課程における現職教育を扱っていて、現職の教員が大学院で学べるようにするための施策について、その意義や支援策の提言を行っている。

答申の最後では「6 年一貫による教員養成教育」という内容が述べられており、これまでの 4 年間の学部での教員養成という枠組みから、大学院の修士課程までを加えた 6 年間をひとまとめにした教員養成について踏み込んだ提言となっている。4 年間の学部教育とは言え、すべてを専門教育に費やすことができるわけではなく、最初の 2 年間は共通教育のための期間とされることが多かった。実際に専門教育を行うのは後半の 2 年間であり、しかも最終学年では卒業研究や就職活動、教育実習などで時間をとられるために、実際に専門教育ができるのは極めて限られた期間でしかない。6 年間を 1 つの枠組みとして考えることができるのであれば、専門教育に余裕を持って取り組むことができることになる。

第 3 次答申は「養成と採用・研修との連携の円滑化について」として 1999 年 12 月に発表された。この中では、教員に求められる資質がまとめ

られ、そのような資質を持った教員をどのように採用するか、また採用した後でどのように研修を実施して教員の資質を向上させていくかが述べられている。

まず、教員の資質については、(1)いつの時代にも求められる資質能力、(2)今後特に求められる資質能力の2つに分けて、(1)については「教員としての使命感、人間の成長・発達についての深い理解、幼児・児童・生徒に対する教育的愛情、教科などに関する専門知識、広く豊かな教養、そしてこれらを基盤とした実践的指導力」を挙げている。一方(2)については、次のような例を挙げている。

①地球的視野に立って行動するための資質能力
　(a)地球・国家、人間などに関する適切な理解
　(b)豊かな人間性
　(c)国際社会で必要とされる基本的資質能力
②変化の時代を生きる社会人に求められる資質能力
　(a)課題解決能力などに関わるもの
　(b)人間関係に関わるもの
　(c)社会の変化に適応するための知識及び技能
③教員の職務から必然的に求められる資質能力
　(a)幼児・児童・生徒や教育の在り方に関する適切な理解
　(b)教職に対する愛着、誇り、一体感
　(c)教科指導、生徒指導などのための知識、技能及び態度

これらの中には、特に情報機器に関するものとして「②変化の時代を生きる社会人に求められる資質能力、(c)社会の変化に適応するための知識及び技能」の例として、自己表現能力（外国語のコミュニケーション能力を含む）、メディア・リテラシー、基礎的なコミュニケーション活用能力が挙げられている。

更に今回の答申では「(3)得意分野を持つ個性豊かな教員の必要性」として項目を設け、教員1人ひとりがすべての資質を画一的に備えることは

現実的ではなく、さまざまな個性豊かな教員が学校に活力を与えるとしている。その意味でも、上記のさまざまな特色のいずれか１つについて特に優れた教員を養成する努力も必要であろう。その中で、外国語のコミュニケーション能力やメディア・リテラシーなどを持っていることに特色を見出すことも可能である。このように、教員の能力について、幅広い裾野を開拓することで、コンピュータを使う能力もその中に含め、コンピュータを使った教育というものが特別なものではなく、コンピュータを使うことが当たり前で、更にそれぞれの教科の指導に重点を置いて教育が実践されるように望まれる。

註

(1) もちろん「実現した」ということと「教材として使用に耐えうる」、更に「優れた教材である」と認められるまでには長い道のりが必要である。
(2) 実際に学校でカリキュラムに掲載する際の名前は各学校で適切な名称を付けることになっている。
(3) ただし、この実習期間については、単位時間数の計算によって３週間になる可能性もあり、現在各都道府県の教育委員会が調整を行っている。

第 2 部
実践編

第1章
名古屋学院大学「システムとしてのIC-CAL」

0. はじめに

　名古屋学院大学は1964年に経済学部だけの単科大学として創立した。その後1989年に外国語学部が、また1992年には商学部が開学部した。創立以来今日まで、外国語教育に力を入れ、特に視聴覚機器の整備を積極的に進めてきた。

　ここで紹介するCALラボは、その第1代目の教室が外国語学部の開学部に合わせて開発された。第1代目のCALラボを開発した頃はMS-DOSの時代で、画像と音声を利用した教材システムを開発するためには、教員とメーカーの綿密な協力が求められた。また、教室で利用する時でも、まだ学生はパソコンを触ったことがない学生が大部分であったためにパソコンの操作方法から教える必要があったし、教材の操作についても独自の操作方法であったために、そのためにも時間をかける必要があった。

　しかし、現在の第2世代のCALラボに教室設備が更新されてからは、OSがWindows95になり、また、学生は全員大学からノートパソコンを貸与され、基本的な操作は別の授業の中で習得している。そのために、授業の中で本来の英語学習により集中できるようになった。

　一方で、CALラボで授業を担当していて、以前は「パソコンを利用した英語教育」はCALラボの中で完結していた。しかし、ネットワークの普及によって、学生たちがインターネットでwebを利用したり、またメールをやり取りしたりする機会が格段に増え、それらを英語教育で利用できないか、という課題が持ち上がっている。現実に、CALラボでもここで紹介するIC-CAL以外に、掲示板（BBS）システムを利用した英作文指導の試

みも行われている。

　機器の維持管理など現実に抱えている課題や将来的に考えなくてはならない課題などもあるが、それらは今後のCALラボを考える際の「楽しみ」と受け止めておきたい。

1. 学習環境

1.1 教室設計理念

　名古屋学院大学では1989年にCALLラボシステムを開発した。それはマルチメディア的発想に基づいて、コンピュータの支援の下でレーザ・ディスクをLLに組み込んだLANシステムであった（町田ほか、1991）。[1] その開発にあたっては、話者が聴者に対して伝える意味や意図を重視するコミュニカティブアプローチ（Communicative Approach）をとり、殊に①学習者の必要性の重視、②意味または発話行為を基本としたシラバスの採用、③個別学習の重視、④自然な学習プロセスとしての誤答の許容、⑤心理的圧迫を与えない学習環境設定、⑥できるだけ自然な環境で学ばせる技法、⑦よく用いられる脈絡での発話提示、⑧人為的ではなく自然のままの提示、といった点に留意した（町田、1989）[2]。

　しかし当初のCALLラボは、LDとの関連もあって完全なマルチメディア対応ではなく、いろいろな弱点もあった。その後、1997年にマルチメディア対応を目指したシステム更新を行い、現在はIC-CALラボと改名している（町田、1999）[3]。この1997年のシステム更新によってインターネットへの接続が可能となり、IC-CALは第1世代より第2世代への進化を遂げたと言える。

1.2 教室環境

　従来の普通教室に机を並べ、購入したコンピュータを配置し、そのコンピュータにアプリケーションをインストールし、LANを組み、インターネットに接続を可能にすれば、それでCALラボシステムができ上がるというものではない。教師はそのシステムを利用した明確な学習目標を持ち、その教室で学習者が具体的にどのような学習を行うのかを念頭に置き、学

習環境をデザインしなければならない。

1.2.1 配置

　名古屋学院大学の IC-CAL では、サーバーマシンをメインにして LAN システムの組まれた 33 台のコンピュータが図1のように配列されている。

　A の部分には、教師用のコンピュータが1台、C ラボ機器、AV 機器、そして、教師卓の背後にサーバーマシンと教師専用のプリンター1台が設置されており、モニター画面を使って学生の学習状況の観察、各種 AV 機器の操作、ネットワーク管理などができるようになっている。

　学生用のコンピュータは、それぞれのコンピュータが互いに向かい合うように配列されている4つのグループ（「島」と呼ばれる）である BCDE と、予備のコンピュータ2台がある F の部分から成る。F にある2台のコンピュータの内1台を除いて、すべてのコンピュータがネットワークによっ

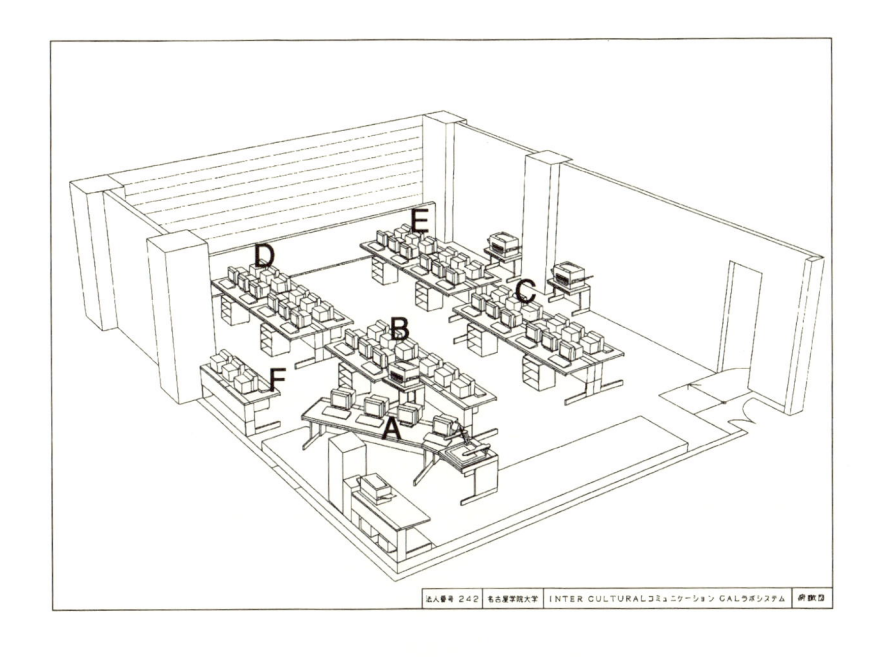

図 1

てつながれている。このコンピュータの配列には、学習空間のとり方に特に工夫がされている。従来の教室におけるような机の配列と異なり、「島」ごとにグループ化され、その「島」間のスペースが広くとられている。これは第1に、学習者と教師とのインタラクションを目的に、教師が学習者の間を自由に動けるようにするためである。ここでは、通常、一斉授業が行われるよりも、個人ペースで学習が進められることが多い。そのために教師は学習者の間を学習の妨げになることなく歩き回り、個々の質問に答えたり、指示を与えたりする必要がある。もちろん、教師卓からマイクとヘッドセットによる個人通話も可能ではあるが、学習者との直接的なコミュニケーションの方がより効果的であることも多い。第2には、学習者の座っている後ろの空間が広いので、学習者同士も自由に行き来して互いに情報を交換することができる。また、グループを組んでのディスカッションを行うにも十分なスペースである。そして、学習者同士が向かい合って座っているので、1つの「島」を1グループとしての活動も容易である。

このようにコンピュータの配置は、その学習空間でどのような活動がなされるかによって当然異なってくるので、それを念頭に置いての教室設計が重要である。

1.2.2 ハードウエアとソフトウエア

それぞれのハードウエアの主な仕様は次の通りである。
* サーバーマシン：Net Server 5/100 LC-1（日本ヒューレットパッカード）（Pentium 100MHz 64MB 4GBHDD、4倍速 CD-ROM）
* 教師用コンピュータ（1台）：FMV-5133D5 DPS7S（富士通）（Pentium 133MHz 16MB(+8MB) 1GBHDD、4倍速 CD-ROM）
* 学生用コンピュータ（32台）：FMV-5120D5 DPSE5（富士通）（Pentium 120MHz 16MB(+8MB) 1GBHDD、4倍速 CD-ROM）

* MPEG カード：REAL Magic Pro
* プリンター（7台）：LP-8200（エプソン）
* Cラボ機器：WE-CL210（松下通信工業）

　この教室の運営管理は名古屋学院大学外国語教育センターが行い、ハードウエア及びネットワークの技術的な部分においては外部の専門業者の協力を得ている。

　学生用の各コンピュータの OS は、Windows 95 である。そして、アプリケーションとしては、インターネット・ブラウザ、ワープロソフト、英語辞書ソフト、英語学習用のソフトなどがインストールされていて、授業の内容に応じて利用できる。

1.3 IC-CAL

　この教室で行われる授業で最も利用されているアプリケーションは、IC-CAL である。IC-CAL は、主にリスニング能力を高めることを目標にして、概念的機能的なコースウエアのデザインがされている[4]。そして、交互作用（インタラクション）を高める次のような特徴を備えている。

① 学習者が自分で学習の進め方をコントロールできる。
② 音声だけではなく、映像で具体的な場面を見せることで、その英語表現を使う状況を学習者に認識させる。
③ 解答は選択式で答えるものだけではなく、自分の考えた英文を直接キーボードから入力するもの（構成型）も取り入れている。
④ 学習者の解答に対して、即座に正解か不正解かを知らせ、また模範解答を提示し、学習全体の正解率を知らせる。

　IC-CAL での具体的な学習は次のように進められる。まず学習者はそれぞれの ID を入力する。この ID の入力で、学習日時、学習記録、成績がサーバーに記録される。また、前回までの自分の学習記録を各自が確認することもできる。IC-CAL は、「概略的理解」「細目の理解」「有用な表現」「英文の書き取り」「対話文演習」「英文の作成」という6つのメニューから構成されている。まず学習者は、約2～3分のスキットを視聴する。その後、メニューに沿って学習は進められる。それぞれのメニューには、3問から5

	回答形式	ヒント	学習内容	特徴
概略的理解	構成型	なし	エピソードの概略を理解する。	大まかな内容をどの程度理解しているかを自己認識させることが目的。学習者の成績には含まれない。模範解答を示すことによって、内容理解を促す効果がある。
細目の理解	選択型	なし	概略的理解より細かな内容を理解する。	選択肢の中より1つ以上の適切な答えを選ぶ。解答を1つだけにしないことで、学習者にすべての選択肢の英文を読ませ、考えさせる機会を与える。異なる表現方法を学ばせる。
有用な表現	構成型	句読点 頭文字	学習目標となる英語表現を学習する。	2つ以上の正解が用意されていて、その内の1つができれば、自動的にすべての解答が提示される。他の正解を提示することで、同じ意味の違う表現を学習させる。
英文の書取	構成型	頭文字	ディクテーション	レベル選択可能。画像と音声を視聴。ディクテーションが完成した時点と、5分が経過すると自動的に解答が提示される。最後まで聞き取ることができなかった部分が黄色に反転しているので、学習者は自分の弱点を確認できる。
対話文演習	構成型	句読点 場面の説明	どのような場面で学習目標の表現が使えるか学習する	画面に提示された場面の最後の発話に対する返答に適切な英文を、ヒントに従ってキーボードで打ち込んでいく。適切な表現はいくつかあるが、その中の1つが完成されれば良い。
英文の作成	構成型	なし	英作文	ワープロソフトのワードを使用。学習目標である表現が含まれた日本語の文を英文に直して、プリントアウトした後、提出する。問題文にはごく自然な日本語が使われているのが特徴。

<構成型>　キーボーで直接答えとなる英文を入力していくもの。
<句読点>　***** *** **** ** ***** *** ****** **?　解答の文字数が提示される。
<頭文字>　C**** y** t*** m* w**** t** s****** i*?　解答の語頭の文字と文字数が提示される。

問ほどの問題が準備されている。各メニューの最後に、学習者はメニューごとの得点を知ることができる。1度解いた問題を再び復習することはできるが、1度サーバーに記録された得点を書き換えることはできない。

　各メニューの特徴は次の通りである。

　IC-CALのレッスン（エピソードと呼ばれる）の数は30で、文法的な難易度による配列がされているわけではないので、どのエピソードから開始することもできるし、教師の学習計画によるエピソードの選択も可能である。1つのエピソードを終えるのに、1年生の最初の頃は、タイピングの能力不足やコンピュータ操作に不慣れなために、2コマ（90分×2）を要

することもある。しかし、前期中にはほとんどの学生が、この IC-CAL の学習だけであれば、1 コマの内に 1 つのエピソードを十分に終えることができるようになる。

　授業中に教師は、教師卓のモニター画面で個々の学生の学習進度を観察したり、必要に応じてマイクとヘッドセットを通して個別に会話をすることもできる。そして、授業の後には、サーバーマシンに記録された学生の成績を教師用のコンピュータによって呼び出し、学生の学習評価に利用することができる。IC-CAL のオーサリング・システムでは成績管理だけではなく、既存の問題の内容に変更を加えることができるし、基本教材を変えて新たなコースウエアを開発し、授業に用いることも可能である。オーサリング・システムの画面は、ほぼ学習者用の画面と同じ構成になっていて、利用し易くなっている点も大きな特徴である。

2. 教室の運営状況

　IC-CAL ラボを利用している授業は、学部 1 年生を対象とした「英語演習 1d」、学部 3 年生を対象とした「演習（ゼミ）」、そして、大学院生を対象とした「英語教育工学特殊研究」である。教室で授業が行われていない時間帯には、学生は自由に「個人学習」のために利用することができる。

2.1 英語演習 1d

　外国語学部英米語学科 1 年生の必修授業である。1999 年度（平成 11 年）は、213 名の学生が 8 クラスに別れて、この授業を履修しており、専任講師 4 人と非常勤講師 2 人によって指導が行われた。その授業の進め方は担当の教員によってかなり異なるが、ほとんどの場合、前期の最初では、まずタイピング練習と IC-CAL の利用方法の説明に授業時間があてられる。コンピュータの操作方法について学生はこのクラス以外において学習するが、このクラスでもコンピュータの基本的な操作方法と注意事項の説明を受ける。学生の不適切なコンピュータ操作が原因で、IC-CAL のネットワーク全体に関わるトラブルが起こることを防ぐためである。しかしながら、将来的には入学時の学生のコンピュータ・リテラシーが高まることで、コ

ンピュータの基本的な知識についての指導の必要性は、次第に少なくなっていくと予測される。

　学生は、このクラスにおいて特に音声面を重視した学習を行う。Video-CDからの画像の提示があるので、音声だけのリスニング教材に比べて場面や状況が理解し易く、問題に取り組み易い。また個人のペースに合わせて、学習を進められるのが大きな特徴と言える。入学時において、ほとんどの学生はこのような学習形態に慣れていないので、コンピュータ操作などに対する多少の不安はある。しかし、アンケート調査の結果では、多くの学生がこの授業について、今までとは違った新鮮な印象があると答えている。

　次に、このIC-CALを用いた実際の授業例を紹介する。

授業時間数：週1回（90分）金曜1限、金曜3限 通年
学生数：1クラス27-28名（1999年度）
授業の手順：エピソードごとに授業で扱う。

(1) エピソード全体をレーザ・ディスク（LD）によって提示する。

　最初に1回見せて、話の大まかな内容を理解させる。まず、エピソードのタイトルを確認して、そのエピソードで扱う言語項目が何であるかを説明する。

　次に、そのエピソードの内容に従って、聞き取りのポイントを示し、メモを取らせながら、さらにLDを2回見せる。学生には事前にテキストは渡されていないので、学生はまったく自分の目と耳だけで内容を聞き取り、メモを取る。その後、聞き取れた内容を何でもよいから自由に言わせる。学生は挙手して自分が聞き取れた英文あるいは英語の断片を次々に発言するので、それを板書する。ここで最終的にどこが聞き取れていないかを確認し、更に、もう1度LDを見せる。これは聞き取れなかったところを中心に見せるためである。この後で学生に新たに聞き取れた箇所を言わせる。

　以上が終わった後、今度は、エピソードを最初からもう1度見せる。この時には、聞き取りのポイントとして学生に指示しておいた部分でLDを

一時停止して、表現を確認する。また、学生が聞き取れなかった箇所は、何度か繰り返し聞かせて正しいテキストを示す。

(2) IC-CAL を利用してドリルをする。
　(1)の説明が終了すると、今度は IC-CAL を利用してドリルを行う。
　学生にそれぞれ IC-CAL を立ち上げさせて、該当エピソードの「概略的理解」「細目の理解」「英文書き取り」「英作文指導」を順番に行わせる。最初に行う時には、それぞれのドリルのやり方を丁寧に教えるが、それ以降は、最小限で済ませるようにしている。
　「概略的理解」「細目の理解」「英文の書き取り」については、IC-CAL の教材をそのまま学生に行わせている。その時の授業の様子によって、これらの3つを続けて行わせることもあるし、たとえば「概略的理解」「細目の理解」までで、その日の授業を終えることもある。「概略的理解」や「英文の書き取り」は設問ごとに時間制限があるので、学生がドリルをするのに必要な時間はおおよそ同じ時間になるはずであるが、実際にはパソコンの操作にかかる時間や、解答を見直す時間などに個人差があって、終了時間は一定しない。早く終わった学生は、それが授業中の最後の活動になる場合には、そのまま IC-CAL を終了させて退出してもよいことにしている。また、授業の始めなどでドリルを行う場合には、課題（後述）の訂正などの作業を行わせることにしている。
　「英作文指導」については、エピソードごとに教員各自で出題するようになっている。最初はテキストをそのまま日本語に直したものを問題として出題することが多いが、徐々にテキストの内容を少し変えたり、学生が自分で創作したりする部分も含めて出題することにしている。この英作文は Microsoft Word で作成させ、スペルチェックをかけた後にプリントアウトしたものを提出させている。提出された英作文はすべて添削して次回の授業時に返却し、その時に必ず、英作文で多かった誤りや、特に注意すべき表現などを説明する。

（3）その他の学習活動
① キーボード操作の練習
キーボード操作の練習を4月から夏休み前にかけての授業で行っている。これは授業時間の最初の15～20分程度をかけて、CALラボのパソコンに予めインストールしてあるMicroEnglishのタイピング練習用のソフトウエアを利用して行っている。
② 課題
この授業では、課題として毎週英文の書き取りを課している。これはIC-CALの教材とはまったく別のものを、A4用紙で3枚ずつ提出させる。一旦提出させ、きちんと行ったことを確認して、授業時に返却し、その時に解答のスクリプトを配布する。学生はそのスクリプトを見て、自分の書き取りに訂正を入れ、もう1度提出することになっている。この課題の返却は授業中、学生がパソコンでドリルをやっている時に、タイミングを見計らって行っている。

2.2 演習（ゼミ）

　学部生の演習（ゼミ）は、週1回、3年次から4年次を通しての2年間の授業計画で実施されている。ここで学生は、教育工学的な視点から授業設計の方法を学ぶ。自分が1年次に学習者として学んだシステムを、今度は教師側の視点に立って、IC-CALシステムとそのコースウエアについて学習する。その後、別の基本教材を使い、実際にIC-CALのコースウエア開発を体験する。

　学生は与えられた課題の区切りごとに発表を行い、他の学生とのディスカッションを行いながら、自分の課題を達成していく。学生はIC-CALラボのコンピュータを自由に使い、演習形式で授業が進められる。教師は重要なポイントを説明し、問題解決に必要な手助けやアドバイスを、直接に、またメールやインターネットの掲示板上でも与える。

　これにより、IC-CALの授業をまったく違った視点から認知する機会を学生に与える。コースウエアの作成にはインターネットも利用されており、コンピュータを用いての情報収集の仕方や、メールや掲示板を使ったイン

ターネット上のコミュニケーションについても学ぶ。

2.3 英語教育工学特殊研究

　大学院では、学部の演習（ゼミ）よりもより学問的な分野として、英語教育工学が学ばれる。IC-CALのシステム設計の理論的な背景を理解することが重要視されるが、この授業でもまた学部の演習（ゼミ）と同様にIC-CALのコースウエアの作成が行われる。名古屋学院大学の大学院生には、社会人や現職の教師も含まれており、自分が今まで経験してきた英語教育やCD-ROM教材、授業方法とこのIC-CALのシステムを比較することで、新たな学習環境をデザインする時のヒントとなる。

2.4 個人学習

　現在は「英語演習1d」のクラスの学生が、授業の遅れを取り戻したり、掲示板への書き込み（「4.2 今後の方向」参照）を行うために、教室の空き時間にコンピュータを利用することが多い。また、前後期のテスト前には、IC-CALの基本教材の内容を復習するために、この教室を利用する学生が多く見られる。

　このように名古屋学院大学のIC-CALは、単に学生の英語学習のみを目的として利用されているのではなく、システムそのものを用いて教育工学的な授業設計やコースウエアの開発、またインターネットを利用したコミュニケーションや情報収集を体験する場となっているのである。将来的にIC-CALでは、外国語学部の学生に対してコンピュータを媒介とした英語でのコミュニケーションが可能な情報の受信発信基地としての役割も期待できる。

3. アンケート調査結果

　コンピュータを大学の授業で利用することや、IC-CALシステムを用いた学習について、学生たちは実際どのように感じているのであろうか。1999年度に「英語演習1d」を受講している外国語学部英米語学科1年生

を対象にアンケート調査を行った。

3.1 調査概要と目的

調査対象：名古屋学院大学外国語学部英米語学科1年生（213名）
調査方法：アンケートによる選択肢及び記述式による質問
調査目的：① 学生の過去の英語学習歴
　　　　　② 学生のコンピュータに対する印象、利用状況、操作の変化
　　　　　③ IC-CALを使った英語学習に対しての学生の印象及び興味の変化
調査内容：第1回　1999年4月中旬　　回答数　207名
　　　　　第2回　1999年7月上旬　　回答数　202名
　　　　　第3回　1999年12月下旬　回答数　180名

ここでは、上記の内「③ IC-CALを使った英語学習に対しての学生の印象及び興味の変化」についての分析結果を報告する。

3.2 アンケート結果と分析

調査を開始した4月の時点では、学生はIC-CALの授業で、主にリーディング力や作文力が身につくと想像していた。しかしながら、12月の調査では、「IC-CALを使っての授業（英語演習1d）は、あなたの英語学習にどんな点で、効果があったと思われますか。（複数回答可）」という質問に対しては、次のような結果が出ている。

① リスニング（153人）
② 英作文（60人）
③ 英語でのコミュニケーション（34人）
④ パソコンの使い方（32人）
⑤ 文法（29人）
⑥ 異文化理解（17人）
⑦ リーディング（15人）
⑧ まったくない（4人）

⑨ その他（2人）

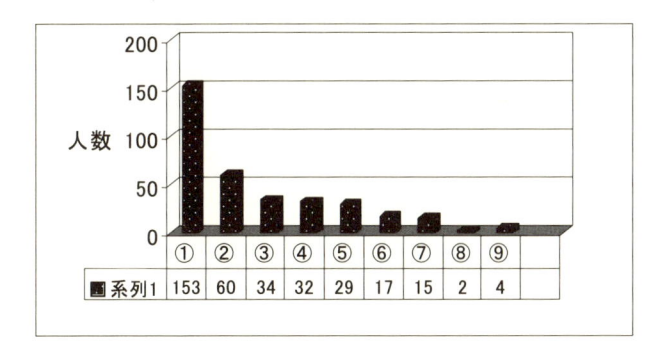

	①	②	③	④	⑤	⑥	⑦	⑧	⑨
系列1	153	60	34	32	29	17	15	2	4

最も多くの学生が、「リスニング」において特に効果があったと答えている。それに続くのは、「英作文」、「英語でのコミュニケーション」、「パソコンの使い方」、「文法」となっている。この結果から、IC-CALが特に音声面を重視して設計されたことの効果が現れていると言える。

コンピュータを英語学習に利用することに関する学生の印象には、次のような変化が見られた。
① 面白くない（だろう）（5%→3%→5%）
② どちらとも言えない（15%→29%→37%）
③ 面白い（だろう）（75%→66%→57%）
④ 無回答（5%→2%→1%）

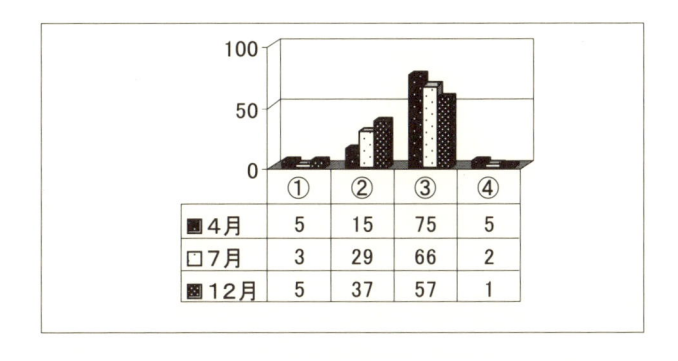

	①	②	③	④
4月	5	15	75	5
7月	3	29	66	2
12月	5	37	57	1

4月に「面白いだろう」と答えた学生が全体の75%であったが、7月には「面白い」と答えた学生は66%、12月には57%に減少している。そして、「どちらとも言えない」が、15%から29%、そして37%と増え、「面白くない」は5%から3%、再び5%へと変化している。この結果を言い換えれば、4月の時点で、最初は「面白い」と思っていた学生のうち約20%が、実際に授業が始まってみると「どちらとも言えない」にその印象が変化していったということである。

3回のアンケートを通して「面白い」と答えた学生の理由で、最も多かったものは、「個人ペースでできる」「リスニングの勉強ができる、リスニング力が身につく」であり、「どちらとも言えない」と「面白くない」の主な理由は「キーボードが速く打てない」「コンピュータの使い方がよくわからない」という、コンピュータの操作に関した理由からであった。コンピュータの操作に慣れない学生にとって、IC-CALは英語学習以前にその扱いに不安を感じるようである。この結果から推測すると、学習を開始する時点では、コンピュータは学生の興味を引きつけるという点で、動機づけに対して大きな効果が認められる。しかし、実際にコンピュータを使っているうちに、キーボードが思うように打てなかったり、コンピュータの操作が複雑に感じられたりすると、動機づけを低下させてしまう恐れもあり得るようである。

IC-CALの授業での不安に関しては（②以下は複数回答可）、次のような結果であった。
① 特にない（なかった）（49人→88人→95人）
② キーボードやパソコンの操作（120人→92人→48人）
③ 教材の難易度（95人→46人→26人）
④ 担当の先生とのコミュニケーション（28人→12人→5人）
⑤ このクラスの他の学生とのコミュニケーション（24人→5人→4人）
⑥ その他（3人→3人→3人）
⑦ 無回答（10人→3人→0人）

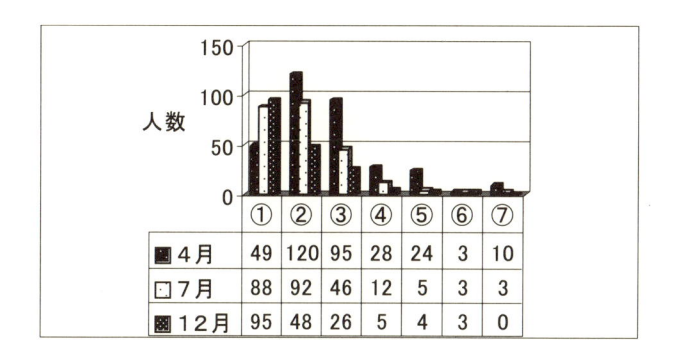

	①	②	③	④	⑤	⑥	⑦
4月	49	120	95	28	24	3	10
7月	88	92	46	12	5	3	3
12月	95	48	26	5	4	3	0

「特にない」が49人から88人、そして95人と大きく増えており、不安に思う各項目は、4月に比べて12月にはすべてが減少している。「キーボードやパソコンの操作」に関しては、7月には、まだ約半分にあたる92人が不安に感じていると答えていたが、12月までには、約1/3にまで減ってきている。

記述式で自由に感想を書いた部分には、IC-CALでの英語学習では、「リスニング力が身につく」、「個人ペースで学習が進められる」、「楽しい」などの意見が多く、今までとは違った新鮮な印象があると答えている。これらの結果から、学生はIC-CALシステムでの授業について、プラスの評価をしていると考えられる。これは、当初の設計通りの結果が出ていると言える。しかしながら、IC-CALではコンピュータを教授メディアとして利用しているので、学生にとっては単なる英語学習とは異なり、コンピュータ・リテラシーが学習に大きな影響をもたらす。授業設計にあたっては、教師は特にこの点について配慮をしなければならない。コンピュータは学習者の動機づけを高める場合もあるが、時としてその操作性の問題で学習者の学習意欲を低下させてしまう危険性があると言えるからである。

4. 課題と今後の方向

4.1 IC-CALシステムの課題

これまで紹介してきた第2世代のIC-CALシステムに機器が更新され、1999年度の終了で3年半が過ぎたことになる。ここまでのシステムの運営

には、大きな成果もあるが、同時にさまざまな課題が現れているのも事実である。ここでは、実際の課題と対応策を含めて、IC-CAL ラボ教室の運営や維持には、どのようなことが望まれるかを2点挙げることにする。

4.1.1 ハードウエアとネットワーク管理

　「コンピュータが動かないので授業ができない。」── CAL ラボシステムの研究に関わっている者なら、自ら口にしても耳にしても、最も辛い言葉がこれであろう。IC-CAL システムでも、当然のことながら、コンピュータがうまく動くか否かによって、その日の授業に大きな影響を与えることになる。LAN システムが組んであるコンピュータでは、単独で動いているコンピュータに比べ、なおさらその可能性は高くなる。また、コンピュータのエラーが続出することで、学習がスムーズに進められなくなったり、学習評価がきちんとされないと、学生のコンピュータに対しての不信感を引き起こすことにもなりかねないし、学習意欲を阻害してしまう危険性もはらんでいる。

　IC-CAL ラボのある名古屋学院大学外国語教育センターには、常駐のコンピュータ技術者はいない。日頃のコンピュータの管理は、必然的に IC-CAL の研究に関わっている教員にかかってくる。しかしながら、教員は英語教育の専門家であっても、コンピュータの専門家ではない。その知識には限界がある。コンピュータやネットワークに何かが起こった時にどのように対処すればよいのか、それが課題の1つである。その対応として、IC-CAL ラボでは次のようなことが行われている。

① 教室のコンピュータの数に余裕を持たせる。
　1クラスの学生数を定員一杯にすることなく、常に2、3台以上のコンピュータの予備ができる人数に押さえる必要がある。これにより突然授業中にコンピュータに異常が発生した場合でも、学生の席を移動させることでそのまま学習を続けさせることができる。そして、そのトラブルの程度に応じては、学生が席を移動した後で、授業中に教員がコンピュータの点検をすることも可能である。

② トラブル・レポートの活用。

　トラブルの状態によっては、教員だけで対応しきれないケースが多い。その場合、コンピュータの管理を委託している外部の業者を呼ぶことになる。この時に、「トラブル・レポート」を活用している。これは、外部の業者にトラブルの状況を的確に、具体的に、できるだけ早く知らせる目的で作られた。トラブルの起こった日時、コンピュータのブース番号、状況を記録する用紙が用意されていて、これに詳しく状況を書き込み、コンピュータの画面にエラー表示が出ていれば、その画面コピーを添える。そして、授業後すぐにそれらをファックスによって、業者の担当者に送る。詳しく状況の説明をすることにより、場合によっては、電話による担当者の指示でコンピュータを教員や職員が修復することもできる。それができない場合でも、専門家によるよりはやい的確な対応が期待できる。

　そのレポートは、半期が終わるごとにまとめられ、その内容を分析することで、どのコンピュータに頻繁にどのようなトラブルが起きるか、どんな状況の時にネットワークにトラブルが起きるか、トラブルの原因がハードか、ソフトか、ネットワークか、または人的なものなのかを知る手がかりにもなり得る。それと同時に、事前にトラブルを避ける方法がこのレポートから見えてくることもある。

③ コンピュータ操作に関する指導や注意を学生に徹底する。

　入学したばかりの学部学生は、コンピュータの知識が充分にあるとは言えない。学生の不適切なコンピュータ操作により、ネットワーク全体に関わるようなトラブルも何度か起きた。そこで、前期授業が始まった頃に、コンピュータ操作の注意事項を徹底して教え、更に、夏休み明けの後期開始直後にも再確認している。同時に、この長期休暇明けの時期に、特に教員は、学生の授業中のコンピュータ操作に目を配る必要がある。

④ 定期的なコンピュータのメンテナンスと外部業者との打ち合わせ。

　春と夏の長期休暇の間に、コンピュータの大規模なメンテナンスを行う。この時には、不要になったデータを削除してもらい、いわゆるコンピュー

タ内部にたまっている「ゴミ」の掃除を行ってもらう。また、教員と業者の担当の技術者との打ち合わせの時間を設け、授業期間中に気づいた点や不明なトラブルもこの時期に調査を依頼し、次の学期に備える。

　以上の4点だけでは、決して十分であるとは言えない。しかしながら、これらはこの3年半にさまざまなトラブルを経験し、試行錯誤した結果でもある。コンピュータのトラブルはいつ起こるかわからない。起こってしまった時に、どのように対処するかの最善の方法を準備し、そして、次に起こらぬよう対策をとるというシステムを構築することが重要である。そして、業者の担当の技術者と大学側とのコミュニケーション、そして信頼関係が必要不可欠であると言える。

4.1.2　授業の運営管理とアシスタント

　「英語演習1d」のクラスは、1999年度は8クラスを6人の教員で指導している。教室の運営状況で例に挙げたように、それぞれの教員は独自の教え方でこのIC-CALシステムを授業に用いている。各教員に授業はすべて任されているので、直接的には他の教員がどのような授業を行っているかはわからない。非常勤で来ている教員に対するIC-CALシステムの使い方の説明も、学期の始まりまでに多くの時間をとることが難しい。独自のマニュアルもあるが、やはりそれだけでは、初めてIC-CALシステムを使っての授業を行う教員には十分な助けにはならない。このような現状のため、IC-CALラボの場合、このシステムを用いて行われている授業を把握し、他の教員の授業が順調に運営されるように補助し、またトラブルが起きた際に業者との窓口となる教員が必要になってくる。その教員には、ある程度のコンピュータ知識とIC-CALのネットワークシステムを理解する必要がある。そうでなければ、トラブルや要望が発生した時に、業者の担当者にその内容をきちんと伝えることができない。IC-CALラボのように独自のシステムを使って授業を行う以上、こういった教員の存在は絶対に必要である。

　しかしながら、多忙な大学教員がこの役割を1人で果たすのは、非常に

難しい。そこで、その教員の補助的な役割を果たすアシスタントも必要となってくる。アシスタントは、前期のコンピュータ操作に学生が慣れない時期に、補助が必要と思われるクラスに入り、学生の個別対応時に教員を助ける。また、コンピュータのトラブルが頻繁に発生するクラスに入り、その状況を実際に見てレポートし、IC-CAL 全体を管理運営する教員に相談してその対応の指示を仰いだり、学期ごとに行われるアンケートの作成や実施、分析の補助などの雑務をこなすのである。このアシスタントにもコンピュータや IC-CAL システムの知識は当然のことながら必要となってくる。このアシスタントの役割を実際にどのような人員でまかなうかは大きな課題である。

　以上述べてきたように、IC-CAL システムを維持管理していくのには、教員、技術者、アシスタントなどの大きな人的なサポートと努力が必要なのである。CAL ラボシステムを構築する場合には、どうしてもハードウエア的な面に目が行きがちになってしまうが、教室にコンピュータを購入し、LAN を組み、ソフトを入れてしまえば、CAL ラボシステムを使った英語教育ができるというわけではない。それだけでは、そのシステムは決してうまく稼働してくれない。人的なサポートを含めたトータルな教室設計をしなければならない。つまり、コンピュータが学習指導を行うのではないのである。教師がこうしたいと目指す学習指導をアシストしてくれるのが、コンピュータであるという原点を常に忘れてはならない。

4.2 今後の方向

　IC-CAL システムの今後の方向としては、インターネットをいかにしてその中に組み入れていくかが重要なポイントとなる。インターネットは国際的なネットワークとしての機能を果たしているが、そこでの主要言語が英語になりつつある以上、インターネットは英語教育において必要不可欠なメディアである。そして、インターネットは情報収集の手段だけではなく、海外の人々との手軽なコミュニケーションの手段として重要な役割を果たす。すなわち、実際に英語を使う機会があまりなかった学生たちに、

日本にいながらにして、インターネットは海外の人々とコミュニケーションや自己表現の場を与えてくれる。また、インターネットを利用することで、学習時間と学習空間を越えた学習が可能になる。

これらの事柄を考慮して、IC-CAL システムにおいても、積極的にインターネットを学習指導に取り入れる試みが開始されている。

4.2.1 「英語で書こう」プロジェクト

1999 年度「英語演習 1d」の 8 クラスのうち、3 クラスの学生（83 名）がこのプロジェクトに参加した。学生は毎月与えられたテーマに関して 100 words 以上の英文エッセイを、期日までに各クラスの専用掲示板[5]に書き込む。その後、学生はクラス全員のエッセイを読んで、誰のものが一番印象に残ったのかを 50 words 以上の英文の理由を添えて投票する。その結果を教員が集計し、各クラスで最も得票数の多かった学生の英文をホームページ上に載せる。同時に、クラスで得票数の多かった学生の書き込みと、投票された理由を発表する。

この活動では、数人の学生に対して、教師からの表現に関する問題点の指摘や内容に関しての簡単なコメントが掲示板上でなされることがあるが、それ以外は英文の細かな文法的な指導はほとんど行われない。自分の考えていることをいかに英語で表現するかに目標が置かれている。限られた空間であるとはいえ、自分の書いた英文を公開することで、実際のインターネット上における英語を使ったコミュニケーションの練習となる。また、他の学生の書いた英文を読むことにより、文法的な誤りに気づいたり、自分の英文とは異なる表現を見つけたり、そして普段の学生間でのコミュニケーションでは得られない、他の学生の考えを知る機会を与えることができる。同時に教師も、授業時間内では知ることができない学生の考えをこの掲示板の英文を通じて知ることができる。

1999 年度の 1 回目の英語での書き込みでは、スペルミスや同じ単語を繰り返し使ったり、直訳調の不自然な英語を使うことが目についたが、コメントでのアドバイスや上手に書いてある学生の英文を目にすることで、書き込みや投票をするたびに学生の英文は上達している。これは文法的なミ

スがまったくなくなったということではなく、掲示板上で自分の考えを充分に伝えられるコミュニケーション能力が養成されてきたという意味である。

この掲示板を利用した課題に対して、多くの学生はアンケート（1999年12月下旬実施：回答数75名）での「掲示板への英文の書き込みで何が学べましたか？」という質問に対して、「掲示板の使い方」「英作文に慣れた」「英語の表現法」について学べた、と答えた。また、記述式による学生の感想では、「他の学生の英文を読むことで、意見や考えを知ることができた」「英作文の練習になった」「英作文の勉強になった」「英作文に慣れた」「難しかった」「たいへんだった」という回答が多かった。

この「「英語で書こう」プロジェクト」には、まだまだ改良の余地がある。1999年度は、前期中に数回日本語での掲示板への書き込みの練習を行い、ネット上のエチケット指導も行ったが、英語での書き込みは後期の3回だけの実施で、テーマも英語学習に関するもの（What do you want to do with English in the future ? など）に限られていた。そこで、2000年度には次のような点で変更を加えた。

① テーマを1人ひとりの学生の個性が現れると予測される内容にする。
② 異なるクラスの学生にペアを組ませて、互いの書き込みにレス（掲示板上の返信）をさせる。
③ 字数の制限をなくす。
④ このプロジェクトの目的や評価方法を明確に学生に知らせる。

これらの点は、英語での自己表現とコミュニケーションがより促進されるよう計画した。

将来的には、この掲示板システムに国内外の学生や教師の参加する可能性もある。つまり、海外の学校との共同プロジェクトを行う学習空間にもなり得るということである。そうすることで、より現実社会に近い状態でのコミュニケーション空間を創り出すことができる。しかし、この場合、どんな人々をこのプロジェクトに参加させるかという点を慎重に考慮しなければならない。あくまでもこのプロジェクトは学生たちの英語での自己表現とコミュニケーションの練習の場としての学習空間であり、学生を自

由にコミュニケーションさせる場ではない。教師は本来の目的を見失うことなく、外から参加する人たちを選択し、その人たちと学生たちのコミュニケーション空間のコーディネーターとしての役割を果たさなければならない。言うなれば、教師にとっては国内外の他の教師とのティーム・ティーチング（TT）*を行うことになる。このことについて、小林ほか（2000）[6]は、このような学校外の人々との共同学習を計画し、実行する場合、教師にはTTの相手校を見つけ、電子メールなどで相手校の教師と連絡をとり、互いの学習目標の確認をし、実際のコミュニケーションを学生たちが開始する以前に、ネット上のマナーや異文化コミュニケーションの指導も行う必要があると言及している。このようなTTを行うことで、IC-CALシステムは、その学習空間、学習時間、学習メディア[7]を大きく広げていくことになるのである。

5. おわりに

　IC-CALでは将来的にはより構成主義的なデザインを取り入れた課題をシステムの中に取り入れていきたい。なぜなら、第2世代のIC-CALにおいて、インターネットをシステムへ導入することは重要なポイントであり、今後の課題でもある。そこには、情報教育としての英語教育、すなわち、英語という言語を媒体として、情報を収集し、それを自分の中で加工して、更には、新たな情報を発信するということがマクロ的な目標となる。その為には、従来のような情報を一方的に提示する指導ではなく、課題を与えそれを解決させる学習指導設計が必要となるのである。インターネットを利用することで、学生は時間と空間を越えて自由に情報を手に入れることができる。そして、彼らはいつかは自らが情報の発信者となり得るのである。この一連の学習をふまえたシステムを構築することが、今後、第2世代から第3世代のIC-CALへの進化と言えよう。

註

(1) 町田隆哉・柳善和・山本涼一・M.T.スタインバーグ（1991）『コンピュータ利用の英語教育―CALLラボの開発とそのアプローチ』メディアミックス

(2) 町田隆哉（1989）「CALL教材の構成と技法」名古屋学院大学外国語教育紀要 no.20 pp.21-32

(3) 町田隆哉（1999）「英語教育工学雑考－CALLラボへのアプローチ」

(4) 30のエピソードがあり、概念的機能的に内容の配列が行われている。リスニングや会話といった語学運用能力だけではなく、異文化に対応できる国際感覚を身につけることができる。

(5) パスワードが必要な為、そのプロジェクトに参加しているクラスの学生と教師以外はそのホームページを閲覧することはできない。学生の利用しているホームページの管理、そのホームページ上にある掲示板のカスタマイズなどの技術面においては、山内悟氏（梅林製陶㈱）の協力を得ている。

(6) 小林洋子・柳善和（2000）「「総合的な学習の時間」の時間におけるティーム・ティーチング及び英語教師の役割に関する考察」名古屋学院大学外国語教育紀要 no.30 pp.45-59

(7) 人間自体もまたメディアの1つであるという考え方に立てば、TTにおいて共同学習を行う相手も学習メディアであると言える。

第2章
東京国際大学 「学習者中心の CALL」

0. はじめに

　行き着いたところは「学習者中心の CALL」であった。最初から意図したわけではない。しかし、1995年度に導入した CALL システムのよりよい活用を検討していくうち、「学習者中心の CALL」に落ち着いたのである。いや、帰着したと言った方がよいであろう。本来、学習とは学習者を中心にしたものだからである。

　システムの保守・管理・運営にトラブルはつきものだ。トラブルシューティングをしていかなければならない。そのための検討会を開き、1996年度から本格的な「CALL 検討委員会」をスタートさせた。毎週金曜日に開催するCALL検討委員会では数多くの検討事項が遡上に登った。以下のように頻繁に開催しても検討事項は尽きなかった。

　　◎ 1996年度24回　　◎ 1997年度33回　　◎ 1998年度30回
詳細は本章「3. CALL 検討委員会」に譲るが、問題解決に関しては、これを短期・中期・長期の3つに分けて検討した。問題の性格によって整理分類し、問題解決を確実なものにするためであった。そこには「学習者のために必ず問題は解決しよう」というメンバーの強い意志（ティームスピリッツ）が働いていたと言えよう。

　ともすると、問題解決の本来の目的を見失うことがある。保守のための保守、管理のための管理、運営のための運営という表面的な問題解決をしようとした時である。CALL システムの保守・管理・運営は何のために、誰のためにあるのか。それは「学習者の学習、それもよりよい学習のため」にあり、「学習者自身のため」にある。つまり「学習者中心の CALL」と

いう視点を忘れてはならないのだ。「学習者中心」を蔑ろにした時、もはやCALLシステムの本質的な活用・発展は望めないであろう。優れたシステムがあっても、経験豊かな教授者がいても、学習者がいなければ学習は何1つとして成立し得ないという単純明解な事実を、我々は常に謙虚に受けとるべきである。このことについては更に本章「2.3 学習者中心のCALL―学習者から見たCALL―」で詳しく触れることにしたい。

さて、4人という少数精鋭（？）の「CALL検討委員会」は、残念ながら1999年3月をもって解散することになった。メンバーの1人である山本先生が東京国際大学の非常勤を辞されたからである。しかし、それ以降は別の形で検討会を継続しており、2000年度後半からはシステムを更新する予定である。これを機会に、気分を一新して以前のようにパワフルな「CALL検討委員会」を復活させたいと願っている。

本論では、東京国際大学（TIU: Tokyo International University）で5年以上にわたって目指してきた「学習者中心のCALL」を振り返り、今後の更なる可能性を展望してみる。

1. 学習環境 ── 教育目標とシステム構成

TIU第2キャンパスでは1995年度からCALLシステムを導入した。当時、英語教育の改革が急務であり、その一環としてCALLシステムを開始することになったのだが、そこには次のような外的要因と内的要因があった。

外的要因
① 1986年「臨教審第2次答申」が英語教育の具体的改善と目的の明確化を要求。
② 1991年文部省「大学設置基準の改訂」による教育カリキュラムの改訂、授業方法の改善、自己評価の要求。
③ 1993年「文部省協力者会議報告」がコミュニケーション能力育成のための外国語教育の改善策を提言。
④ 1994年 高等学校「オーラルコミュニケーション」の開始。

|内的要因|

① 外国語（英語）教育の見直し。特に国際関係学部と人間社会学部の2つの新学部設立のための、外国語教育の目的・目標・方法の策定と確立の必要性。
② 学生からの多様なプログラムの要求（資格試験・留学準備・ESPなど）やアンケート結果に見られる大学英語教育に対する不満（授業方法、テキスト、クラスサイズなど）。
③ 学生を取り巻く環境の変化（高校までの英語教育改革、パソコン・ゲーム世代）。
④ 教育機器の未整備、LL教室の低稼働率、新メディアへの立ち遅れ。

　以上の要因から、1995年度の新学部開設にあたり、一方では技能別、目的別、到達度別の外国語（英語）カリキュラムを編成し、他方では新しい教育システムの開発と導入を目指したのである。それは、授業改善に役立ち、個別学習や一斉授業などのさまざまな授業形態に対応でき、普通教室としても利用が可能で、授業外でも使用できるシステムでなければならなかった。そして、CALLシステムが最もその可能性を秘めているという判断を下したわけである。

　先進校を見学し、審議を重ね、メーカー数社に見積を依頼し、更に検討した結果、最終的には次のようなシステム構成・概要となった。当然予算枠があり、当時得られる機器のレベルや組み合わせの是非があっての決定である。

1.1 TIU第2キャンパスCALLシステム構成

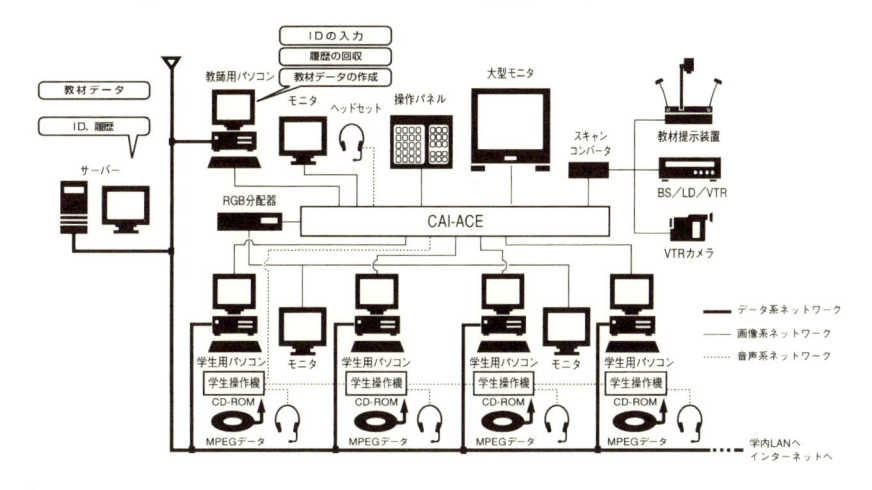

(＊L108教室も同様のシステム構成になっているが、教室スペースの関係で学生機が61台という違いがある)

図1　TIU 第2キャンパス CALL システム構成 (L109教室)

1.2 TIU第2キャンパスCALLシステム概要

① CALL 2 教室を語学教育専用とし、学生用パソコンを L108 教室に 61 台、L109 教室に 64 台配置し、視聴覚提示や送受信を受け持つ画像・音声系ネットワーク (CAI-ACE) と、MS-Windows3.1 環境で履歴配布や回収、電子メールや学生画面のモニタリングなど、NetWare を中心としたデータ系ネットワーク (JOYNET for Windows) を構築した。

② 語学用アプリケーションはオーサリング機能(教材の作成・修正機能)を有し、語学教育特有の技能訓練(英文読解・速読・書き取りや作文など)が可能な MicroEnglish 英語教育ソフトウエアを取り込み、さまざまな学習支援機能、学習履歴統計処理を付加した。

③ 動画や画像を多用し、音声言語を重視する目的で、マルチメディアを

前提とした MPEG 1 の動画圧縮技術を採用した。CD-ROM に動画を焼きつけ、リアルマジックで再生しながら動画・音声・文字を多彩にリンケージした学習方式をとるようにした。

この他にも、限られた予算の中で、更によりよい学習環境を求めて、次のような改善を加えることになった。

④ 1996 年度　大型プロジェクタ・大型モニタースクリーン設置
　学生機のコンピュータ画面とは別の提示画面があれば、学習活動をより円滑にし、幅を持たせ、更に学習者の注意を一点に集中させることができる。以上の目的で大型プロジェクタ・大型モニタースクリーンをそれぞれの教室に設置することにした。

⑤ 1997 年度　コンピュータのメモリ増
　メモリ不足で生ずるトラブルを解消するために、学生用コンピュータを 8MB から 16MB に、教師用コンピュータを 12MB から 24MB に増やした。いずれにせよ、今となっては時代遅れとまで言われそうなシステム構成・概要だが、当時としては時代の最先端を行っているCALL環境であり、当初は多くの方々が見学や授業参観に来られていた。

⑥ 1998 年度　教師機をインターネットと接続
　まだ、すべての学生機をインターネットに接続できる状況ではなかったため、教師機だけでもつなぐようにし、それを授業で活用するようにした。

また、本章「2.1 質より量のシステム活用」で述べているように、システムの稼動率と活用度は大変高く、「CAI-ACE をはじめとして、こんなに CALL システムを使っている学校は他にはありません」とメーカーである内田洋行に言われるほどであった。実際、用いているハードウエア・ソフトウエア・コースウエアは今でも十分効果的であり、その概略を示すと以下のようになる。

1.3 ハードウエア・ソフトウエア・コースウエア

> ハードウエア・ソフトウエア

【CAI-ACE】モニター機能、画面・音声共有機能、転送機能
学生機のコンピュータ画面・音声がモニターでき、特定の学生のコンピュータ画面に介入したり、音声で交信したりできる機能がある。OHC（教材提示装置）、TV、Video、LD、カセットデッキ、そして教師のコンピュータ画面を切り替えて転送できる転送機能も効果的である。

【JACKY for Windows】 画面共有機能
教師機から学生機に画面・音声の両方で直接指導に入る共有機能。従って、コンピュータを介して個別指導ができると共に、CAI-ACEの画面・音声介入機能と併用すれば個人指導を一斉（全体）指導に拡大することもできる。

【マイクロソフト・ワード】
いわゆるワープロ機能にあたる。保存・再生・手直し・再保存の有効機能があるのは言うまでもない。

【JOYNET for Windows】
教室内LANによるファイル転送機能。学生機同士によるファイルのやり取り、学生機・教師機によるファイルのやり取りができる。

【マイクロ・イングリッシュ】
① 語彙の演習、② 英文タイピング、③ 英文の読解、④ 英文の速読、⑤ 英文穴うめ、⑥ 英語英作文、⑦ 英文書き取りなどの教材作成・実行・成績管理などの機能。

> コースウエア

次の2種類のCD-ROM教材がある。残念ながら、学生機のコンピュータのメモリが限られており、これ以上のCD-ROM教材を利用できない状況にあるが、2000年度後期から改善される予定になっている。

【MicroEnglish】
* Fast Forwarding English － 3CD-ROMs 20 episodes
* American Scenes － 2CD-ROMs 33 episodes

【TOEIC】
* NEC TOEIC Super Training 470
* NEC TOEIC Super Training 730
* NEC TOEIC Super Trial — 問題集

2. 授業設計とシラバス作成

　現在、TIU での国際関係学部、人間社会学部では次のような英語科目が必修科目として設けられている。

学部・学科	学年	OC	R	W	小計	計
国際関係学部国際関係学科	1	2	2	2	6	12
	2	2	2	2	6	
人間社会学部社会文化学科	1	2	2	2	6	12
	2	2	2	2	6	
人間社会学部福祉心理学科	1	2	2	2	6	6

OC: Oral Communication　R: Reading　W: Writing

表1　1999年度以降のカリキュラム

　これは1999年度のカリキュラム改訂で施行されたもので、1995～1998年度は別のカリキュラムであった。旧カリキュラムと新カリキュラムの大きな違いは次の2点になる。
　① 学部学科の特性をより鮮明にして履修単位数を変更した。
　②「Hearing」を「Oral Communication」に変更して英語母語話者による授業に改めた。
　文部省の監督下にある新学部発足の4年後に着手したカリキュラム改定であるが、この新カリキュラム表には現れていない改善が毎年加えられていった。それは、「質より量」で始めたシステム活用を、徐々に「量から質」へと高めていく改善であった。

2.1 質より量のシステム活用

　CALLシステムの導入当初、「とにかく臨機応変に使ってみよう」という発想が授業設計やシラバス作成にあった。2つの新学部発足に伴う新システム導入のため、実験的な、あるいは試行錯誤的な授業運営は避けられなかったと言える。正直なところ、それが最も現実的な対応策であった。そして、何よりもまずは「質より量」を目標に、両学部の学生全員がCALL教室で英語授業を受けられるようにした。ということは、できるだけ多くの教師にCALL授業を担当してもらう必要があった。年度当初にCALLガイダンスを実施し、コンピュータに触れたことがない教師でもCALL教室で授業ができるということを実感してもらった。また、システムを利用するすべての教師に、コンピュータに精通している学生アシスタントをつけるようにした。　無理をしないでできることからやる、できる人から学ぶ、利用しながら慣れていく、というアプローチをとることにより、初年度の「質より量」の目標は達成できたと言えよう。

　ちなみに、1995〜2000年度の2つのCALL教室における履修学生数、一週間の授業数、担当教員数及び学生アシスタント数を表にして比較してみる。

年度	履修学生数	週の授業数	担当教員数	学生アシスタント数
1995	765	32	10	12
1996	1,327	39	11	13
1997	1,157	37	11	14
1998	1,180	40	15	16
1999	1,167	42	15	19
2000	1,081	39	16	20

表2　履修学生数・授業数（週）・担当教員数・学生アシスタント数

2.2 量から質へのシステム活用

　幸いなことに、この「質より量」のシステム活用がシステムの保守・点検・管理・運営に寄与することになり、授業設計とシラバスの改善につながることとなった。「使うから頻繁にトラブルが生ずる」「生じたトラブルのシューティングの為に、保守・点検・管理・運用を検討し、具体的な解決策を講ずる」「その解決策の中に授業設計とシラバスの改善が関わってくる」という具合である。つまり、CALL 教室を回数多く使う「質より量」のアプローチが、どのように効果的に使うかという「量から質」への転換を迫ったことになる。CALL 教室での実験的で試行錯誤的な授業が意図的で計画的な授業に進化（深化）したと言ってよいであろう。

　そのような動きは、CALL システム導入の 1 年目から既に始まり、2 年目以降からは更に大きくなっていった。それが可能となったのは、時間の経過と共に次のような傾向が強まっていたからである。

　① システムの保守・点検に関わる問題が少なくなってきた。
　② システムの管理・運営に余裕が出てきた。
　③ システム活用に教師や学生アシスタントが慣れてきた。
　④ システム活用による毎回の、そして年間の授業の在り方（授業設計）について本格的に考えるようになった。
　⑤ システム活用による英語授業を 1 学年から 2 学年へどのように継続して展開すべきかが問題になってきた。

①〜③が物語るのは、CALL 授業の数をこなし、トラブルシューティングを積み重ねた結果、ある種の「ゆとり」が産まれたということである。従って④のように、「ゆとり」を持って授業設計やシラバスについて考えられるようになったわけである。更に⑤が示唆するところは、学生に対して 1 学年 2 学年と継続して CALL 授業を展開する以上、より長期にわたる授業設計とシラバスデザインが必要であるということであった。その結果、システム活用には次のような大きな変化が産まれてきた。当然量から質を目指した授業設計とシラバスデザインの工夫が必要だが、その工夫とは、もちろん「学習者中心の CALL」を目指したものである。

【1995年度】
入学者数が定員数をかなり上回ったり、英語以外の他の授業科目との兼ね合いもあったが、1学年しか在籍していないので教室利用にやや余裕があった。

【1996年度〜1998年度】
1,2学年とも在籍するようになり、教室利用に余裕がなくなってきた。他の英語授業科目との兼ね合いもあったので、両学年共にCALL教室での授業を最低週1回は確保するように努めた。

【1999年度〜2000年度】
継続して、CALL教室での英語授業は最低でも週1回を確保した。加えて、カリキュラムの改訂に伴い、他の英語授業科目との兼ね合いを考慮しながらも、CALL教室での英語授業と他の英語授業を更に関連させるようにした。

2.3 学習者中心のCALL ── 学習者から見たCALL ──

TIUで「学習者中心のCALL」を実践しようとした時、次の2つの側面から考える必要があった。1つはCALL教室で実際に展開される授業そのものであり、もうひとつは、英語履修科目全体の中でCALL授業をどのように位置づけるか、更には英語以外の他の授業科目とどういう関連を持たせるかという側面であった。前者については「4. 授業運用と実践」で詳述しているので、ここでは後者に絞って述べることにしたい。

学習者の立場から、大学の授業科目全般、英語関連科目との関わりでCALL授業を捉えると右の図2のようになる。

このような大きな広がりの中で、つまり学習環境全体の

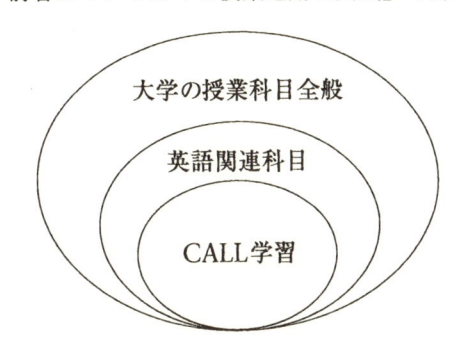

図2　学習者から見たCALL

中でCALL授業を捉えることも「学習者中心のCALL」には必要なのである。この視点を反映させるべく、1999年度の新カリキュラム導入では、英語科目の関連づけをはかるようにした。すなわち、新カリキュラムでは「OC」「リーディング」「ライティング」の3つの授業を連携させ、その中でCALLシステムの利点を生かすように考えたのである。従って、それは「〜中心」の授業展開であり、何らかの形で4技能の統合や総合を意図している。

それを更に強化するために、2000年度には待望の同一クラスによる「OC」「リーディング」「ライティング」の共通履修が可能になった。それ以前の1999年度までは、事務処理や再履修者の問題が絡み、3つの授業でクラスサイズが異なったり、学生の入れ替えがあり、英語科目全体で一貫性や関連性のある授業展開を実現させることが難しくなっていたのである。当然授業設計やシラバスデザインもそのマイナスの影響を受ける結果となっていた。

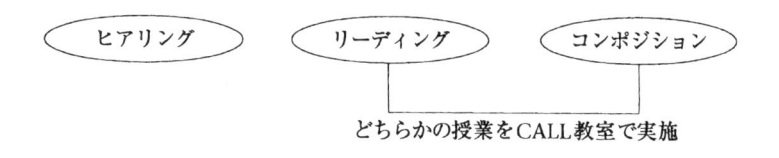

```
  ( ヒアリング )    ( リーディング )    ( コンポジション )
                         └─────────────────┘
                      どちらかの授業をCALL教室で実施

              【1995〜1998年度のカリキュラム】


 ( リーディング中心 )  ( OC中心 )    ( ライティング中心 )
         └─────────────────┘
             どちらかの授業をCALL教室で実施

              【1999年度以降のカリキュラム】
```

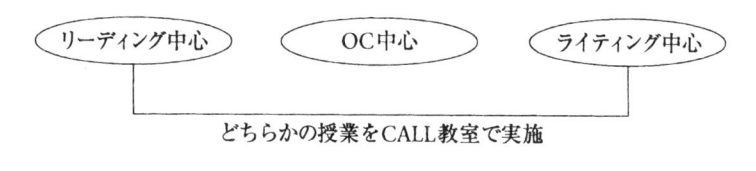

図3　1995〜1998年度のカリキュラムと1999年度以降のカリキュラム

旧カリキュラムにおける一貫性と関連性の欠如は、1学年から2学年に進むと更に大きな問題となる。すなわち、2学年の授業では、1学年での履修内容が異なる学生たちを対象にするわけで、過去の授業間のズレを埋める授業設計をしたり、そのためのシラバス変更を強いられることになる。それに費やす時間やエネルギーは大きく、それでいて、必ずしもズレの補正が保証されるというわけでもない。かといって、そうしなければそのズレはますます拡大する恐れがある。

　このように、一貫性と関連性を持たせなければ、2年間にわたるCALL教室での授業効果が半減し、英語の授業科目におけるCALLシステムの位置と、大学の授業科目全般の中での英語授業の位置づけが曖昧になってしまう。CALL教室での授業内容を「学習者中心」にすることもさることながら、CALL授業を学習者の英語学習及び学習全般の中で的確に捉えることも「学習者中心」には欠かせないのである。

　その両方の意味での「学習者中心のCALL」を更に充実させるために、著者の場合には、次のような授業担当を1999年度から実施している。

【1999年度】　1学年　「リーディング」・「ライティング」の同一クラス担当
【2000年度】　2学年　上記クラスの継続担当

つまり、同一クラスを週2回、2年間継続して授業担当しているわけである。そのおかげで、より広範で長期にわたる授業設計やシラバス作成について考え、CALLシステムの更なる有効利用を考慮して「学習者中心のCALL」を展開するようになった。従って、授業実践にあたっては次の諸点に留意している。

① 単年度におけるCALLシステムの活用から複数年度にわたるCALLシステムの活用
② CALL教室（システム）と他教室・施設（普通教室、視聴覚教室、図書館など）との兼ね合い
③ 「質より量」→「量から質」の授業設計とシラバス作成
④ CALL授業の通時的・共時的展開。つまり、学習者の英語学習履歴の中におけるCALL授業の位置づけと、他の大学授業科目との関連

でのCALL授業の位置づけ（たとえばコンピュータ教育や情報処理教育など）。

　「学習者中心のCALL」と言いながら、それが「CALL教室での直接的な教授者の立場」を越えられない時、そこには自ずと限界が生じてくる。「学習者中心のCALL」が本物になるのは、「学習者の英語学習全般の中でのCALL」と「学習者の学習全般の中でのCALL」を追求した時である。このことについては「4. 授業運用と実践」において、更に詳しく述べることにしたい。

3. CALL検討委員会

　「学習者中心のCALL」は授業外ではCALL検討委員会によって、授業内では学生アシスタントによって支えられていた。毎週の定期的なCALL検討委員会では、保守・管理・運営の問題解決から実際の学習指導に至るまで、さまざまな事項を検討した。メンバーは「学習者中心のCALL」に対して常に問題意識を持ち、そのためのシステム活用を探った。また、学生アシスタントは授業内で教師の補助をしながら、後輩学生の抱えるシステム利用上の問題を的確に把握し報告してくれた。毎回の授業で彼らが綴った「CALL学習記録」には、授業改善、システム改善の示唆に富む提案が記されている。紙幅の都合上、学生アシスタントについての報告は別の機会に譲り、ここではCALL検討委員会について更に述べることにする。

　CALL検討委員会は次のような性格を持った組織である。
【目的】
CALLに関わるあらゆる問題の解決、可能性の追求。TIU第2キャンパスのCALLシステムとCALL授業の改善。CALLによる教育実践と研究の両面に関わり、「学習者中心のCALL」を目指す。
【メンバー】
4名。いろいろな人に声をかけたが、最終的には、TIU国際関係学部の英語教師3名と非常勤講師の山本涼一氏（帝京科学大学）の合計4名となった。しかし、これには更に大学の庶務課とメーカーである内田洋行の心強

いサポートがあったことを付記しなければならないであろう。

【組織】
大学に附属する組織ではなく、まったくの有志による組織。従って何の権限もないが、他者に慮ることなく徹底して検討し、議論し、行動することができた。

【期間】
1995年5月～1999年3月。基本的には毎週金曜日に開催。本格的な活動は1996年4月から開始。1999年4月以降も、別の有志による組織で検討会は継続している。

【活動】
週1回2～3時間、3年間で延べ90回近くの検討会を開催。検討を重ねるだけでなく、さまざまな作業と役割をメンバーが分担して積極的に行動することを基本とした。

主な活動内容
○ 検討会　・問題の発見・分析・分類（短期的問題/中期的問題/長期的問題）
　　　　　・解決策の検討・適応・修正
　　　　　・システム活用に関する情報交換
　　　　　・授業設計・シラバス・カリキュラムの改善
○ 教材作成
○ 機器の保守点検
○ メーカー・大学への要望及び提案
○ アシスタントとの連絡・連携
○ CALLガイダンス（講習会）の準備
○ 研究会・学会の発表準備
○ 論文作成準備
○ CALLコンソーシアムの準備・発足
○ アンケート作成・分析

平成10年1月23日

第27回CALL検討委員会

◎研究助成金の報告書　　1月31日までに各自で作成

◎紀要原稿　報告書作成後、TIUの紀要の書式に合わせて作成

◎教材作成　書式を決めてから（1月31日）、各分担内容を作成する。

　　　　　印刷を2月いっぱいとし、3月中に製本する。

　　　　　印刷数は「私たちの授業」に収録された先生方に声をかけてまとめる。

◎アシスタントの学生リクルート

　　　　　用紙を準備して申し込みができるようにする。

◎LLA関東支部98年度第1回大会について

　　報告と授業研究（案）　授業風景＋インタビュー（ビデオ）

　　　　　　　　　　　　解説（パワーポイント）

　　　　　教授者　　10分ビデオ＋5分パワーポイント　　15分

　　　　　学習者　　10＋5　　　　　　　　　　　　　　15分

　　　　アシスタント　10＋5　　　　　　　　　　　　　15分

　　　　　質疑応答　15　　　　　　　　　　　　　　　15分

　　　　その他の部分については今後検討していく。

◎98年度学会発表

　　　2～3月に予定と内容を絞る

　　　　　発表内容候補　　補助スタッフ（メーカー・アシスタント）

　　　　　　　　　　　　　CALL＋αの活動

　　　　　　　　　　　　　CALLにおけるライティング

　　　　　　　　　　　　　CALLと音声活動（リスニングとスピーキング）

　　　　　　　　　　　　　CALLにおけるリーディング

　　　　　　　　　　　　　CALLにおけるグループ活動

◎授業アンケート処理　　処理2月6日（金）　マークシート・記述の両方で

◎新カリキュラムアンケート処理　98年度に実施するか

資料1　CALL検討委員会の議事録

> 検討事項の具体例

　ここでは検討事項を網羅的に分類するのではなく、CALL検討委員会の議事録を転載して、1回の検討会でも多種多様な事項が検討されたことを示すことにしたい。

　ご覧のように、システムの保守・点検から学会発表に至るまでさまざまな活動を繰り広げる検討委員会であった。金曜日の定期的な会合以外にも、メンバーは、時には個人的に時には共同して日常的に活動することが多く、「常に頭の中にCALLのことがある」3年間であった。自画自賛になるが、「CALL検討委員会」が存在しなかったならば、TIUにおけるCALLシステムがこれほどまでに有効利用されることはなかったであろう。

4. 授業運用と実践

　「1. 学習環境—教育目標とシステム構成」で述べたように、既に時代遅れになりつつあるTIUのCALLシステムではあるが、そのハードウエア、ソフトウエア、コースウエアには今でも有効な機能・教材が多くある。本書の第1部第3章「1.5 教授法選択を迫られる学習環境」でも触れているように、それらの活用には解説的アプローチと探求的アプローチの両極があり、また「基礎をかためる学習」から「課題選択学習」に至るまで数多くの異なる学習指導法がある。

　実際、TIUの第2キャンパスでは1週間にCALL授業が40近くもあり、担当教師が15名前後で、さまざまな指導が展開されている。たとえば、1997年のJACET（大学英語教育学会）研究大会では、「私たちの授業」というタイトルで7人の授業実践をビデオ紹介したが、その際、「いろいろな指導法があるのに驚きました」という感想がアンケートの答えに数多くあった。著者自身もCALLによる授業経験が6年目に入り、これまで、異なる指導法を用いてきた。そして、まだまだ工夫の余地がある。

　40近くのCALL授業をある程度類型化して紹介することもできなくはないが、それでは授業実践の臨場感が薄れてしまうであろう。そこで、私自身のこれまでの授業実践の中から、「学習者中心」を意図した授業展開例を2つ紹介することにする。決して完成度は高くないが、私の「学習者

中心」に対する配慮を汲み取っていただければ幸いである。

4.1 リーディング・ライティングを関連づけた授業実践

　これはCALL教室における週1回のリーディングクラスでの授業実践である。「英字新聞の内容を要約してその内容に関して自分なりのコメントをつける」ことを最終的な目標とした。従ってリーディングだけでなく、リーディングとライティングを関連づけた授業でもある。

　幸い、図書館が1ケ月前の英字新聞を譲ってくれるので、学習者全員が無料で英字新聞を手にすることができる。CALL教室の中で彼らが英字新聞を一斉に読み出し、1人またひとりと興味関心が持てる記事を拾い出しては要約文やコメント作成に入る様子はなかなか圧巻である。

　この活動自体においてはワード機能が中心となるが、その前段ではさまざまなシステム機能を活用することになる。また、個別学習と共同（全体）学習を切り替えるのにCAI-ACEのモニター・共有・転送機能が大きな効力を発揮し、教師からの個別指導及び全体指導ではJACKYの介入機能が力強いサポートをしてくれる。

【準備段階】
年度当初は、システムの諸機能を生かして、次のような4技能全般にわたる活動から開始した。
○ キーボード操作（英文タイプ）の練習（MicroEnglish使用）
　・各自のペースでキーボード練習
　・時々英文タイピングコンテストを実施
○ 英語のリスニング活動
　・CD-ROMによる映画視聴　（MicroEnglish使用）
　・歌詞の聞き取り、映画ビデオ視聴　（TR, Video, LD使用）
○ 英語のスピーキング活動
　・ペアや小グループでの会話やインタビュー
　・教室内だけでなく、廊下や戸外に出ての英語コミュニケーション
○ 英文速読の練習（MicroEnglish使用）

- 各自のペースで英文速読の練習
- 時々英文速読コンテストを実施
○ 英語のライティング活動 (WORD、JOYNET 使用)
- 自己紹介の英作文
- 前記「英語のスピーキング活動」の内容を英作文化

システム利用に関しては、他にも OHC の教材提示機能、CAI-ACE のモニター・共有・転送機能、JACKY の画面介入機能なども随所で使うことになった。また個別学習と共同(一斉)学習を併用すると同時に、「英語のスピーキング活動」のように、コンピュータ画面から離れての活動も取り入れ、活動に変化を持たせるようにした。

　以上のような4技能全般にわたる活動を展開しつつ、徐々に以下のようなリーディングスキルの練習をさせた。

4つのリーディングスキルの練習
Skimming　Scanning　Careful Reading　Critical Reading

読む目的と対象によって、少なくとも4つのリーディングスキルを使い分けたり組み合わせる必要があることを説明し、各スキルに関するタスクを与えて取り組ませた。その際 OHC、大型プロジェクタ・スクリーンが大いに活躍した。それをもとに、以下のような「英字新聞の内容を要約してその内容に関して自分なりのコメントをつける」というリーディングとライティングを関連づけた授業を展開するようにした。

【授業展開】
① 英字新聞の中から興味・関心のある英文記事を見つける (Skimming, Scanning)
② 要約文・コメント作成のために英文記事を注意して読む (Careful Reading)
③ コメント作成のために英文記事を読む (Critical Reading)
④ 英文の要約文作成 (Summary Writing, Careful Reading, Skimming, Scanning)

⑤ コメントの作成（Critical & Creative Writing, Critical Reading, Careful Reading, Skimming, Scanning）
⑥ 各自が作成した要約文とコメントを学習者同士交換して読む［→場合によってはもとの英文も読む］（Reading→Further Reading）（Collaborative Learning）
⑦ 相手の要約文とコメントに対して感想・意見を書く［日本語でもよい］（Collaborative Learning）

【授業効果】
上記①～⑤までのサイクルを終わらせるのに個人差があり、1サイクル1～3時間の差が出てくるが、慣れてくると各自時間短縮ができるようになる。また、仲間の要約文やコメントを読むことは他から学ぶcollaborative learningの絶好の機会となり、仲間理解にもつながる。

　教師は必要なリーディングスキルやライティングスキルについて説明するだけでなく、実際に学生が書いた要約文とコメントを例に、どのようなリーディングスキルやライティングスキルが必要であるかを実践的に指導することができる。その際にも、OHC, CAI-ACE, JACKY, WORDなどの機能が有効に働く。

　また学習者は各自の興味・関心がある英文記事を選んで読むことで、共通の英文テキストを読んで内容理解をチェックされるという「教え込み型指導」「解説的アプローチによる指導」のもとでの「正しいか間違いか、優れているか劣っているか」を競争させられる読み、強いられる読みから開放される。更に、Skimming、Scanningで興味を持って選んだ英文記事を、今度は要約文・コメントを作成するために注意深く読むわけで、1つの英文を違ったリーディングスキルで読むことになる。更に、要約文・コメントの作成によりライティング活動を自然にリーディング活動と結びつけることになる。それも読む相手がいるライティング活動なので、活動全体がdead endではなく、open endになっている。

4.2 英語プレゼンテーションを目指した授業実践

『慶応湘南藤沢キャンパス・外国語教育への挑戦』(関口一郎編著、三修社) には、大学レベルでの外国語教育のあるべき姿が見える。発信型の英語教育を唱えながらも、なかなか本格的な取り組みができない中で、ここまで成果を上げているのは、大学のカリキュラム改革を先行させたからであろう。

しかし、ほとんどの日本の大学では、ここまで組織立った4年間にわたる外国語教育を実践していない。たとえば、週に何回か英語授業があっても、それを本格的に関連づけたカリキュラムは少なく、また、教師が同一の学生を週2回以上にわたって指導するカリキュラムは極々限られている。本章「4.1 リーディング・ライティングを関連づけた授業実践」にも、週1回の英語クラスの場合は限界がある。週2回以上であればもっと組織的に徹底した指導ができるであろう。

著者自身、兼ねてから発信型の授業実践をしたいと思い、英語プレゼンテーションを過去に試みたことがある。しかし、クラスサイズが大きい週1回の授業では何かと支障をきたすことが多かった。せめて、欧米並みの十数名前後のクラスサイズにすることは無理でも、カリキュラム(時間割)の手直しにより、同一クラスを週2回指導できないかと考えた。運良く、本章「2.3 学習者中心の CALL ── 学習者から見た CALL ── 」で述べているように、それが可能となったのである。そして、そこから少しずつ「英語プレゼンテーションを目指した授業実践」を進めることとなった。

【準備段階】
英語によるプレゼンテーション能力を養うためには、4技能のすべてをトレーニングする必要がある。従って、本格的にプレゼンテーションを開始する前に、次のような技能別及び技能統合の言語活動をさせる。また、このような活動はクラス全体だけでなく、ペアや小グループでも積極的かつ頻繁に実施し、学習者同士のコミュニカティブな人間関係作りを心がけるようにする。

○リスニング

　英語歌詞の聞き取り、ビデオ映画の視聴、CD-ROM の映画視聴、録音テープを用いた Shadowing と Loudspeaker[1]、読み教材や視聴教材の内容に関する口頭質問など(TR, Video, LD, OHC, CAI-ACE, 大型プロジェクタ・スクリーン，MicroEnglish などを使用)。

○スピーキング

　Show & Tell、3 分間スピーチ、Impromptu Speech、News Report[2] など。当然スピーキングの内容を聞く立場にある学習者はリスニングをしていることになる。

○リーディング

　MicroEnglish による速読、プリントの英文・英字新聞・*TIME* などの英文雑誌のリーディング、教師や学習仲間の書いた英文のリーディングなど(OHC, CAI-ACE, MicroEnglish 使用)

○ライティング

　自己紹介の英文、与えられたトピックや自分で決めたトピックのもとでの自由英作文、電子メール(JOYNET)を用いた手紙交換、英文記事の要約文とコメント作成、スピーチの原稿作成など。学習者が書いた英文はできるだけ他の学習者が読む(聞く)ような場面設定をしている。書く目的と読み手(聞き手)を意識させ、書きっぱなしにならないようにするためである(WORD, JACKY, JOYNET, CAI-ACE, 大型プロジェクタ・スクリーン使用)。

(1) Shadowing と Loudspeaker

　録音テープからの英語を聞きながら、それを追いかけて再生するのが Shadowing であり、更に再生する英語を誰かに聞かせようとする場合は Loudspeaker になる。

(2) News Report

　読んだ英字新聞や英文雑誌の内容を口頭でレポートする活動。日本語で慣れたら英語でレポートさせる。

以上のような 4 技能全般にわたるトレーニングや 4 技能を統合させたトレー

ニングを積み重ねながら、英語によるプレゼンテーションの準備に入っていく。

【授業展開】
① プレゼンテーション・カードの作成
　以下のようなプレゼンテーション・カードを提出してから発表の準備に入る。

```
                プレゼンテーション・カード

 発表者名 _____
 タイトル（発表テーマ）
 _____
 結論と主な発表内容


 _____
 発表時間（　　）分
 発表方法（使用するものに〇をつける）
   OHC（　）　ビデオ（　）　LD（　）　録音テープ（　）
   ワード（　）　インターネット（　　）
   パワーポイント（　）その他（　）_____
```

　　　　　　　図4　プレゼンテーション・カード

② プレゼンテーションの準備指導
　プレゼンテーション・カードを参考にしながら、教師は全体指導と個別

指導の2つの方法で準備指導を行う。しかし「習うより慣れろ」の方式で、あまり細かく指導しない。まず1度体験させて、その反省点を2回目以降のプレゼンテーションに生かすようにさせる。また、後述するように、互いのプレゼンテーションからも学ばせるようにする。

③ プレゼンテーションの実施

「プレゼンテーション＋Q＆Aもしくはコメント」という形で実施するが、プレゼンテーション以外の部分では日本語の使用を認める。またプレゼンテーションの最中でも、どうしても言葉につまった場合は日本語を認めるようにする。英語にこだわり過ぎて学生が萎縮するのを避けるためである。ある意味でそれ以上に大切なことは、「Q＆Aもしくはコメント」の部分もしっかりと展開させることである。後述の「授業効果」で触れているように「Q＆Aもしくはコメント」がプレゼンテーション以上に重要な意味を持つことがあるからである。

④ プレゼンテーションの相互評価

コメント記入欄が付いた10点満点の評価表を用いて、学習者同士で相互評価をさせている。その結果が個人の成績評価の一部になるのはもちろんのこと、本人の将来のプレゼンテーションや教師の今後の指導の大きな参考となる。

⑤ 教師によるコメント・指導

プレゼンテーション準備→プレゼンテーション→Q＆Aもしくはコメント→相互評価、という一連の流れの最後は英語もしくは日本語での「教師によるコメント・指導」になる。ここでは次のような点をカバーするように心がけている。

＊ プレゼンテーションの内容理解を深めたり、そのトピックについて更に関心を持たせるための、教師の解説やエピソード紹介。

＊ プレゼンテーションの内容理解を深めたり、そのトピックについて更に関心を持たせるための、教師－学生間の質疑応答。

＊ プレゼンテーションの内容に対するコメント。優れた点を誉めると共に、どういう内容が更に望ましいかについて触れる。

＊ プレゼンテーションの方法に関するコメント。優れた点を誉めると共

に、改善点やより効果的な方法について述べる。この中にはメディアの活用方法も含まれる。

参考までに、これまでの英語プレゼンテーションのタイトルと用いた使用機器・ソフトウエアを少し紹介する。

タイトル	使用機器 ・ ソフトウエア
私の日記	OHC、ワード
インターネットオークション	OHC、インターネット
サッカーの面白さ	OHC、TR、Video
終わっていないアパルトヘイト（グループ発表）	OHC、TR、Video、パワーポイント

資料2 プレゼンテーションのタイトルと用いた使用機器・ソフトウエア

【授業効果】
何よりも、発信する内容と方法に対して意識を高める効果が高い。つまり、発表者には発表する中味が必要なわけで、そのために考え、情報収集・処理をし、自分なりの視点・論点・観点を持とうと努力する。また、その内容発表に適した方法として言葉（英語）だけでなく、各種データ（文字・数字の資料）、写真、絵、音声、映像を効果的に用いる工夫をする。当然、各種メディアに対する理解も深まり、その操作技術も身につくようになる。

プレゼンテーションの後に続く「Q&Aもしくはコメント」は盛んに行われる場合とそうでない場合とがある。それは、発表に興味・関心が持てる場合とそうでない場合である。また、発表がよく理解できた場合とそうでない場合もある。更に、問題提起の要素が多い場合とそうでない場合もあろう。あるいは、内容、方法共に申し分なく、感動してただ大きな拍手で終わるという場合もあるだろう。

いずれにせよ、「Q&Aもしくはコメント」がなければ次のプレゼンテーションには移らないようにしている。「Q&Aもしくはコメント」によって

発表者に「謝意を表す」という習慣を身につけさせたいからである。更に「プレゼンテーションは聴衆のためにある」ということを学習者に深く認識させたいからである。「聴く立場、観る立場でのプレゼンテーション」を実践した時にこそ、内容、方法共に優れたものになるということが自覚されると言えよう。

　しかし、口頭での「Q＆Aもしくはコメント」は、残念ながらある一定の学生に限られることが多い。問題意識が高い学生、自分の意見を持った学生、積極的に反応しようとする学生、あるいは発表者の努力に報いようとする学生たちである。これとは逆の傾向にある学生をどのように「Q＆Aもしくはコメント」に巻き込むかという課題がある。それは彼ら自身の問題であるだけでなく、彼らのような無言の学生の存在を意識して自らの発言を控えてしまう学生の問題でもある。日本人のコミュニケーションの方法が必ずしも好ましくないという現実がここにもある。従って、大学の教室の中で、自分自身もそのような日本人の１人だということを学生に自覚させる。そして、「Q＆Aもしくはコメント」ができるようになるためにもプレゼンテーションのトレーニングが必要なのだと説いている。

　相互評価の効果であるが、発表者はaudienceを意識し、audienceは発表者を意識するという点が指摘できる。敢えて点数化することによって、他のプレゼンテーションとの相対評価をさせながら、それではカバーできないところ、あるいはその発表者の絶対的な評価ということで、更にコメントを書かせるようにしている。まだ本格的に実施してはいないが、この相互評価そのものを学生に還元し、評価の観点について考えさせ、それをプレゼンテーションの内容と方法の改善に結びつければ、その効果は大きなものになるであろう。

　いずれにしても、英語プレゼンテーションには英語学習及び学習の動機づけの要素が強くある。それは「自ら興味のあるテーマを選び、発表内容・方法も自分で選択し、それに対して他者からの反応と評価が得られる」という点である。また教師側にとっては、「学習者理解が増し、学習環境の見直しがはかれる」指導実践となる。当然このプレゼンテーションの前段階に何が必要で、その後に何を設定すべきかについて考えることにもなる。

5. 評価と今後の方向

　CALL システムによる授業に対する学生の評価を得るため、1995〜1997 年度の 3 年にわたってほぼ同じ内容のアンケート調査を実施した。個々のハードウエア、ソフトウエア、コースウエアに関するアンケート結果は省略するが、CALL システムによる英語学習全般に対して「大変面白い」「面白い」という反応が常に 90％を超えていた。またシステムを使った学習効果度に関する 10 項目以上のアンケートに対しても「大変効果がある」「効果がある」という反応が 80％を下ることはなかった。このような好ましい結果が出た理由は、以下の表にあるように、従来の英語授業と CALL システムでの英語授業との違いにあると考えられる。

	従来の授業がつまらないと思う理由（4月アンケート）	CALL の授業に対する感想（7月アンケート）
授業方法	・文字重視（文法訳読式）　68% ・黒板・チョークの講義形式　23 ・音声・映像の欠如した授業　16	・音声重視（直聞直読直解） ・一斉学習と個別学習の併用 ・音声・映像・文字での授業
授業内容	・単調　28% ・関心が持てないテーマ　28 ・音声・映像教材の欠如　25	・変化に富む ・面白い内容 ・音声・映像・文字教材の使用
評価	・定期考査のみでの評価　61% ・個人の伸びの評価なし　18	・学習記録が保持でき評価の一部にできる
		その他 ・ 学習・活動内容を保存して見直しができる ・ その場で学習確認ができる ・ 自分自身で考える ・ お互いから学べる（画面共有）など

表3　アンケートに見る CALL に対する学生の反応

　学習者からこのような高い評価を得ている TIU の CALL システムではあるが、もちろん完全無欠なわけではない。事実、2000 年度後半から学生機 1 つひとつをインターネットに接続した新しいシステムに入れ替えることになり、より望ましい CALL 学習環境が生まれようとしている。そして、

おそらく4～5年後には、再びシステム更新をすることになるであろう。

　システム更新は確かに必要である。しかし、それ以上に、CALLの未来を展望するのでなければ、新しいシステムほど宝の持ち腐れになりかねない。そこで、TIUの授業実践を拠り所として、私なりにこれからのCALLの方向性を簡潔に述べることにする。

　実は「4. 授業運用と実践」で紹介した2つのCALL授業は、かなり悩みながら産み出したものである。学生にとって、CALL教室での授業が真に役立つものかどうかという悩みである。客を大事にしない店が潰れるように、学習者を納得させず満足させない授業は、彼らの心が見捨てていくからである。彼らに背を向けられたくない。そこで出した結論が、絶えず時間と空間の広がりの中で彼らの存在を理解し、CALL授業を展開し、CALL授業にいろいろな付加価値をつけることであった。

　時間的な広がりでは、学生がTIUに入学するまでに受けた（英語）教育を踏まえ、大学の他の授業だけでなく、彼らの進路（職業）にも役立つ（英語）教育をすることである。それは、図5が示すように、言語（英語）能力を養いながら、コンピュータ活用能力、情報収集・処理能力、レポート作成能力や発表能力の基礎を培うことである。

　空間的には、現在の学習環境全体の中にCALL教室を有機的に位置づける展望が必要である。図6が示すように、普通教室、視聴覚教室、コンピュータ教室などの他教室や図書館などの施設と、どのように関連させてCALL教室やCALLシステムを使うかということである。更には、図7が示すよ

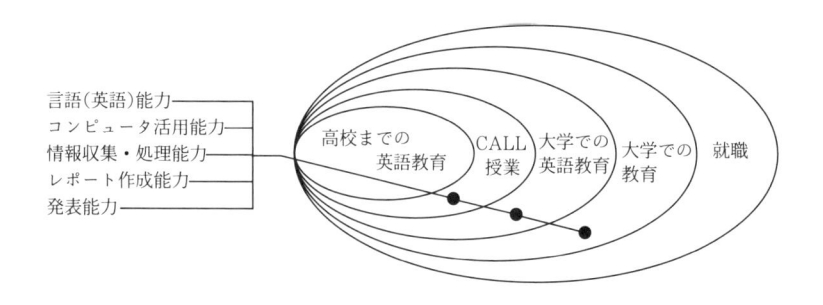

図5　CALLの時間的展望

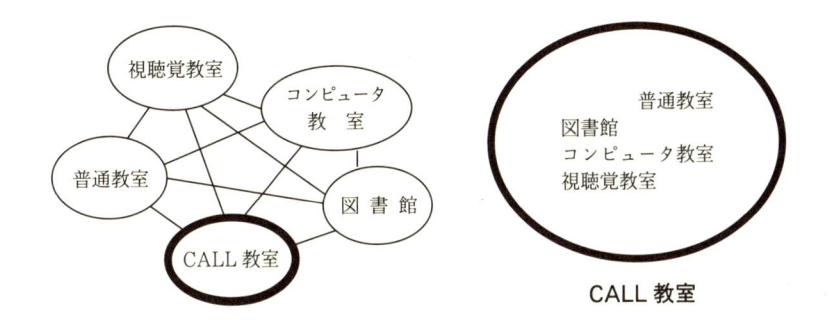

図6　CALLの空間的展望その1　　　図7　CALLの空間的展望その2

うに、あらゆる教室や施設の要素を持つCALL教室の誕生を目指すことになるであろう。そうなった場合、もはやそれはCALL教室ではなく、CAL（Computer Assisted Learning）教室と呼ぶべきものになる。

　以上、時間軸と空間軸でCALLの今後の方向性を探ってみた。既に述べたように、数多い授業実践から、更には頻繁に開催したCALL検討委員会の中から「学習者中心のCALL」がクローズアップしてきた。「学習者中心」は理想論ではなく現実論である。そして「学習者中心」に徹すれば、必ず問題解決の糸口が見えてくるはずである。

第3章
帝京科学大学「インターネットと英語」

0. はじめに

　1990年、理工学部4学科として山梨県上野原に開設された帝京科学大学は「科学・技術分野での実践的技術者・科学者の育成」と共に、理工学系大学として「コンピュータ・テクノロジーの修得」「国際感覚を持ったコミュニケーション能力の育成」を重要な教育理念としている。これは、高度情報化社会におけるコンピュータ技術や、インターネットをはじめとしたネットワークの発達による政治・経済・社会・文化のグローバル化と、国際語としての英語の必要性、国際的コミュニケーションの重要性を反映していると言える。このような観点から、本学では外国語教育の主たる教育目標を以下のように位置づけている。

① 理工学系技術者として、その技能と専門を生かす語学能力を身につけること。
② 異文化への理解と協調及び国際感覚を身につけること。
③ 発信・提案型のコミュニカティブな語学運用能力を身につけること。

　本学における外国語教育は、専門分野同様にセメスター制を採用している。外国語は修学時間数30時間をもって1単位とする演習科目で、英語は6単位以上の修得が卒業条件となっている。また、英語が入試必須科目ではないことから学生の能力格差が大きく、入学後の授業運営を考慮して能力別テストを実施、50名をクラス単位とした能力別クラス編成を行っている。英語の授業は技能別に英語A（Reading/Writing）および英語B

(Listening/Speaking) に分類されており、1・2年次にそれぞれ1科目を必須選択すると、3セメスターで英語6単位が修得可能となっている。

一方、本学において理工学系学生の語学に対する意欲や意識は決して高いとは言えず、意識的な向上をはからない限り、ますます学習意欲の低下や授業のマンネリ化を産む可能性を秘めている。そこで、本学では設立当初からCALLを最大限活用した語学演習システムを導入すると共に、現在では、実践的でコミュニカティブな英語能力の習得と、検定評価による英語運用能力の自己評価や資格を修得させるための講座である「検定英語講座──TOEIC」、そして外国人教員による英語のみの授業である「スピーチ・コミュニケーション」、理工学系学生のパソコンやネットワークに対するリテラシーと、英語によるコミュニケーション能力の育成を目指した「インターネットと英語」を開講している。

そこで本章では、筆者が担当・実践している授業として、CALLシステムを有効に使った1・2年次の通常授業「英語B」、及びネットワーク環境を活用した「インターネットと英語」を取り上げ、その授業設計、運用と実践、評価と今後の方向について述べることにする。

1. 学習環境* ── 教育目標とシステムの構築

本学では開校時に、外国語教育用にLL教室とCALL教室を設置した。特にCALL教室には、LLシステムとコンピュータLANを統合した1人1台のCALLラボ・システムを導入し、同時にグループウエア*としてLAN上で電子メールと電子掲示板の使用が可能な教室環境を構築した。

1999年度には全学的な規模でネットワーク環境とパソコン仕様を統一したリプレイスメントが行われた。これは全学的レベルでのネットワーク構築、コンピュータ教室のイントラネット*化、機器や基本OS、アプリケーションの共通仕様による共有化を主たる目的とした。その結果70名規模の旧LL教室は、従来の音声演習・視聴覚機能に加えて、学生がノートパソコンを持ち込み、授業や自学自習が可能な、70個の情報コンセントと電源を追加した自習開放型の第1MM（マルチメディア*）教室となった。また旧CALL教室は、他の専門科目や情報処理科目での利用もできるように

設計され、従来のシステムに加えて、ネットワーク運用と教師支援システムを強化した、柔軟かつ多目的型の第 2 MM（マルチメディア*）教室となった。

更に、普通教室の一部に情報コンセントと電源を配置することによって、第 1 MM・第 2 MM 教室での授業時間外でも、学生がノートパソコンを持ち込んで自習・復習としてネットワークを活用できるなど、マルチメディア*とネットワークを活用した多様な授業形態が可能になった。その主たる第 2 MM 教室の教室環境は以下の通りである。

1.1 教育目標

本学の第 2 MM 教室では、従来の LL システムの機能を生かしながら、先に挙げた外国語教育の教育目標を実現するため、学習環境の設計と学習支援システムを次のように検討した。

1.1.1 学習環境の設計

学習環境は、教室の設計・機器や応用ソフトウエアの選択・運用目的と方法など、学習上必要なインフラストラクチャであり、教育目標を実現する一大要因でもある。そこで本学では、主として以下のような 5 つの基準を設定した。

① CALL 環境

異なったレベルの学生に対応し、1 人 1 台のパソコンを使って英文速読や英文作成など多様な語学技能の drill & practice が一斉または個別に学習できる。

② マルチメディア*環境

動画や静止画、音声・文字を自在に組み合わせ、学習の動機づけや学習内容の理解に役立つマルチメディア*環境で外国語が学習できる。

③ インターネット環境

個々の学生が電子辞書などを利用して簡単に英文が作成でき、電子メールを通じて国内外と交信できる。また、個々の学生がインターネットを通じて海外の WEB にアクセスし、検索と英文速読などの技法で、関心

```
                    学習環境の設計
          ┌────────────┼────────────┐
     ┌────┴────┐  ┌────┴────┐  ┌──────┴──────┐
     │ CALL環境 │  │マルチメディア環境│  │インターネット環境│
     └─────────┘  └─────────┘  └─────────────┘
          ┌────────────┬────────────┐
     ┌────┴──────────┐      ┌──────┴──────┐
     │コラボレーション環境│      │ ネットワーク環境 │
     └───────────────┘      └─────────────┘
```

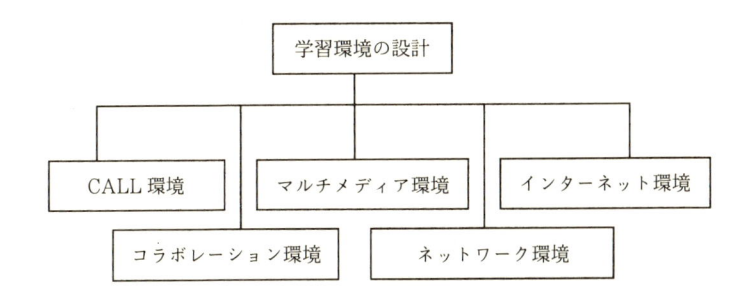

図3-1　帝京科学大学での学習環境の設計

のあるWEBサイトの英文を読むことができる。
④ コラボレーション*環境
　学生がネットワークなどを利用して共同作業ができる。また、教室内外においても、教師と学生同士がいつでも個別にコミュニケーションできる。
⑤ ネットワーク環境
　学生は、サーバーやネットワーク上にある各自のフォルダにホームページを構築したり、必要なファイルの保存や課題ファイルのダウンロードなどが学内のどこからでもできる。

1.1.2　学習支援システム

　学習支援システムは、学生の学習をさまざまな角度から支援するための機能であり、それは同時に教師の支援システムと言ってもよい。本学では、以下のような点を配慮した。
① 教材提示機能
　VTR/LD/TR/CD/DVDなどパッケージ系やBS/CSなど放送系の教材、書画や教師機のパソコン画面を一斉または個別に配信できる。
② 教材配布機能
　教師側からの課題ファイルの配布や回収と共に、学生側からは個別にサー

```
                    ┌─────────────────┐
                    │ 学習支援システム │
                    └────────┬────────┘
         ┌──────────────┬────┴────┬──────────────┐
    ┌────┴─────┐  ┌─────┴────┐         ┌─────┴────┐
    │教材提示機能│  │教材配布機能│         │教材作成機能│
    └──────────┘  └──────────┘         └──────────┘
         ┌──────────────┐         ┌──────────────┐
         │モニタリング機能│         │ 共同伝達機能 │
         └──────────────┘         └──────────────┘
```

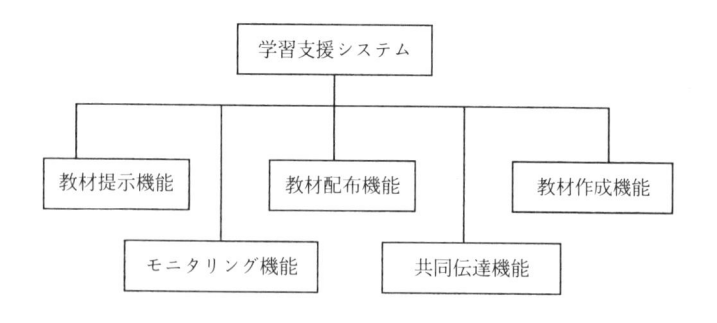

図3-2　第2MM教室の学習支援システム

バーやネットワーク上にある課題ファイルを取り出すことができる。

③ 教材作成機能

　教師は、語学演習のための教材を作成・変更（オーサリング）したり、履歴管理・統計処理（CMI）ができる。

④ モニタリング機能

　任意の学生機及び全員のパソコン画面や音声をモニタリングし、教師・学生間の個別通話や、学生機のキーボード・マウスに介入・共有して個別指導ができる。

⑤ 共同伝達機能

　ネットワーク上でのメール交換や掲示板機能など、グループウエア*を利用した学生間及び教師－学生間のコミュニケーションができる。

1.2　システムの構築

　第2MM教室では、上記の学習環境及び学習支援システムを前提としたシステム構築のため、教室レイアウト、ハードウエア及びアプリケーションの構成を下記のように検討し配置した。

1.2.1　教室レイアウト

　教室の配置は、教室枠やクラス規模などの制約に負うところが大きいが、

その教室レイアウトを見れば設計者の思想がわかるとも言われる。CALL教室やネットワーク教室では、アイランド方式やラウンド・テーブル方式など多くの配列が提案されているが、本学では、与えられた普通教室を横長縦短に利用して「パノラマ対面式」とした。その基本思想は、普通教室・CALL教室・ネットワーク教室の融合と統一化、学生のグループ別配列の容易さ、そして教師の目線を重視したものである。

1) 学生用にはパソコン専用2人掛机を特注して35台配置した。
    ① 横長対面式で、縦列6席・横列2席×5列（計60席）を配置。教師の巡回がすべての学生に可能なようにした。
    ② 予備10席には情報コンセントと電源を設備。学生のノートパソコン持ち込み用として活用した。
2) 教師卓には3つの制御機能を設備した。
    ① パソコン制御によるLL用マスターコンソール（従来のLLシステム）
    ② 視聴覚提示機器と学生用パソコン制御システム（CAI-ACE）
    ③ 教師用パソコンと学生用パソコンのネットワーク・システム
3) 学生卓には以下の3つの機能を設備した。
    ① LL用ブースレコーダとヘッドセット（従来のLLシステム）
    ② 教材提示モニター（動画・音声・書画・パソコン画面）
    ③ 各自1台の学生用パソコン・液晶モニター及びCAI制御ユニット

1.2.2 ハードウエアの基本構成

* サーバー機1台・教師機1台・学生機60台
  (WindowsNT Server 4.0／WindowsNT Workstation 4.0)
* 14.1インチTFT液晶モニター合計61台
* 教材提示モニター合計36台及びプリンタ6台
* 教師支援システム CAI-ACE [1]
* LLシステム一式

1.2.3 ソフトウエアの基本構成

* Office97 Professional
  ワード及び Bookshelf 辞書機能／エクセル／Power Point など
* 英語教育総合ソフトウエア MicroEnglish98 [2]
  英文タイピング・語彙・英文読解・英文速読・穴埋め演習・英作文・英文書き取りなどの語学演習、及び教材作成・成績管理システム
* インターネット・エクスプローラー及びメーラー（ACTIVE! MAIL）
* 教材配信・回収用ソフトウエア（JOYNET for Windows）

2. 授業設計とシラバス

2.1 授業設計

　英語入試必須の洗礼を受けずに入学してくる本校の理工学系学生は、その大半が英語を不得意とし、学生自身の英語学習目標が定まっていない場合が多い。しかも6単位が卒業必須単位であることを考慮すると、一般に言われる英語教育の目的達成や、中学・高校から社会への橋渡し的な大学レベルの英語教育を実践することは大変困難であると言わざるを得ない。そこで、本校の特別な現状を踏まえた学習方略として、「専門教育との連携としての ESP（English for Specific Purposes）」を検討すると共に、「広義の意味での情報処理としての英語教育」を考えている。ここでは本学の特色である「情報処理としての英語教育」の概念を明らかにし、その方略と授業の設計に関して述べる。

　＜本学の英語教育の概念＞
英語教育は高度情報社会におけるグローバル化に必要な情報処理であり、英語運用能力と情報処理能力を組み合わせた効果的な演習を行うことで、以下のような能力を養うものとする。
① データベースやネットワーク上などにある膨大な情報資源（英文コンテンツ）から、必要な情報を素早く取り出す技法、及び英文を早く処

理し理解する英文速読技法と運用能力の習得。
② 現実あるいは仮想現実に存在するネットワーク上の相手に対し、伝えたい内容を英文で伝達するための英文作成技法及び英語運用能力の習得。
③ 共同作業を行うことによるチームワークとグループ単位でのプロジェクトの推進やプレゼンテーションの技法と実践能力の習得。

2.2 授業計画とシラバス

> 「英語B」は1・2年次を対象とした選択必須科目である。能力別に分かれたクラスは約50名、CALL教室環境を有効に使った1セメスター15週の授業シラバスは以下の通りである。

【授業の目的】
ビデオ教材を導入教材とし、コンピュータを有効に使って生きた英語に接しながら、情報処理技法と英語の実践的運用能力を身につけ、同時に海外の異文化に対応できる国際感覚を養うこと。

【授業の計画・内容】
① 導入
　米国で作成された英会話ビデオ教材と、学生用パソコンで再生可能なCD-ROM教材を使用。ドラマを通じて語彙や表現、英語特有の表現方法や発想の仕方、しぐさや習慣の違いを比較しながら音声を中心に英語文化を理解させる。
② 展開
　語学用アプリケーションMicroEnglish98を使用して動画を再生しながら、台本の有用な表現を演習する。また、ワードプロセッサを活用して有用な表現を使った応用英文作成を演習する。
③ 応用
　レッスンに関連する課題に対し、インターネットを活用して海外のWEB

サイトにアクセスし、検索して報告書をワープロで作成し提出する。

> 「インターネットと英語」は、パソコンを所持し基本アプリケーション及びファイル操作などに関するリテラシーを有する学生、または基礎情報処理演習を修了した2学年以上を対象としている。クラスは約60名、ネットワーク環境を有効に生かした1セメスター15週の授業シラバスは以下の通りである。

【授業の目的】
「英語で発信する」を目標として、電子メールを活用しながら英文を作成、同時に海外英語WEBサイトへのアクセスと英文情報の速読・読解を通じて、グループによるプロジェクトの推進、そしてプレゼンテーションを実践する。

【授業の計画・内容】
① 導入
　メールソフトウエアの操作方法・アカウントの登録・ネチケット・英文による電子メールの書き方や用例を指導する。
② 個別活動
　セメスターの2/3は、電子メールの演習である。海外の架空人物から配信される電子メールを受信。その英文に含まれる有用な表現を活用しながら返信英文を作成・送信する。
③ グループ活動
　セメスターの1/3は、プロジェクトの推進である。グループ単位でプロジェクトの題材を検討し、ブラウザを使ってインターネット検索や資料収集を行い、最終日にはまとめた情報をもとにプレゼンテーションを行う。

3. 授業の運用と実践
3.1 CALL学習環境での授業実践（英語B）

【授業形態】

● 授業は1人1台のパソコンが利用可能な第2MM教室を使用、座席は管理上の問題で指定としている。学生は、予め登録されたIDを使ってログインし、終了時にシャットダウンすることによってセキュリティ管理をしている。

● 本授業では印刷テキストは一切使用せず、教材や教材資料は予めネットワーク・サーバーに準備されている。学習者は教師からの指示やアクセス許可制で必要なファイルをダウンロードし、パソコン上で作業を行う。また、課題の場合は作業後ファイル形式での提出、印字提出とする場合もある。

● 教師側から一斉提示や指示・説明がある場合、添削など学生機と個別に交信する場合などは、CAI-ACEにより学生画面のブラックアウトや提示ソースチャンネルの変更、キーボードやマウスのコントロールが可能である。

● 授業は、第1週目の導入が中心の場合は教師主導、第2週目のCALLシステムを利用した演習の場合は教師－学生のインタラクション、第3週目のインターネットを利用した課題解決の場合は学生主体の授業形態となる。

● 評価は出欠と学習量60％、課題に対する評価40％の総合評価を実施している。

【第1週目（導入）】

> 米国で作成された英会話ビデオ教材と、学生用パソコンで再生可能なCD-ROM教材を使用。ドラマを通じて語彙や表現、英語特有の表現方法や発想の仕方、しぐさや習慣の違いを比較しながら音声を中心に英語文化を理解させる。

動画は、①学生の英語能力レベル、②同年齢の登場人物で身近な話題を取

り上げたドラマ、③3〜5分程度の短編、④デジタル化可能な、著作権処理済みの素材などを考慮して選択した。

　また、動画の導入は、①最も学習情報量の多いメディアであり、②使用される語彙や表現の理解が、場面・動作・表情などを伴っている、③学生の、多少のレベルの違いからくる理解度の差異が少ない、④動画・静止画・音声・文字の分離と自由な組み合わせが可能、など多くの利点がある。

➡　授業は、教師側から新しいレッスンの概略を紹介した後、学生用パソコンにインストールされているMicroEnglish98を起動する。MicroEnglish98には、内蔵している辞書機能で、教材に使用されている語彙数と語彙の難易度が個別にチェックできる語彙演習プログラムがある。この機能を使うと、文字レベルでのリーダビリティと学生個人の語彙力が測定でき、ビデオ教材導入前に実行することによって音声英語との格差を学生に認識させることができる。

➡　使用しているビデオ教材には、語彙や有用表現を動画で紹介する部分がある。教師側からの一斉提示でこれを利用すると、単語の暗示的意味（connotation）や明示的意味（denotation）を一目瞭然に提示することができ、語彙や表現の運用能力へと導入することが可能となる。

➡　次に、先行オーガナイザー（advance organizer）として、教師側からリスニングポイントを提示しビデオ教材を放映してストーリーの大まかな把握をさせる。このことによる概略的理解を前提に、学生は子機のMicroEnglish98を起動し、MPEGファイルに変換された動画を再生して自分のペースで再視聴した後、英文書き取り演習を完成させる。

【第2週目（展開）】

> 　語学用アプリケーションMicroEnglish98を使用して動画を再生しながら、台本の有用な表現を演習する。また、ワードプロセッサを活用して有用な表現を使った応用英文作成を演習する。

学習した語彙や有用表現などの定着をはかるには、教師側からの情報の伝

達や解説だけでは困難である。そこで学生自ら自分のペースで演習が可能なCALLソフトウエアが必要となる。MicroEnglish98は、動画・音声とさまざまな演習（空所補充・書き取りなど）の組み合わせ、適切なKR情報や結果の評価提示が可能であり、履歴結果も回収できる。

また、英文作成演習で、英語を書く時一番困ったことを聞くと、学生は異口同音に、単語・文法・表現という。つまり適切な語句や文例・文体・事例などの知識を参考にしたり、思い出したりするという、知識の検索と利用というインタラクションを繰り返しながら英文作成を行っていることからKnowledge Storageとも言うべきフレームが想定できる。従って、辞書データベース（入力時の語句検索）、文例データベース（英文表現引用）、オートコレクト（スペルミスやスタイルチェック）などを、英作文学習の環境として事前にインストールしておけば、知識の記憶に苛まれず、学習者はもっと想像豊かに、楽しく英文が書けるであろう。

➡ 授業開始時には、導入時の概略的理解と語彙や有用表現の理解を再確認し、定着させる演習を行う。この作業は、動画制御が可能なMicroEnglish98の「空所補充」プログラムなどを活用する。教師はCAI-ACEによるモニタリングや画面介入・キーボード共有で指導を行う。

➡ 教師側からのチュートリアルな提示として、ビデオ教材の台本と動画を同時に提示する。教師機では、①ワードとワードにリンクする辞書を起動して動画の台本を立ち上げ、必要な語彙を辞書にリンクさせて解説する。同時に②別ウィンドウでは、MPEGファイルに変換されたCD-ROMから動画を再生し、台本提示と同期させながら、語彙や有用な表現を説明する。

➡ 次に、予めサーバーにインストールしておいた英文作成のための有用表現課題ファイルを各子機にコピーさせ、ワープロ上での英文作成演習を行う。学生には、ワードの基本操作と共に辞書機能やスペルチェックの活用方法を熟知させ、英文の内容を重視するようにさせる。この間も同様、教師は個々の学生のモニタリングや画面介入・キーボード共有、または机間巡回による直接添削・指導を行う。

【第3週目（応用）】

> レッスンに関連する課題に対し、インターネットを活用して海外のWEBサイトにアクセスし、検索して報告書をワープロで作成し提出する。

　日本の英語教育では、リーディングは英文を読解（decoding）するための演習が主体となり、少ない分量の英文と、その大意を把握したか、完全に理解したかという結果評価が中心となってしまったきらいがある。一方、インターネットでのtask-basedな演習では、膨大な情報の中で必要な情報を検索するという、リーディングのプロセスとモニタリングを重視した内容となっている。①キーワードによるサーチ、②サブジェクトからの絞り込みといったデータベース・エンジンを使う検索方法を理解し、英文を素早くスキャニングする英文速読技法の訓練を受けた学生は、①自分の読解に関する問題を把握し、②あらゆるストラテジーを試みて、③他の学生や教師に相談し、④解決できなければ修正する、というモニタリングを繰り返しながら目的のタスクを発見しようとする。これは英文という第2言語を介した情報の処理であると言える。

➡　最初に教師側から、学習したレッスンに関連づけられた課題の提示と検索キーワード及びレポートのまとめ方や操作手順などの説明がある。このファイルはサーバー上に保存されており、学生はいつでも参照できる。その後、学生は各子機のブラウザを起動し、大学のホームページに登録されたデータベース・エンジンを使って検索を始める。ある程度の時間が過ぎると目的の課題に到達する学生が出始め、この時点で最初に検索に成功した学生の到達プロセスを、本人が提示モニターを使って全員にデモンストレーションする場合もある。

➡　次に学生は、それぞれ左半分ワープロ画面、右半分ブラウザ画面の設定で、到達したWEBサイトのファイルや画像を、カット＆ペーストしながら、レポートにまとめる作業を行う。この間、学生は自由に席を移動し、相談しても構わないし、教師は机間巡回しながら相談に乗ることにしてい

る。提出はファイルを保存し、同時に印刷して提出する。

3.2 ネットワーク学習環境での授業実践（インターネットと英語）

【授業形態】

● 資料（電子メールの書き方、英文の用例など）やプロジェクト発表要項などは、学内であればサーバーから自由に取り出すことが可能で、教師側からテキストやプリントは一切使用しない。

● セメスターの前半約2/3は、電子メールの演習を行う。WEBグループウエア*のACTIVE! MAILは、各自のアカウントで常時チェックさせ、受信したメール（セメスター期間中約5-8通）は、期限つきで返信させることにしている。期限が過ぎると受理しないが、返信メールは、自宅などからの送信でも受け付ける。

● 教師は、電子メールの書き方や資料説明、受信した電子メールの解説などの説明以外は、机間巡回とモニタリングや個別指導・添削を行う。

● セメスターの前半約1/3は、プロジェクトを主体とした授業である。グループ（5-6名）単位での行動を基本とし、出欠はグループ別の管理表で自己申告制、また一定の授業時間が過ぎればいつでも退室できる。

● 教師は、プロジェクトの進め方、資料説明以外は教壇におらず、100%学生主体の授業として、机間巡回とモニタリングやグループ指導、コンサルティングを行う。

● 評価は返信メール数と内容を60%、プロジェクト評価を40%としてグループ内での均等配点とし、プロジェクトが発表できないグループは単位を認めない。

【導入】

> メールソフトウエアの操作方法・アカウントの登録・ネチケット・英文による電子メールの書き方や用例を指導する。

電子メールの伝達方法は、従来の手紙やはがきの配送手順と非常によく似ているが、「高速送信」「大量情報」「データ管理」「記録性」「受信場所」

「1対多数」「低コスト」などを考えると、その格差は雲泥の違いがあり、使用頻度に影響を与える。また、従来のように紙と鉛筆で記述することや手紙を出す手間を考えると、「相手文の随時引用」「簡単な編集」「添付の簡便さ」「送信の手軽さ」などは、文体や表現方法に少なからず影響を与えるであろう。現に、電子メールには対話のチャットに似た「身近さ」「気軽さ」「テンポ」「安易さ」などがあり、美辞麗句・形式を含めた文体・文法・組立・語彙表現・慣用例などが強調される英作文指導とは異なった学習指導方略が必要となる。

➡ 今まで自作の英文を書いた経験のない学生が大半であるため、①ワープロを使った英文の作成方法、②辞書やスペルチェッカーの使用方法、③電子メールの事例を参考にしながら構成法や慣用語句の解説、④ネチケットなどを資料にまとめて説明。
➡ 電子メールの条件（語数、期限、返信数など）やグループの組織化と運営方法、プロジェクトの推進方法や評価などを解説し、成果主義と自主性を強調して、従来の授業とは違う点を明確にする。

【個別活動】

> 海外の架空人物から配信される電子メールを受信。その英文に含まれる有用な表現を活用しながら返信英文を作成・送信する。

電子メールの返信文作成は、先に述べた電子メールのメリットを生かした英作文指導が可能であり、特に次のような観点から、英作文初級者には効果的であることがわかった。それは、①返信しなければならないという心理的側面、②返信することは書く論点（内容）が明確であるということ、③疑問に答えることや自分の意見を述べるなど、積極的な伝達であること、④受信したメールの文体や表現方法に即した形で返信文を書くことができるということ、⑤受信文には引用可能な語句・有用表現が多く含まれること、などが挙げられる。

　また、英文を作成する時すぐに参照できる資料やツールは、ライブラリー

機能としても重要である。それらは、①サブジェクトごとの文例や用例データベース、②過去の返信文データと添削文データベース、③受信文などを具体例とした文の組み立てや展開の手法に関する資料、④引用例が多く掲載されている辞書機能などが考えられる。

更に、学生が英文を作成している時、パソコン画面を共有しての個別添削指導や、学生同士の peer reading、学生同士が移動しながら相談するといった学習活動は、paraphrasing、correction など英作文向上に役立っていることが観察される。

➡ 学生は、毎週授業開始時にWEBグループウエアのACTIVE! MAILにログインし、架空人物からの電子メールが配信されているかどうかをチェックする。通常、複数の人物から配信があり、学生はその中から1通を選択する。

➡ 教師は、全員に配信されているかを確認後、配信された電子メールの英文解説を行い、返信条件（100単語以上、返信期限など）を提示して返信文作成作業を開始させる。

➡ 教師は、画面介入や共有機能と音声のインターコムを使って個々の学生の英文作成状況をチェックし、添削や文例の提示、展開方法などを助言する。また学生同士の交流は原則自由としている。

➡ 締め切り期限がある場合、教師はACTIVE! MAILで受信した期限内の返信メールを別フォルダに移動し、以降のメール受信を期限切れ返信メールとして処理する。学生は、送信箱で送信済みのメールを確認することができる。

➡ 評価は、①返信条件を満たしているか、②能力に適応した英文を構成しているか、③内容のある返信文であるか、などを総合評価し、細かな文体・文法・語彙などのミスは特に問題としないことにしている。

【グループ活動】

プロジェクトの検討とブラウザを使ってインターネット検索と資料収集を行い、最終日にグループ単位でプレゼンテーションを行う。

インターネット検索とグループによるプロジェクトの推進・プレゼンテーションは学生の自主的・協調的作業による最大の教育効果を目的としているが、実際の運用面ではさまざまな問題が生じる可能性がある。そこで本校では次のような取り組みを構想し、実践している。

① 組織構成と運営

組織は、途中の脱落者・組織規模・組織内対立を考慮して5-6名とする。また、プロジェクト・チームリーダーの選出やメンバー間のチームワークを考えて自主参加とする。組織の運営がうまくいかない場合は相談の上、スクラップ＆ビルドを行う。教師側からの情報はチームリーダーを介して行うなど。

② プロジェクト推進の手順とプレゼンテーションの手法

プロジェクトの題材を決定するため、初期段階ではブレーンストーミングの手法を解説、プロジェクトの内容は、ワードのアウトライニング・プロセッサ機能を活用しながら全体の流れを組み立てるように指導する。また、プロジェクト構築とプレゼンテーションツールとして、当初からPower Pointを必須とし、発表効果と手順を構想しながらデータや図、動画などを検討する。

③ 評価方法

評価は40点満点とし、グループに与えられた得点はそのグループメンバー均一に与えられるもの。また、採点は以下のような基準とした。

＊プロジェクトのユニークさ（5点）
　－プロジェクトのテーマ、目的やねらいがユニークで興味深いこと。

＊提出資料によるプロジェクトの緻密さと構成（15点）
　－提出された資料が適切に選択・整理されているか、それに費やした労力、よくまとまっているかどうかをチェックする。

＊チームワーク（5点）
　－日常の活動や発表にあたっての分担・役割・共同作業を評価する。

＊口頭発表の技術（15点）
　－説得力のある発表かどうかをチェックする。

➡ 履修した学生をグループ別（5-6名を約10グループ）に分け、教師側から、グループの目的や運営方法、グループ別管理表の取り扱いを説明する。一方、学生は、グループ単位でチームリーダー・グループ名・プロジェクトの進め方などを相談する。

➡ 教師は、プロジェクト推進中は相談役に徹し、資料収集方法やグループ運営方法を助言する。また、グループの存亡に関わる場合などは、吸収合併などグループのリストラを助言する。

➡ プロジェクトの発表は、プレゼンテーションを重要視することから、Power Pointの指導や、動画・音声など多様なメディアの活用を進める。

➡ プロジェクトの発表は、終日の時間を確保して全員参加を呼びかけ、決められた時間帯に順次発表を行う。評価は、教師が予め提示した評価基準と参加した学生の支持を参考とする。そして優れた発表は、資料と共に保存し、次回プロジェクト発表の参考とする。

4. 評価と今後の方向

　まず、帝京科学大学の外国語教育にとって、情報技術は必然的な要素となるのかもしれない。実際上、学生の英語運用能力と情報処理能力はネットワーク環境やCALL環境のもとでは決して異質のものではなく、ごく当たり前の学習環境の中で運用されている。本学の学生に期待されている英語運用能力は理工系学生としての外国語であり、情報処理としての外国語教育に違和感はない。英語教育工学*や情報科学としての英語といった分野の研究と専門性との関わり合いの中での教育実践が期待されるところである。

　次にカリキュラムの問題がある。大学の理念は別として、とりわけ理工学系の学生に期待される大学教育が「専門性」と「情報技術」であるとするならば、異文化コミュニケーションと社会のグローバル化を担う英語教育の重要性は、もうひとつの柱として追加すべきものである。そこではGeneral Englishとしての英語教育ではなく、ESPとしての目的・能力に応じた英語教育が必要である。そのためには、大学の英語教育に必要な講座（スキルや学問分野）という観点から演繹的に設定されるカリキュラム

```
      ┌─────────────────┐      ┌─────────────────┐
      │ *目的別ESP講座の  │      │ *多様なカウンセリ  │
      │  開発            │      │  ング・システム    │
      │ *セメスター制導入と柔│  │ *ネットワークによる学│
      │  軟な講座開講     │      │  生支援システム    │
      │ *履修選抜制度や授業評│  │ *個人プロファイルなど│
      │  価制度など       │      │                 │
      └─────────────────┘      └─────────────────┘
```

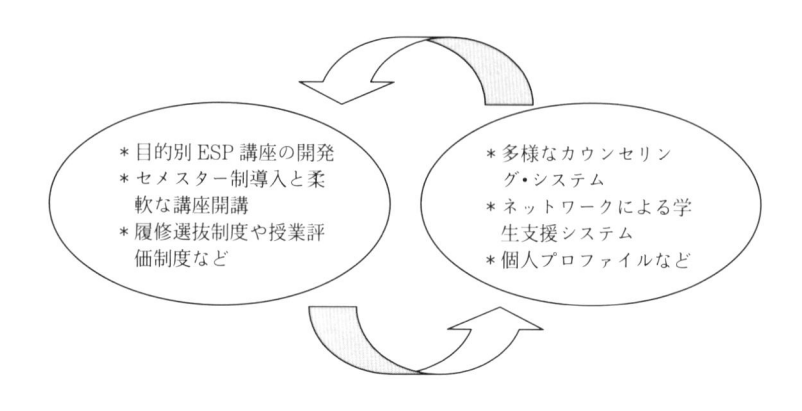

図3-3 理工学系大学のカリキュラム構想案

構想ではなく、学生の目的と能力に応じた ESP としてのクラス編成（①②③など）と、目的と学習意欲を持った学生へのカウンセリング・システム（④⑤⑥など）を融合させたカリキュラム構想が必要である。そのためには次のようなシステムを検討していく必要がある。

① 意欲と目的を持った学生のニーズに応じた講座の開発
② セメスター制や集中講義の導入と開講年度や期間の柔軟性
③ 履修選抜制度や授業評価制度
④ 直接面談やHP、電子メールなどのグループウエア*を活用したカウンセリング・システム
⑤ 学内外からネットワークを活用した課題提示やレポート提出などの学生支援システム
⑥ 学生の個人プロファイルの作成とデータベース

註1）教師支援システム＜CAI-ACE＞の概要

【映像切替送信】　VTR/LD/TR/CD/DVD や OHC、パソコン画面など、指定のソースの画像や音声を切り替え、提示モニターや全員／任意の学生機に送信。
【画像切替送信】　教師画面を個別・グループ別・一斉に切り替え、提示モニターや全員／任意の学生機に送信。
【学生画面受信】　ログインした学生機の座席表示と出欠などの表示。学生画面のモニタリング機能、教師・学生間での通話機能。
【モデルの送信】　任意の学生機の画像を他の学生機に送信。
【学生画面介入】　受信した学生機に介入してキーボード／マウスをロック。教師機のキーボード／マウスによる強制介入。画面にマウスで添削（マーキング）できる機能。
【学生画面共有】　学生機のキーボード／マウスをロックせず、同時に教師機のキーボード／マウスにより介入する共有機能。
【学生のコール】　学生側から教師を呼び出すコール機能。
【学生画面停止】　学生機を一斉にブラックアウト。

註2）英語教育総合ソフトウエア＜MicroEnglish98＞の概要

【対応機種】
MicroEnglish98 は、日本で独自に開発された英語教育用総合ソフトウエアであり、その歴史は 1987 年 N88BASIC 版として開発が始まった。1990 年 MS-DOS 版、1995 年には WINDOWS3.1 対応の 16 ビット版、そして 1999 年 32 ビット仕様の WINDOWS95/98/NT4.0 対応版が作成された。

【開発思想】
① 教材コースウエアが作成・修正可能なオーサリング機能。
② 教材リソースを共有。メニューから複数プログラムを起動する統合シ

ステム。
③ 多様なデジタル・メディアを組み合わせたマルチメディア志向。
④ 学校でのパソコン利用のCALL授業を前提としたIDや履歴管理。

【教師支援機能】
● 辞書の作成　2000語のジュニア基本単語、4000語のシニア基本単語を内蔵。単語や慣用句も随時自由に追加・登録・削除が可能。
● 教材の登録　英文ワープロなどで作成した英文に動画や静止画・音声などを貼りつけて、タイトルやエピソード名として登録・変更。
● スケジューラ　ネットワーク環境で①使用するレッスン名を指定、②休講や補講日などの指定、③期間中の授業数などを登録・指定して一斉に実行スケジュールを制御・管理。
● 成績の管理　学習者IDで履歴を管理。クラスと学習期間を指定して成績を回収・統計処理。累計・集計及び個人別など多機能管理。

【実行プログラム】
● 映画の鑑賞　［実行］台本と辞書を参考に映画を鑑賞することを想定して設計。動画は操作パネルで制御し、台本は語句をクリックすると解説を表示。
　　　　　　　［教師］任意の語句に解説を付加する機能。
● 映画の解説　［実行］動画を再生・停止・リピートしながら、内容の要約などを英文で作成するビデオテーキングの演習。
　　　　　　　［教師］動画の内容に即した課題や指示を自由に作成できる。
● 語彙の演習　［実行］使用する英文の難易度を2種類の辞書でチェック。また、語彙演習プログラムで、単語を振り分け学習者の語彙力をチェック。成績結果を表示・印刷可能。

　　　　　　　　　［教師］　固有名詞など語彙演習に不向きな単語を事前に
　　　　　　　　チェックして表示させないようにできる。
● 英文タイプ　　［実行］　画面上のグラフィック・キーボードを見ながら、
　　　　　　　　基礎演習、スピード・タイピング、オーラル・タイピン
　　　　　　　　グなどの英文タイピング演習が可能。　国際検定の成績
　　　　　　　　評価を表示。
　　　　　　　　［教師］　ワープロ感覚でタイピング用の英文や音声を作
　　　　　　　　成。
● 英文の読解　　［実行］　英文を読解中、不明な語句をクリックすると解
　　　　　　　　説が表示。また音声同期で読解が可能。読解後は内容理
　　　　　　　　解問題。
　　　　　　　　［教師］　英文の語句に意味やヒントを作成可能。内容理
　　　　　　　　解のための多肢選択問題作成機能つき。　成績結果表示。
● 英文の速読　　［実行］　英文を100語／分から990語／分のスピードで
　　　　　　　　速読可能。12の速読モードを選択。速読後は内容理解
　　　　　　　　問題。成績及び速読スピードを結果表示。
　　　　　　　　［教師］　意味単位での速読用に語句を区切ることが可能。
　　　　　　　　また、内容理解のための多肢選択問題作成機能つき。
● 英文穴うめ　　［実行］　空所補充問題。空所は音声や虫眼鏡、解説など
　　　　　　　　のヒントを参照可能。ヒント請求減点や成績結果を表示。
　　　　　　　　［教師］　単語や語句単位をクリックするだけで空所を作
　　　　　　　　成。また、ヒントの作成が可能。
● 和英と英和　　［実行］　英文の和訳と和文の英訳。それぞれヒントを使っ
　　　　　　　　てトランスレーションの演習ができる。
　　　　　　　　［教師］　和文作成機能。
● 英語英作文　　［実行］　自由英作文では課題とオリジナル英文を参考に
　　　　　　　　英文を作成。照合英作文では要約文を参考にオリジナル
　　　　　　　　英文を再構築する演習。
　　　　　　　　［教師］　自由英作文の課題、照合英作文の要約文が作成
　　　　　　　　可能。

● 英文書き取り　［実行］　音声をカセットデッキのように自分で操作しながら、好きな箇所から単語や語句を入力。句読点・頭文字・文字数などのヒント表示が可能。成績結果表示。
　　　　　　　［教師］　書き取りに不向きな単語を予め画面表示可能。

あとがき

　著者たちにとって、本書で取り組んだ内容は決してこの書物だけで完結するものとは考えていない。刊行を企画する段階から、本書の出版とインターネットとを組み合わせた「情報出版システム」つまり、出版内容に関する議論の展開・資料の提供・読者との交流などを計画してきた。そこで本書では、今後の継続的発展を願って下記のような情報を公開することにしたい。

１．個々の著者に対するご感想・叱正・ご助言をいただくため、執筆者略歴に著者たちの電子メールアドレスを公開する。

２．インターネットによる情報提供をはかるため、ホームページを立ち上げ、関連のリンクをはる。

　　http://www.ntu.ac.jp/gnrl/eng/call.htm

３．継続的な議論を希望される読者には、著者たちが参画している研究活動の一環であるメーリングリストを適時提供する。

著者一同

参考文献

Bonk, C.J. & King, K. S. (1998) *Electronic Collaborators,* Lawrence Erlbaum Associates, Inc.

Burton, J. (ed.) (1987) *Implementing the Learner-Centred Curriculum.* National Centre for English Language Teaching and Research Macquarie University.

Carr, A. (1996) Distinguishing Systemic from Systematic, *TECHTRENDS.* 40, 1, 16-20.

Davies, I.K. (1973) *Competency Based Learning: Technology, Management, and Design,* McGraw-Hill.〔石本菅生訳（1975）『学習指導と意志決定』平凡社.〕

Dweck, C.S. (1986) Motivational Processes Affecting Learning, *American Psychologist,* 41, 10, 1040-1048.

Dweck, C.S. & Bempechat, J. (1983) Children's theories of intelligence: Consequences for learning. In Paris, S.G., Olson, G.M. & Stevenson, H.W. (eds.) (1983) *Learning and motivation in the classroom.* Lawrence Erlbaum Associates, Inc.

Dweck, C.S. & Leggett, E.L. (1988) A social-cognitive approach to motivation and personality, *Psychological Review,* 95, 256-273.

Egbert, J. & Handson-Smith, E. (1999) *CALL Environments.* TESOL Inc.

Fries, C.C. (1945) *Teaching and Learning English as a Foreign Language.* University of Michigan Press.

Gardner, D. & Miller, L. (1999) *Establishing Self-Access: From theory to practice.* Cambridge University Press.

Gerlach, V.S. & Ely, D.P. (1971) *Teaching and Media: A Systematic Approach.* Prentice-Hall.〔町田隆哉訳（1975）『授業とメディア』平

凡社.〕

浜野保樹（1990）『ハイパーメディアと教育革命』アスキー出版局.

波多野誼余夫（編）（1996）『認知心理学：学習と発達』東京大学出版会.

波多野誼余夫（2000）「言語：乾敏郎 vs.波多野誼余夫　往復討論」『言語』大修館書店，29, 2, 88-94.

平田啓一・町田隆哉（編）（1997）『新教育の方法と技術』教育出版.

堀口六壽・渡辺浩行・五十嵐義行・山本涼一（1998）「CALL と学習環境」『東京国際大学論叢：国際関係学部編』4, 61-92.

市川伸一（編）（1996）『認知心理学：思考』東京大学出版会.

井上智義（編）（1999）『視聴覚メディアと教育方法』北大路書房.

伊藤健三・島岡丘・村田勇三郎（1982）『英語学と英語教育』大修館書店.

Johnson. K. & Johnson. H. (1998) *Encyclopedic Dictionary of Applied Linguistics*. Blackwell Publishers Ltd. [岡秀夫監訳（1999）『外国語教育学辞典』大修館書店.]

影戸　誠（2000）『翼を持ったインターネット』日本文化出版.

Keller, J.M. (1983) Motivational Design of Instruction. In Reigeluth, C.M. (ed.) (1983) *Instructional-Design Theories and Models: An Overview of their Current Status*. Lawrence Erlbaum Associates, Inc.

Keller, B.H. & Keller, J.M. (1991) Motivating Learners with Multimedia Instruction, *ICOMMET '91 Procedings*. 313-316.

北尾倫彦（1993）『新しい学力観を生かす先生』図書文化社.

小林洋子・柳善和（2000）「「総合的な学習の時間」におけるティーム・ティーチング及び英語教師の役割に関する考察」『名古屋学院大学外国語教育紀要』30, 45-59.

小池生夫（編）（1994）『第二言語習得研究に基づく最新の英語教育』大修館書店.

Littlewood, W. (1981) *Communicative Language Teaching*. Cambridge University Press.

Long, M. & G. Crookes (1992) Three Approaches to Task-Based

Syllabus Design, *TESOL Q,* 26, 1, 27-56.

町田隆哉（1987）「Computer-Assisted Language Learning Laboratory ── 新しき LL を目指して」『LLA 中部支部紀要』8,

町田隆哉（1988）「LL の課題と新しき LL 像」『名古屋学院大学外国語教育紀要』18, 1-7.

町田隆哉（1989）「CALL 教材の構成と技法」『名古屋学院大学外国語教育紀要』20, 21-32.

町田隆哉（1991）「Language Laboratory 再再考 ── CALL ラボシステム」『名古屋学院大学外国語教育紀要』22, 1-11.

町田隆哉（1995）「LL 観の変遷と新しき LL 像」『名古屋学院大学外国語学部論集』 7, 1, 83-89.

町田隆哉（1998）「英語教育工学序説」『名古屋学院大学外国語教育紀要』28, 11-18.

町田隆哉・柳善和・山本涼一・M.T.スタインバーグ（1991）『コンピュータ利用の英語教育』メディアミックス.

松本裕治・今井邦彦・田窪行則・橋田浩一・郡司隆男（1997）『言語の科学入門』岩波書店.

三宅なほみ（1997）「パネリスト 2」『教育におけるコンピュータ利用の新しい方向』CIEC, 41-59.

水越敏行（1990）『メディアを生かす先生』図書文化社

水越敏行・佐伯胖（編）（1996）『変わるメディアと教育のありかた』ミネルヴァ書房.

文部省（1998）『中学校学習指導要領』大蔵省印刷局.

文部省（1999）『高等学校学習指導要領』大蔵省印刷局.

長尾真（1999）『マルチメディア情報学の基礎』岩波書店.

日本教育工学会（編）（2000）『教育工学事典』実教出版.

日本・ネパール国際交流実行委員会（1997）『ここまでやるか！国際交流』教育家庭新聞社.

西垣通（1997）『思想としてのパソコン』NTT出版.

Nunan, D. (1993) *Collaborative Language Learning and Teaching.*

Cambridge University Press.

Nunan, D. (1997) *The Learner-Centred Curriculum.* Cambridge University Press.

Percival, F. & Ellington, H. (1984) *A Handbook of Educational Technology.* Kogan Page.

Pennington, C. M (ed.) (1996) *The Power of CALL.* Athelstan Publications.

Richey, R.C. (1998) The Pursuit of Useable Knowledge in Instructional Technology, *Educational Technology Research and Development,* 46, 4, AECT.

佐伯胖 (1997)『新・コンピュータと教育』大修館書店.

佐伯胖・湯浅良雄 (編) (1998)『教育におけるコンピュータ利用の新しい方向』CIEC

佐伯胖・黒崎勲・佐藤学・田中孝彦・浜田寿美男・藤田英典 (編) (1998)『情報とメディア』岩波書店

Schwier, R. & Misanchuk, E. (1993) *Interactive Multimedia* Instruction, Educational Technology Publication.

柴田義松 (1992)『学び方を育てる先生』図書文化社.

白畑知彦・冨田祐一・村野井仁・若林茂則 (1999)『英語教育用語辞典』大修館書店

私立大学情報教育協会 (1996)『私立大学の授業を変える ― マルチメディアを活用した教育の方向性』私立大学情報教育協会.

鈴木博 (編) (1972)『講座・英語教育工学1：言語の教授と学習』研究社出版.

Swaffar, J., Romano, S., Markley, P., & Arens, K (eds.) (1998) *Language Learning Online.* Labyrinth Publications.

田崎清忠 (編) (1995)『現代英語教授法総覧』大修館書店.

東海スクールネット研究会 (2000)『インターネットの教育利用』教育家庭新聞社.

Warschauer, M. (1995) *E-Mail for English Teaching,* TESOL Inc.

Warschauer, M. (1999) *Electronic Literacies.* Lawrence Erlbaum Associates, Inc.

渡辺浩行（1996）「英語学習支援システムとCALLシステム」『東京国際大学論叢 － 国際関係学部編』2, 61-82.

Wilkins, D.A (1976) *Notional Syllabuses.* Oxford University Press.

柳善和（1992）「英語科教員養成における英語科教育法の位置づけ」『名古屋学院大学外国語教育紀要』23, 61-71.

（参考資料）

『imidas'99』集英社

『教育小六法（平成8年版）』学陽書房.

『教育小六法（平成12年版）』学陽書房.

『ロングマン現代英英辞典（3訂新版）』桐原書店.

用語解説

本文中に＊印を付した用語を解説した。（　）内は用語解説執筆者名を記した。

ARCSモデル

学習者の動機づけは、計画された学習指導を実施する上での重要な問題である。ジョン・ケラーは、学習指導設計には動機づけを高める4つの条件が満たされていなければならないと主張している。それは、注目性（Attention）、適合性（Relevance）、確信性（Confidence）、満足性（Satisfaction）である。ケラーの動機づけ理論は、この頭文字をとって「ARCSモデル」と呼ばれている。（町田）

アセスメント（assessment）

CALLシステムなどの効果的な運用には「システムが及ぼす影響の内容と程度及び運営に関わる事前の予測と評価を検討すること」が必要とされ、そのためのアセスメント項目を挙げている（山本 1998:65）。ここでは、あるシステムに対する事前の予測や手続きにおける分析のプロセスのことをアセスメントと呼んでいる。（山本）

アプローチ／メソッド（approach/method）

英語教育においては、これまで必ずしもアプローチとメソッドが明確に区別して使用されているわけではないが、論争の余地がない公理的・仮説的な次元がアプローチであり、それと矛盾しない方向で展開される次の次元がメソッドである。従って、アプローチは学習指導設計者の英語教育観や信条の現れであり、英語学習指導計画の基本的で前提的なものである。それに対して、メソッドは特定のアプローチを基盤にして、言語素材を選択し配列していく全般的手順を表すものである。（町田）

アンダーウエア (underware)

　学習指導設計の際には、ハードウエア、ソフトウエア(コースウエア)に関する知識、技能だけでなく、コースウエアに関する分析や意志決定に必要な言語理論、英語教育理論、それにこれまでの実践研究によって得られてきた知見もメディア選択上重要な役割を果たすことになる。このような、形には現れてこないウエアがアンダーウエア (underware) である。(c.f. F. Percival & H. Ellington 1984)(町田)

イントラネット (intranet) ／エクストラネット (extranet)

　『imidas '99』(集英社) pp.207 によると、イントラネット (intranet) とは「インターネットの技術を利用して構築される企業内情報通信網のことで、社内 LAN をインターネットと同じ環境にし、LAN 間をインターネットで接続する」とある。また、エクストラネット (extranet) とは「異なる企業間のイントラネットをインターネットで接続し、情報の交換、共有などを、容易にかつ低コストで行えるようにするネットワークシステム」とある。本書では LAN や WAN といった空間の広がりを表す概念と対比して、教室・学校及び世界を共通のネットワーク環境とするシステムとして使用している。(山本)

英語教育工学

　英語教育への教育工学的アプローチ。単に、英語教育に機械を導入することではなく、教育工学の理論と知見を英語教育に取り入れていくアプローチである。(町田)

Audio-lingual Method/Cognitive Method

　オーラルアプローチに基づく教授法 (Audio-lingual Method) に対して、Chomsky らの唱えた言語の生得論に刺激されて、意味のある言語の理解を中心にした Cognitive Method が唱えられた。教授法としては、表面的には文法訳読法に一致する部分もあり、その後に現れたコミュニカティブアプローチが主流となって現在に至っている。(柳)

オーラルアプローチ（Oral Approach）

　C.C.Fries らを中心として 1950 年代から 1960 年代にかけて唱えられた教授法。構造主義言語学と行動主義心理学を背景にして、目標言語の音声システムと文型を習得することを当面の目標とした。min-men、pattern practice のドリル方法などを開発し、それまで個々の教師の力量に依存していた外国語教育方法を、理論的な背景を持った一般的方法論へと変えた功績が評価できる。（柳）

学習環境（learning environments）

　一般的に学習環境とは、学習活動をより豊かにするための環境という意味で使われるが、ここでは学習者が自律して主体的に学習活動を行うための学習指導システムや学習活動の設計、学習プロセスの認知過程、学習の教育的環境やメディアなど、積極的かつ動的なインフラストラクチャーとして位置づけている。（山本）

学習指導（Instruction）

　一般の教授（teaching）活動と異なって、生徒の学習（learning）が必ず起こるように計画され、実施される教師の活動である（P. Lange）。その中で、特に技能（skill）についての学習指導を訓練（training）と称する。（町田）

教育工学（Educational Technology, Instructional Technology）

　英国やカナダでは元来広範囲の分野を含む Educational Technology が用いられているが、米国では学習指導に焦点を絞った Instructional Technology の用語が使われるケースが圧倒的に多い。1994 年に公表された米国教育工学学会（AECT）の新しい教育工学の定義は"Instructional Technology is the theory and practice of design, development, utilization, management and evaluation of processes and resources for learning."である。（町田）

教授者

　　教師の役割は、従来から言われてきた「教育者」「研究者」「管理者」「組織運営者」などの教育行政的な固定概念ではなく、学習環境及び学習者の変化との関連において機能的に変化するものである。そのことから第1部第2章では、「教師」を teaching staff という大枠の概念で捉え、学習者に対峙する用語として「教授者」という用語を使用している。（山本）

教授メディア

　　学習者に刺激を与えるさまざまな種類の学習環境成分を言う。別の観点から言えば、学習指導というコミュニケーション過程で学習内容を学習者に伝達し、また学習者からの情報を教師へ送り返す媒体を指す。ほとんど同じ意味で、教育メディアとも呼ばれる。（町田）

グループウエア（Groupware）

　　ある共通の仕事や目標を持った人間のグループを支援し、そのコミュニケーションをより円滑にしようとするシステム。文字、画像、音声などのマルチメディア情報による柔軟なインターフェースをグループに提供し、その共同作業を推進しようとする。コンピュータ端末を介して行う電子会議室は1つの例である。（集英社『imidas 2000』より）（渡辺）

構成主義（Constructionism）

　　スイスの心理学者ジャン・ピアジェによって提唱された知識理論である。その基本的立場は、知識は経験を通じて能動的に構成されていくものであり、外部から受動的に伝達されるものではないとの見解である。（町田）

コースチーム（course-team）

　　元来、英国オープン・ユニバーシティの通信教育コースの設計・作成にあたって、コースの専門家だけではなく、教育工学者、デザイナー、ディレクターらがチームとして関わったことからコースチームと呼ばれる。町田（1991:54）は、CALL ラボ・システムの設計開発などにあたって、研究

分野の専門家、ソフトウエア／ハードウエアの専門家、教育工学者の協力が不可欠であるという観点からコースチームという用語を使用している。（山本）

コースウエア（Courseware）

コンピュータの教育利用を考える時、その機械装置をハードウエア、それを動かすプログラムをソフトウエアと呼んでいるが、それだけでは不十分である。コンピュータを通して学習者に提示する学習内容がハードウエアやソフトウエア以上に重要である。ソフトウエアの中で、学習に用いられる教材内容がコースウエアである。（町田）

コミュニカティブアプローチ（Communicative Approach）

実際のcommunication場面で、学習した言語を使えるようにすることを目標とする教授法。Oral Approachではカバーすることができないcommunication能力を養成するために社会言語学など、言語使用に関する研究を背景にして開発された。元来、外国語学習はcommunication能力の養成を目標としていることが多いが、この教授法ではそのためのより明確な方法論を唱えて、現在に至っている。（柳）

コミュニケーション能力（Communicative competence）

コミュニケーションを行うために必要な能力。従来、言語能力と考えられていた、音声に関する能力、文法に関する能力などの他に、実際にcommunicationを行う際には、言語の使い方に関する社会言語学的な能力、その言語が話されている文化に関する知識、またcommunicationが中断しそうになった時に、それをどのように立て直すか、といった知識など多様な能力が必要となる。それらを総括してコミュニケーション能力と呼ぶ。（柳）

コラボレーション（collaboration）

従来教育現場で行われてきたグループ活動を、協調的な相互依存関係を

作り出す統合的な学習形態として捉える。特にコンピュータを活用したネットワーク環境下では、教える側から学習する側へのアプローチが提案され、1人では困難な達成目標を、各自が自律しながら責任を果たし、グループとしての目標を達成する協調的な関係が重要とされる。多くは協調学習または協調環境の学習という用語を伴って使用される。(山本)

CMC（Computer-mediated Communications）

コンピュータのネットワークを利用して行われる情報やコミュニケーションのやり取りの総称である。典型的には、電子メールやWEBサイトを利用してなされる情報交換であるが、時には情報を受けるだけのオンライン上でのデータベースやCAIもCMCの範疇に含められるケースもある。(D. Eastmond, 1996)(町田)

時差コミュニケーション（Delayed Communication）/リアルタイム・コミュニケーション（Real-time Communication）/ヴァーチャル・コミュニケーション（Virtual Communication）

ＣＭＣ（Computer-mediated Communications）形態の区分。時差コミュニケーションは、発信時に相手と直接コミュニケーションを行うのではなく、時間差で行われる場合を言う。非同期型コミュニケーションと言ってもよい。電子メールやBBSなどがその例である。リアルタイム・コミュニケーションは、発信時に相手とオンラインで直接コミュニケーションが可能な場合を言う。同期型コミュニケーションと言ってもよい。チャットやテレビ会議などがその例である。一方、ヴァーチャル・コミュニケーションは、シミュレーションやエージェントを使ったサイバースペース上での同期的・非同期的なコミュニケーションを言う。仮想場面でのサバイバルゲームや、仮想人物との会話などがその例である。(山本)

システム的（systemic）/系統的（systematic）

学習指導を設計する場合、システム的と系統的の概念の相違は重要である。前者は学習指導を構成する要素がその環境の中で互いに影響を与え合

い、また互いに影響を受ける様相を表している。後者は、それだけではなく、学習指導を設計する場合には学習目標から指導方法へというような設計手順の重要性を意味している。(B. Seels & R. Richey, 1994)(町田)

情報リテラシー

　　コンピュータ、ネットワークなどの情報機器を使いこなす能力。コンピュータやネットワークについては、学校教育や社会教育を通じて、一定の知識をすべての人々が共有する必要がある。いわゆる情報社会である。その際には、技術のみに偏った知識ではなく、その利用方法や情報の収集・発信に関わる個人の責任の問題や情報のプライバシー、著作権、セキュリティの問題などを含んだものでなくてはならない。(柳)

シラバスデザイン (Syllabus design)

　　シラバスとは目標言語を教える際の全体の計画を指す。どのような内容を盛り込むのか、またどのように教えるのか、といった全般的な項目を含んでおり、これをどのように計画するかによって、その目標言語がどのように教えられるかが決まる。

　　これまでの代表的なシラバスに、grammatical syllabus (文法シラバス)、situational syllabus (場面シラバス)、notional/functional syllabus (概念・機能シラバス)がある。(柳)

自律性 (autonomy) /ownership

　　学習者によるコントロールの度合いが高いほど、その学習は自律性の高い学習になる。逆に教授者によるコントロールが高くなるほど自律性の低い学習になってしまう。具体的には、学習の目的、内容、方法、評価などに関わってくる。更に、学習者中心の学習環境で自律性が最も強調される場合にはownership (自立・独自性) と呼ぶことがある。"In a learner-centered classroom, learners are given ownership of the process of developing solutions to their learning task and may, in fact, with the teacher's guidance or mentorship, devise their own learning agenda."

(J. Egbert & E. Hanson-smith 1999:6-7)（山本）

SALL（Self-access language learning）

　言語学習において、学習者自身が自分の学習を管理し、より自分にとって適切な学習計画を遂行できるようにするための能力を与えることが重要であるとする考え方。学習者はいずれ、教師によって学習すべき内容を与えてもらえる立場から独立していかなくてはならず、言語習得過程においては、むしろその後がより一層重要である。そのことを考慮して、言語学習の中にそのような知識・能力も含めることが唱えられている。（柳）

Task-based approach

　言語学習の際に、実際に言語を使用する場面を task として与え、その task に取り組む際に目標言語を使うことを促すことをその主眼とする教授法。これによって、言語それ自体ではなく、task に意識を集中し、言語を使う経験を積むことができる。（柳）

ティーム・ティーチング（Team Teaching/TT）

　1957年9月、米国マサチューセッツ州（Massachusetts）レキシントン（Lexington）のフランクリン小学校（Franklin School）で開始された。学年と学級の壁を越えて複数にグルーピングされた生徒たちを、複数の教師と職員からなるチームが協同で学習指導を行うものであった。当初は単に教授法というよりも学校組織の改革が目的とされていたが、次第に指導形態の1つとして捉えられるようになってきた。日本には、1962年に初めて紹介されており、以後、学校現場によって多様な型に変化しているが、2人の教師が1つのクラスで特定の教科についての学習指導にあたる型が多い。英語科では ALT（Assistant Language Teacher）との TT が一般的であるが、CALL 教室においては、教師とアシスタントによる TT、インターネット上での学校外の教師同士による TT など、これまでよりも柔軟な発想の下での教師チームの構成や、クラスや学校の壁を越えた生徒のグルーピングによる TT が可能となってくる。（柳）

わかちもたれた知能（Distributed Intelligence）

　わかちもたれた知能とは、探索・発見などの活動を可能にする知能が、他人や環境・状況に分散され、わかちもたれているとする概念である。"It is important that Intelligence which enables activity is distributed across people, environments and situations instead of being viewed as a resident possession of an individual embodied mind"（R. Pea, 1998: 80）本書では分散した知識を獲得する学習活動という観点から使用している。（山本）

マルチメディア

　この用語は視聴覚教育で2、30年前にも用いられていたが、その内容とは異なる。多くのメディアの入ったボール箱の中からメディアを1つずつ順序よく取り出して順番に利用する方式が従来のマルチメディアであったが、そのボール箱がコンピュータに変わり、その中の各種メディアを予め調合・統合し1つのメディアとして取り出し利用される方式が、現在用いられているマルチメディアである（R. Schwier & E. Misanchuk, 1993）。その特色としてデジタル化、ボーダレス化、広域化が挙げられる。（町田）

メタ認知

　人が自らの認知そのものを自覚すること。メタ認知は人が自らの情報処理活動を監視し、制御するためのものと考えられるが、過度の自覚（強度の自意識）は逆に情報処理活動を妨げるとも考えられている。メタ認知で扱う知的活動は、Flavell, J.H.によると、1）メタ認知的知識の獲得、2）メタ認知的経験、3）目標ないし作業の意味づけ、4）方略選択の4種類である。（平凡社『心理学事典』より）（渡辺）

メディアミックス（media-mix）/クロスメディア（cross media）

　2つ以上のメディアを組み合わせること。たとえば、テキストとカセットデッキ、教師とビデオとOHPという具合になる。それぞれのメディアの特性を生かして総合的に組み合わせれば、その相乗効果で教育的効果を

更に高めることができる。近年、ハードウエア・ソフトウエア・コースウエアの発達により、機器を取り替えなくても、1台のコンピュータでいろいろなメディアミックスが可能になっている。(渡辺)

用語索引

ARCS モデル *12-13*
IC-CAL ラボ *158, 163, 166, 172, 174*
アーキテクト（architect）*33, 46, 89-90, 118*
アウトライニング・プロセッサー *224*
アシスタント *105-08, 110, 175, 187-88, 192-93*
アセスメント（assessment）*45, 118, 120-121*
アナログ・メディア *38-39*
アプローチ *3, 6, 8-11, 23-24, 39, 41, 50-51, 60-61, 67-68, 76, 86-87, 188, 195, 198*
アルゴリズム *68*
アンダーウエア *5, 10, 17, 24*
EFL（English as a Foreign Language）*20, 25*
ESL（English as a Second Language）*20, 25*
ESP（English for Specific Purposes）*20, 182, 214, 225-226*
インストラクター（instructor）*23-24, 33, 39, 89-90*
インターネット *8, 18, 20, 23, 25, 27-28, 31, 55, 62, 64, 72-74, 81, 111-12, 116, 119, 134, 137-39, 142, 151-52, 157-58, 166-67, 175-76, 178, 184, 205, 208-10, 215-17, 220, 224*
インターネット環境 *210*
インタラクティブ *75, 84*
イントラネット（intranet）*28, 209*
意思形成機能 *62*
意思決定機能 *62*
意思疎通機能 *62*
意識変化 *110*
「英語で書こう」プロジェクト *176, 177*
英語科教育法 *149-50*
LL 教室 *82, 150, 182, 209*

SMCR モデル *7*
エクストラネット（extranet）*28*
英語プレゼンテーションを目指した授業実践 *199*
英語教育工学 *3-4, 10, 12, 17, 167, 225*
演繹的な認知 *102*
演繹的思考（reductive）*60*
Oral Approach *125, 127-32*
オーサリング・システム *14, 17, 163*
オーサリング機能 *49, 183, 227*
オブジェクト指向 *53*
オフ・ライン・コミュニケーション *115*
オン・ライン・コミュニケーション *115*
音の示差的特性 *127*
外国語コミュニケーション *148*
CAL *88, 104-106, 108-110, 157-58, 166, 172, 175, 207*
CAL リテラシー *108-09*
カウンセリング・システム *226*
仮想現実（virtual reality）*64, 71-72, 131-32, 215*
過程重視 *83, 85, 88, 103*
解説的アプローチ *23, 86, 87, 122, 195, 198*
外化 *35, 49, 70, 117*
概念中心シラバス *130*
概念的・機能的視点 *70*
概念的・機能的シラバス *70*
学習システム *16, 24-25, 28, 92, 100*
学習ストラテジー *14, 99, 119*
学習ツール（learning tools）*39-40, 46-47, 117-18*
学習の動機づけ *91-92, 111, 121, 204, 210*
学習プロセス *15, 24, 49, 56, 61, 64-65, 158*
学習メディア *51-53, 55, 60, 79-82, 89, 92, 99-101, 104, 107, 109, 111, 118, 178*

学習リテラシー *49*
学習過程のメタ認知 *98-103, 122*
学習活動 *12-14, 20-21, 55, 80, 85-86, 96, 104, 113, 139, 142-43, 166, 184, 223*
学習環境（learning environments）*4, 16, 21, 23-24, 28-29, 31-32, 34-35, 42, 45-47, 49-51, 54, 58, 60, 62-65, 67, 70-71, 74, 79-90, 92-103, 105, 107-112, 114-122, 140, 144, 158, 167, 184, 189, 195, 204-06, 210, 212, 225*
学習環境デザイン *23, 86*
学習環境のアセスメント *118, 120-21*
学習環境のメタ認知 *99-103, 122*
学習環境の所有権 *102-03*
学習環境の設計 *46, 210*
学習環境の変化 *79, 83, 85, 89-90, 93, 102, 109-10*
学習空間 *7-8, 23, 31, 47, 81-83, 92, 100-101, 115, 118-19, 122, 160, 176-178*
学習形態 *41, 87, 100, 148, 164*
学習指導 *5-12, 14, 21-24, 32-36, 39-42, 45, 47, 49-50, 52, 55, 57, 60, 66, 70, 80, 86-88, 91-93, 96-99, 103, 120, 175-76, 178, 192, 195, 222*
学習指導要領 *34, 92-93, 118, 125, 132, 134-39, 142-44, 147-48, 151*
学習支援システム *210-12*
学習資源（learning resources）*39-41, 47-48, 50, 54, 56-61, 63, 81-82, 114*
学習時間 *7-8, 23, 42-44, 81-83, 92, 100-01, 115, 118-19, 176, 178*
学習者コントロール *13, 21, 49*
学習者支援型 *97*
学習者中心 *49, 50, 61, 67, 90, 93, 97-100, 103, 105, 107, 120, 123, 180, 188-92, 195-96, 199, 207*
学習者中心のCALL *180-81, 188-92, 199, 207*
学習仲間 *64-65, 113, 200*
学習集団 *81-83, 86, 92, 94, 100-01, 118-19, 122*
学習方略（learning strategies）*45, 214*
学習目標 *7-10, 13, 22-24, 29, 33, 35, 42-43, 47, 49-50, 55, 57, 89, 93, 119, 121-22, 128, 158, 178, 214*
学習目標分析 *9*
学習履歴（history）*43, 183, 191*
学生（学習者）の反応 *13, 36, 39, 45, 54, 131, 133*
学生アシスタント *105, 187, 188, 192*
帰納的な認知 *102*
帰納的思考（inductive）*60*
求同求異 *84, 95-96, 117-18*
共時的（synchronic）*28, 191*
共同学習 *79, 81, 85-86, 99, 111, 113-16, 122, 178-79*
共同作業（collaboration）*21, 27, 32, 44-45, 49, 51, 59, 61-63, 115, 118, 211, 215, 224*
共同伝達機能 *212*
教育メディア（Educational Media）*29, 31-34, 40, 47, 50-52, 66-67, 70, 79, 81-83, 85-90, 92-94, 96-97, 99, 104, 107-111, 117*
教育課程審議会 *93, 136, 141-42*
教育工学的視点 *34-35, 47*
教育資源 *35, 79, 81-82, 110-14*
教育資源の変化 *112-13*
教育実習 *146-47*
教育職員免許法 *125, 145-150*
教育職員養成審議会 *152*
教員養成 *93, 125, 145, 148-50, 152*
教材作成機能 *212*
教材提示機能 *197, 211-12*
教材配布機能 *211-12*
教師の役割 *14, 16, 23-25, 88, 90-92, 179*
教師支援システム *210, 213, 227*
教師主導型 *97-98*
教授ストラテジー *7-8, 23, 86, 99*
教授メディア *4-8, 13, 23, 40, 50, 52, 79-81, 89, 99, 104, 109, 111, 171*
教授活動 *44, 80, 82, 85-86, 89-91, 103-104*
教授者 *29-30, 32-35, 40-52, 54-55, 57, 60-64, 66, 70, 79, 81, 85, 88-89, 97-99, 104-10, 118-20, 122, 181, 192*
教授者コントロール *49, 57, 60*
教授内容 *34-35, 83*

教授方法 *35*, *44*, *67*, *83*
クラスルーム・インタラクション（classroom interaction）*44*
グループ・ダイナミックス *49*
グループウエア *50*, *60-61*, *115*, *119*, *209*, *212*, *221*, *223*, *226*
KR 情報（knowledge of results）*16*, *45*, *55*, *219*
系統的（systematic）アプローチ *6*, *8-9*, *39*
CALL *5*, *8-9*, *11-19*, *23-25*, *27-29*, *35-36*, *45*, *47*, *50*, *54*, *60*, *66*, *87-88*, *103-05*, *120*, *125*, *150*, *158*, *180-84*, *187-93*, *195-96*, *199*, *205-07*, *209-10*, *213*, *217*, *219*, *225*, *228*
CALL ラボ（システム）*5*, *8-9*, *11-19*, *23-25*, *27*, *158*, *209*, *213*
CALL 学習環境論 *29*
CALL 環境 *36*, *184*, *210*, *225*
CALL 教室 *183*, *187-89*, *191-92*, *196*, *206-07*, *209*, *213*
CALL 検討委員会 *180-81*, *192*, *195*, *207*
コースウエア *5*, *7*, *9-11*, *14*, *16-17*, *21*, *35-36*, *38-39*, *44*, *49*, *82*, *161*, *163*, *166-67*, *184*, *195*, *205*, *227*
コースチーム *36*
コーディネーター *23-24*, *79-81*, *103*, *178*
コミュニカティブ *61*, *83-85*, *88*, *103*, *199*, *208-09*
コミュニカティブアプローチ（Communicative Approach）*14-15*, *125*, *127*, *130-32*, *158*
コミュニケーション・ストラテジー *59*
コミュニケーション能力 *114*, *135*, *138*, *153-54*, *177*, *181*, *208-09*
コラボレーション *33*, *50-51*, *60-62*, *66*, *86*
コラボレーション環境 *211*
コンピュータ・テクノロジー *208*
コンピュータ・リテラシー *19*, *27*, *34*, *48*, *142*, *163*, *171*
個別指導 *185*, *196*, *201-02*, *212*, *221*
固定的知能観 *21*, *121*
交互作用（interaction）*13-14*, *21*, *51*, *54*, *161*
構成型 *13*, *17*, *161*
構成主義 *20-25*, *50*, *86*, *116-17*, *178*
構造主義言語学 *129*
行動（behavior）*7-8*, *23*, *41-42*, *50-52*, *60-61*, *93-94*, *110*, *119*, *127-28*, *137*, *153*, *193*
行動主義心理学 *128*
行動変化 *110*
サイバースペース（cyberspace）*31*, *66*
情報 *29*, *71*, *141*
情報機器の操作 *148*
CAC（Computer Amplified Communication）*30*, *32*, *47*, *94*, *96*, *114*
CAI *16*, *27*, *30*, *75*, *213*
CMC（Computer Mediated Communication）*18*, *20*, *23*, *30-32*, *47*, *59*, *63-64*, *85*, *94*, *96*, *114*
CMI *16*, *44*, *212*
システム的（systemic）アプローチ *8*, *39*
シラバス *9-10*, *15*, *35*, *70*, *130*, *158*, *187*, *188*, *190-91*, *193*
時差コミュニケーション・ツール *31*, *54*, *65*, *72*
自己教育力 *100*
自律学習（autonomous learning）*58*, *100*
自律性（autonomy）*32*, *120*
自立・独自性（ownership）*42*
質より量 *184*, *186-88*, *191*
受信行動 *94*
授業設計 *47*, *91*, *166-67*, *171*, *187-88*, *190-91*, *193*, *209*
情報コンテンツ *31*, *41*, *58*
情報リテラシー *34*, *36*, *48*, *140-41*
情報教育 *18-20*, *34*, *36*, *141*, *143-44*, *151*, *178*
情報教育実態調査 *151*
情報処理としての英語教育 *214*
人工知能（Artificial Intelligence）*14*, *30*
人工物 *20-21*, *23*
生涯教育 *103*
ストラテジー *7-8*, *10-11*, *14*, *23*, *59*, *69*, *86*, *99*, *119*, *220*
制御機能 *40*, *67*, *72*, *213*

成績目標 *121*
生成文法 *129*
静的（static）メディア *31, 70*
絶対時間配分 *43*
SALL（Self-Access Language Learning）*24-25*
ソフトウエア *3, 5-7, 17, 27, 82, 103-04, 108, 166, 183-84, 195, 203, 205, 210, 214, 216, 219, 227,*
双方向コミュニケーション *31, 54*
双方向提示 *83-84, 88, 103*
相互評価 *22, 93, 202, 204*
相対時間配分 *44*
総合的な学習の時間 *34, 93, 118, 132, 135, 139-41, 143-45, 147-48*
増大的知能観 *21, 121-22*
タクティックス *10-11*
タスク *14-15, 42-45, 49, 54, 61, 197, 220*
第3世代のCALLラボ *25*
探求的アプローチ *23, 86-87, 99, 122, 195*
チャット *31, 61, 64, 73, 222*
TUTORIAL型 *16*
チュートリアル *219*
知・学の共同体 *62*
知的資源（intellectual resources）*31*
中央教育審議会 *135-40, 143*
通時的（diachronic）*28, 191*
通信機能 *40, 67, 72, 74, 81, 83-84, 113-14*
ティーチング・マシーン *30*
ティーム・ティーチング *145, 178*
テクニック *10-11*
デザイナー（designer）*33-35, 89, 91*
デジタル・メディア *38-39, 66, 228*
デジタル化 *17, 38-39, 58, 82, 113, 218*
電子メール *23, 27, 31, 44, 49, 54-55, 61, 64-65, 72, 74, 112, 178, 183, 200, 209-10, 216, 221-23, 226*
電子会議 *61, 66*
電子掲示板（BBS:Bulletin Board System）*31, 37, 40, 61, 74, 76, 209*
電子計算機的機能 *40, 67-70*
電子図書館（electronic library）*54*
DRILL & PRACTICE型 *16*

トラブル・レポート *173*
動機（motivation）*12-15, 17, 21, 24, 29, 42, 45, 50-52, 55, 62, 91-92, 94, 111, 121, 170-171, 204, 210*
動的（dynamic）メディア *31, 70*
ネチケット *74, 216, 222*
ネットワーク・コミュニケーション *32*
ネットワーク環境 *209, 211, 225, 228*
ネットワーク機能 *67, 83-84, 113-14*
ネットワーク社会 *117-18, 137*
ネット上のエチケット（ネット上のマナー）*177*
ヴァーチャル・コミュニケーション・ツール *31, 66*
ヴァーチャル・リアリティ（virtual reality）*66, 71-72*
ハードウエア *5-7, 17, 47-48, 82, 103-04, 108, 140, 160-61, 175, 184, 195, 205, 212*
ハイパーテキスト *30, 74-75*
ハイパーメディア *74*
パフォーマンス（performance）*7, 45, 52, 119*
場面中心シラバス *130*
場面的・脈絡的視点 *9*
発信行動 *94*
ビデオ・プロセッサー *16-17*
ヒューマンウエア *108*
フィードバック *7-8, 23, 35, 39, 43, 45, 49, 54, 61, 119*
プレゼンター（presenter）*33, 36, 89, 91*
プログラム学習 *6, 30, 114*
プロジェクト学習 *41*
プロセス・ライティング *49*
複合メディア *17-18, 72*
分散された学習資源 *50, 81*
文法的・構造的視点 *9-10*
ペア・ワーク *44, 65*
マネージャー（manager）*23-24, 33, 42, 89, 91*
マルチメディア *5-7, 17-18, 71, 82, 112-15, 136-37, 150, 158, 183, 209-10, 228*
マルチメディア環境 *210*

マン・マシーン・インターフェース（man-machine interface）*30, 52, 67, 70*
マン・マシン・システム *16*
学びの共同体 *21, 25, 65*
メーリングリスト *44, 64, 72*
メソッド *10-11*
メタ認知 *64, 98-103, 122*
メディア・コーディネータ（MC）*79-81, 103*
メディア・リテラシー *48, 153-154*
メディアミックス *71, 82*
モニタリング *65, 183, 212, 219-21*
モニタリング機能 *212, 227*
問題解決型学習 *8, 18, 24*
ユースウエア *11, 36*
誘導的アプローチ *87*
リアルタイム・コミュニケーション・ツール *31, 66, 72*
リーデイング・ストラテジー *69*
リーディング・ライティングを関連づけた授業実践 *199*
利用技術（what literacy）*5, 27, 36, 48, 59*
利用目的（why literacy）*48*
利用方法（how literacy）*48, 129, 163*
量から質 *186, 188, 191*
レクチャー型 *86*
ロールシャッハ法 *9*
ワークショップ *21, 41, 46, 86*
わかちもたれた知能（distributed intelligence）*41*

advance organizer *218*
analytical approach *125*
architect *33, 46, 89-91, 118*
ARCS *12-13*
artificial intelligence *30*
assessment *45*
audiences *45*
authentic audiences *58-59, 66*
autonomous learning *58, 100*
autonomy *42, 51*
BBS: Bulletin Board System *31, 157*
behavior *51*
CAC: Computer Amplified Communication *30, 32, 47, 66, 94, 96, 114*
CAI *16, 27, 30, 75, 213*
CAL *88, 104-06, 108-10, 157-58, 166, 175, 207*
CALL *5, 8-9, 11-19, 23-25, 27-29, 35-36, 45, 47, 50, 54, 60, 66, 87-88, 103-05, 120, 125, 150, 158, 180-84, 187-93, 195-96, 199, 205-07, 209-10, 213, 217, 219, 225, 228*
classroom control *43*
classroom interaction *43*
CMC: Computer Mediated Communication *8, 18, 20, 23, 30-32, 47, 59, 63-64, 85, 94, 96, 114*
CMI *16, 44, 212*
collaboration *27*
collaborators *45*
communicative approach *14-15, 125, 127, 130-32, 158*
computer mediated interaction *55*
computer mediated learning *45*
cyberspace *31*
TCI: Teacher Centered Interaction *42, 44*
delayed communication *64*
designer *33, 89, 91*
diachronic *28*
distributed intelligence *41*
drill & practice *210*
dynamic media *31, 67*
educational media *32*

EFL: English as a Foreign Language *20*, *25*
electronic library *54*
ESL: English as a Second Language *20*, *25*
ESP: English for Specific Purposes *20*, *182*, *214*, *225-26*
extranet *28*
facilitator *35*, *41*, *45*, *47*, *63*
history *43*
how literacy *48*
IC-CAL *18*, *157-59*, *161-72*, *174-76*, *178*
inductive *60*
instructor *33*, *89-91*
intellectual resources *31*
intelligence amplifier *30*
interaction *43*, *50-51*
intranet *28*
knowledge of results *45*
LAN: Local Area Network *16*, *27*, *83-84*, *113*, *158-59*, *172*, *175*, *185*, *209*
LCI: Learner Centered Interaction *42*, *45*
learning environments *45*
learning resources *40*
learning strategies *45*
learning tactics *40*
learning tools *40*
manager *33*, *89*, *91*
man-machine interface *52*
MC: Media Coordinator *103-10*
mediate communication *51*
mentors *45*
mim-men practice *128*
motivation *51*
oral approach *125*, *127-32*
ownership *42*, *100*, *102*, *121-22*
pattern practice *128*
peer reading *223*
peers *49*
performance *45*, *52*
presenter *33*, *89*, *91*
real-time communication *64*
reductive *60*

SALL: Self-Access Language Learning *24-25*
SMCR *7*
static media *31*
synchronic *28*
synthetic approach *125*
systematic approach *6*, *8*
systemic approach *6*
task-based approach *133*
teaching staff *33*
virtual reality *64*, *71*, *131*
virtual reality communication *64*
WAN: Wide Area Network *27*, *83-84*, *113*
what literacy *48*
why literacy *48*
WWW: World Wide Web *40*, *64*, *76*

執筆者略歴（執筆順）

■町田隆哉（まちだ　たかや）　　takmach2@gix.or.jp
名古屋学院大学外国語学部・大学院外国語学研究科教授、外国語教育メディア学会理事、学習工学究会名誉会長。
主著：『英語授業のプログラミング』大修館書店、『コンピュータ利用の英語教育』（共著）メディアミックス、『新教育の方法と技術』（共著）教育出版

■山本涼一（やまもと　りょういち）　　yamaryo@ntu.ac.jp
帝京科学大学理工学部助教授。
主著：『コンピュータ利用の英語教育』（共著）、メディアミックス

■渡辺浩行（わたなべ　ひろゆき）　　whiro@tiu.ac.jp
東京国際大学国際関係学部助教授。
主著：『教室英語活用事典』（共著）研究社出版、『英語教師の四十八手 ── リスニングの指導』研究社出版、『英語資格入門』（監修）サンマーク出版、教科書『SPIRAL ENGLISH READING』一橋出版、『SPIRAL ENGLISH WRITING』一橋出版

■柳　善和（やなぎ　よしかず）　　yanagi@ngu.ac.jp
名古屋学院大学外国語学部助教授。
主著：『コンピュータ利用の英語教育』（共著）メディアミックス

（執筆協力者　小林洋子　愛知淑徳大学大学院博士後期課程）

新しい世代の英語教育
第3世代のCALLと「総合的な学習の時間」

2001年4月10日　初版発行

著　者　町田隆哉／山本涼一／
　　　　渡辺浩行／柳　善和
発行者　森　信久
発行所　株式会社　松柏社
　　　　〒102-0072　東京都千代田区飯田橋2-8-1
　　　　TEL 03 (3230) 4813（代表）
　　　　FAX 03 (3230) 4857
　　　　e-mail: shohaku@ss.iij4u.or.jp

装幀　　ペーパーイート
組版　　前田印刷 (有)
印刷・製本　(株) 平河工業社
ISBN4-88198-958-8
略号＝5011

本書を無断で複写・複製することを禁じます。
落丁・乱丁は送料小社負担にてお取り替え致します。
定価はカバーに表示してあります。

言語獲得から言語習得へ
―思春期をめぐる脳の言語機能―

ジュディス・R・ストローザー 著
木下耕児 訳

A5判・予310頁　予¥3000　*2001年刊*

人間の脳にのみ備わった言語機能は、学習や訓練に依存しない「幼児の驚異的な言語獲得能力」と「母語話者の文法的直感力」を可能にする。しかし、思春期以後は外国語が習得の対象となり、獲得と同じ成果を得られない。本書はこうした事実を「普遍文法理論」と「臨界期仮説」を中心として分野横断的に一般読者にもわかりやすく検証し、外国語教育への示唆をも試みた好著。

認知的アプローチによる外国語教育

竹内理 編著

A5判166頁　¥2,400　*2000年刊*

学際性を特徴とする外国語教育研究への独自のアプローチを模索した研究書。脳科学、認知科学、心理言語学、応用言語学、音声学、教育工学など、多岐にわたる分野の実証的研究の成果を、筆者らの研究成果と併せ、4つの章にまとめた。最終章では「認知理論にそった外国語教育」のあり方を提唱している。この分野を志す大学院生、外国語教育の科学的研究に従事する研究者必読の書。

リストラ・学習英文法

早坂高則／戸田征男 著

B5判138頁　¥1,800　*1999年刊*

英文法の、「どこが冗長なのか」「どうすればより効率的になるか」を具体的に指摘し、新しい観点から研究・開発・再構築され、長年に亘る実践に裏付けされた学習英文法の、拠って立つ理論的根拠・指針を、総論・各論の両面から示している。親しみやすいトピックで、かつ平易な用例を用いて記述するよう心がけた。英語能力を効率的に身につけようと望む者、英語教員を目指す者、中・高・大それぞれの英語教員にとって、必読の書。

英語教育 実践から理論へ

米山朝二 著

中学、高校の教室の授業で実際に活用できる技能を習得するための、斬新な内容と構成からなる。最近の英語科教育の動向を盛りこみ、実践と理論のバランスをとり、とりわけ実践を重視する立場を貫いている。「英語科教育法」のテキストとしては勿論のこと、英語教育にたずさわる関係者に広く推薦したい。

A5判272頁　¥2,400　*1989年刊*

※表示の価格は税別です。

このままでよいか大学英語教育
中・韓・日3か国の大学生の英語学力と英語学習実態

宮原文夫／名本幹雄／山中秀三／
村上隆太／木下正義／山本廣基 著

B5判314頁　￥2,500　1997年刊

日本の大学生はなぜ、中国や韓国の大学生に比べて英語力が劣っているのか？本書はこれら3か国の大学生1,781名を対象とした学力調査と意識調査に基づき、学力差の背景に明確な学習態度差があること、さらにその背後に教育制度と国家的・社会的事情の違いがあることを明らかにしたものである。

〈'97年度 JACET 学術賞受賞〉

英語慣用語源・句源辞典

モートン・S・フリーマン 著

堀口六壽／小池榮 訳

A5判上製410頁　￥3,500　2001年刊

動物のkangarooやllamaという名称はどこからきたのか、CanadaやNomeという地名はどうしてできたのか――こんな話を始め、身の回りのなじみ深い慣用語・慣用句や表現（aborigineやto steal one's thunderなど）にはどんな物語があり、どこから派生し、いかにして多様な意味を獲得し、どんなニュアンスを身につけたかを、本書はラテン語、ギリシャ語にも言及しながら事細かく教えてくれる。拾い読みしたり、参照したり、引用するのに楽しい辞典である。

英語のリズムとイントネーション再入門ワークショップ

高木信之 編著

本冊（解説及び学習／教授法）＋別冊（VOA オリジナル・テキスト）B5判138頁＝セット
￥3,600　別売カセットテープ（全5巻）￥5,000
1996年刊

これまで30回を超える英語暗唱・弁論大会の審査委員長をつとめた筆者が明かす――英語音声表現習得法。「基本パック読み」「軽・短・速読み」「カパ読み」「その心は？読み」など25の練習法を紹介。また、日本人が苦手にしている発音の克服法も紹介し、筆者吹き込みのカセットテープ（別売り）も用意した。VOA の名著 *Time and Tune* を別冊でテープとともに完全復刻し、コミュニカティブ・アプローチの成果を取り入れながら「ドリルの復興」を提唱。大学・短大のLLを使ったコミュニケーション・英語音声学・オーラルイングリッシュのクラスに最適。

GDM英語教授法の理論と実際

片桐ユズル／吉沢郁生 編著

A5判296頁　￥2,500　1999年刊

先生が躍起にならずに、生徒に自然に発見学習がおこるよう、教材配列が graded であり、direct に提示されるのが、GDM（ Graded Direct Method ）。その理論と背景をオグデンとリチャードの『意味の意味』から説きあかし、約50年にわたる日本独自の実践と達成を紹介。未発表の資料多数を含み、編集者自身も読みながら興奮したという、示唆に満ちた教案や、授業記録など、今まで知られていなかった GDM の側面をあらわにしている。

※表示の価格は税別です。

日本語教師のための C&I入門

中村良廣 著

日本語教育にたずさわろうとする人のための入門書。カリキュラム作成の要領、シラバスのありかたとその代表例、各種教授法の特色・活用法、教材作成のコツと留意点、レッスンプランのたて方、教室における具体的指導テクニック、視聴覚機器の種類とその利用法、ニーズ分析の方法など実際的にわかりやすく解説。日本語教育に関する予備知識なしでも理解できるように配慮されており、自学自習としても活用できる。

A5判128頁　￥1,500　*1992年刊*

コミュニケーション最前線

宮原哲 著

「ひとづきあいがうまくいかない」人が増えている。欧米では社会科学の一分野として市民権を得ているコミュニケーション論だが、日本ではまだ言葉がひとり歩きしていて、その本質は理解されていない。コミュニケーションは、ヒトを人間へと成長させてくれる一方、人を傷つけたり、せっかくの人間関係を壊すこともある。本書は現代日本人の「希薄な人間関係」について欧米の理論を日本流にアレンジして分析し、人間のシンボル活動としての対人コミュニケーションを数々の側面から観察、評価するための考え方をわかりやすく紹介する。

A5判282頁　￥2,500　*2000年刊*

入門コミュニケーション論

宮原哲 著

社会科学、語学の世界で注目を浴び始めたコミュニケーション論。しかし、察し、腹芸による以心伝心型のコミュニケーションに重心を置いてきた日本ではその研究分野の領域、あるいは研究方法もまだ確立してはいない。本書はアメリカで研究されてきたコミュニケーション論の基礎的概念を日本流にアレンジして紹介し、日本人同士、あるいは国際人として健全な人間関係を築くために必要なコミュニケーションコンピテンスの理解、習得の足掛かりを作る画期的な入門書である。

A5判178頁　￥2,000　*1996年刊*

最新TOEFL攻略マニュアル

ブルース・ロジャース 著　大谷加代子 訳

米国 Heinle & Heinle 社版 "THE COMPLETE GUIDE TO TOEFL"の日本語版。1995年7月実施の改訂に完全対応。著者は12年間の TOEFL の授業を通して蓄積したノウハウと、数年間の研究で得たデータを基に本書を執筆した。今、最も新しく、完全で実用的な問題集である。これから始める方、さらにスコアを伸ばしたい方に是非ともお薦めしたい。メディアワークス社刊98年「TOEFL教材ランキング」で一位を獲得し、大好評を博している。

A5判560頁　￥2,700
（別売カセット2巻 ￥3,000）　*1996年刊*

※表示の価格は税別です。